北京工商大学应用经济学博士点建设项目资助

河北省科技金融协同创新中心/河北省科技金融重点实验室研究项目阶段性成果

U0727746

中国区域金融
发展探索与政策建议

杨德勇 主　编

李胜连　杨　蕾　李　飞 副主编

中国财经出版传媒集团

经济科学出版社

Economic Science Press

图书在版编目（CIP）数据

中国区域金融发展探索与政策建议/杨德勇主编．
—北京：经济科学出版社，2020.1
ISBN 978 - 7 - 5218 - 1352 - 4

Ⅰ.①中…　Ⅱ.①杨…　Ⅲ.①区域金融 - 研究 -
中国　Ⅳ.①F832.7

中国版本图书馆 CIP 数据核字（2020）第 033476 号

责任编辑：张　蕾
责任校对：郑淑艳
责任印制：邱　天

中国区域金融发展探索与政策建议
杨德勇　主　编
李胜连　杨　蕾　李　飞　副主编
经济科学出版社出版、发行　新华书店经销
社址：北京市海淀区阜成路甲 28 号　邮编：100142
编辑工作室电话：010 - 88191375　发行部电话：010 - 88191522
网址：www. esp. com. cn
电子邮箱：esp@ esp. com. cn
天猫网店：经济科学出版社旗舰店
网址：http://jjkxcbs. tmall. com
固安华明印业有限公司印装
710×1000　16 开　18.25 印张　330000 字
2020 年 4 月第 1 版　2020 年 4 月第 1 次印刷
ISBN 978 - 7 - 5218 - 1352 - 4　定价：89.00 元
（图书出现印装问题，本社负责调换。电话：010 - 88191510）
（版权所有　侵权必究　打击盗版　举报热线：010 - 88191661
QQ: 2242791300　营销中心电话：010 - 88191537
电子邮箱：dbts@esp. com. cn）

前　言

本书共分为五篇，即典型区域金融发展模式研究、金融科技发展研究、绿色金融发展研究、金融监管与风险防范研究和金融生态指数研究。

第一篇　典型区域金融发展模式研究

该篇主要从京津冀金融一体化、长三角科技金融发展、福建自贸区金融合作等方面进行了较为深入的研究，共分为五章进行论述。

第一章主要研究内容为：天津市是我国四大直辖市之一，同时还是我国第二批设立的自贸区，与首都北京相邻，具有深厚的经济发展基础及沿海优势，在京津冀协同发展中起到至关重要的作用。但近年来天津市的产业结构优化动力不足，经济增长速度放缓。如何发挥金融功效，更好地推动经济转型升级，则显得尤为重要。选取改革开放以来天津市金融发展与产业结构调整优化的相关数据进行实证分析，挖掘促进天津市产业结构优化的因素，旨在为天津经济发展，乃至全国其他地区提供更多经验。

第二章主要研究内容为：京津冀区域金融资本有序流动和市场一体化之间存在相互影响关系。首先建立有条件 FH 模型和扩展 FH 模型，对比分析市场一体化对金融资本流动的影响；建立不同金融资本流动水平下市场一体化与其影响因素之间的关系模型，研究金融资本流动对区域市场一体化的影响。实证分析结果显示，市场一体化会促进金融资本流动，而金融资本流动水平的增强反过来会通过削弱开放程度和地方保护主义的边际效应，影响京津冀区域市场一体化的进程。

第三章主要研究内容为：针对长三角三省一市地区科技金融发展水平的不平衡不充分进行分析与研究。通过建立基于 R&D 的宏观增长模型，从理论上说明了科技金融的发展程度主要受当地经济发展水平的影响，并提出两个猜想；然后利用信息熵权法建立了科技金融的衡量指标，借助动态不平衡的计算方法得出长三角区域三省一市近 7 年的不平衡度，结果发现长三角区域科技金融的不平衡度逐年增长；最后利用 EViews 及空间分析软件 geoda 建立传统的对数回归模型及空间计量模型，通过分析比较选择最优的 SLM 模型，对该模型进行检验与分析，得出科技金融的发展趋势并证明目前长三角区域科技金融的发展不充分，有待提高。

第四章主要研究内容为：福建自贸区是闽台深度合作的重要平台，为两岸金融业带来新的发展机遇。在当前两岸经贸合作难以双向全面推进的情况下，福建作为两岸经贸合作的窗口和试验田的作用日益凸显。目前福建自贸区的创新举措中与闽台经贸合作直接相关的举措还不够多，这与福建自贸区的基本定位不相符合。福建应该利用自贸区先行先试的特殊政策，努力打造自贸区良好的营商环境，创新金融业务，拓展闽台经贸合作的新领域，促进闽台金融合作的更好发展。

第五章主要研究内容为：京津冀区域协同发展是我国当前的一项重大战略，小额贷款公司凭借自身特点和优势在其中发挥着独特且无法替代的作用，是支持京津冀协同发展的一支不可忽视的力量。以京津冀三地小额贷款公司发展现状的资料和数据为基础，对小额贷款公司在京津冀协同发展中发挥的作用进行了分析。认为小额贷款公司在区域协同发展中可以为企业拓宽融资渠道，为发展提供资金支持，为社会增加劳动就业，为市场加速资本转化。同时，还指出京津冀区域中的小额贷款公司存在发展质量不高、发展协同性不足、经营模式有待转型、监管体系尚未统一等问题与不足。进而提出了做实质量发展、促进整体发展、完成协同发展、实现转型发展、保持稳健发展等相应对策。

第二篇　金融科技发展研究

该篇主要从金融科技、科技金融、大数据、区块链等技术对实体经济，尤其是制造业等方面的影响进行研究，共分为四章进行论述。

第六章主要研究内容为：基于新时代实体经济发展过程中的新金融需求、普惠金融需求和金融基础设施需求，详细探讨金融科技创新赋能实体经济高质量发展的作用机理。首先，金融科技通过应用人工智能、区块链、大数据等技术，能够提高投资效率，满足新兴企业成长和传统产业数字化转型中的新金融服务需求，助力培育经济发展新动能。其次，金融科技创新能够引领数字普惠金融发展，满足小微企业、民营企业、低收入群体、消费升级等实体经济重点领域和薄弱环节的普惠金融服务需求，促进经济均衡发展。此外，金融科技龙头企业输出金融科技基础设施，还有助于国内企业"走出去"和满足"一带一路"建设中的金融需求，实现互利共赢，推动实体经济高质量发展。

第七章主要研究内容为：在互联网和智能手机广泛使用的时代背景下，使用大数据进行精准营销成为势在必行的趋势之一。保险产品天然具有个性化定制需求，随着保险业竞争日趋激烈，传统保险营销模式缺少对客户准确定位的技术条件，成本高昂且效果不佳。研究大数据在保险精准营销中的作用，对保险业发展有着重要的实践意义。

第八章主要研究内容为：传统供应链存在信息不对称问题，使得企业间的合作存在着各种风险。基于区块链的供应链从根本上解决了这一问题。基于合作博弈的视角，通过构建行业联盟链的供应链模式，嵌入自动评估机制模块，研究区块链应用于供应链后给供应链中各参与方博弈行为带来的变化。研究发现，全行业联盟链中的成员不仅在纵向上实行合作博弈，而且在横向上同样选择合作博弈，实现企业与联盟双赢的结果，同时使得供应链合作博弈变得更加简单、更加智能。最后，通过数值仿真分析，对模型可靠性进行了检验。

第九章主要研究内容为：科技金融服务于实体经济的覆盖面越来越广，越来越多的实体经济依托互联网科技进行创新和改革。运用 2008～2017 年中国 30 个省（市、区）的面板数据，结合静态与动态面板数据的建模方法，实证分析科技金融对中国制造业自主创新能力的影响效果。结果表明：在短期，科技金融的投入能够正向促进制造业自主创新能力的提升，且主要集中在科技金融的资源和产出这两个方面，而科技金融经费与融资对制造业自主创新能力的影响较小。在长期，科技金融对制造业自主创新能力的影响较弱，其自身惯性的影响占据主导地位。

第三篇　绿色金融发展研究

该篇主要从绿色金融、绿色信贷以及绿色金融发展效率测度等方面进行深入研究，共分为三章进行论述。

第十章主要研究内容为：改革开放以来，我国的经济建设发生了举世瞩目的惊人变化。随着我国的发展进入中国特色社会主义新时代以及现代化进程的加快，经济获得飞速进步的同时，一系列的生态环境问题也不断暴露出来。面对越来越严重的环境问题以及自主创新能力薄弱、科技等新兴产业发展后劲不足的现状，产业结构升级开始被业界广泛提及，而产业结构升级的关键，便是引导传统产业升级、培育新型绿色环保产业。因此绿色金融慢慢被重视起来。为了探究绿色金融与产业结构升级的关系，在结合前人研究成果的基础上，利用 OLS 线性回归方法对数据进行分析。首先阐述了绿色金融的基本内容和我国产业结构的发展现状，其次通过对全国 30 个省的数据回归来探究绿色金融与产业结构升级的关系，最后根据分析结果并结合我国发展实际，提出了一些针对性的建议。

第十一章主要研究内容为：京津冀协同发展战略是我国未来战略规划中的重要一环。立足于京津冀区域绿色金融发展现状，运用 DEA 模型对京津冀地区的绿色金融发展效率进行测试，并对京津冀地区与长三角地区、珠三角地区三者之间的绿色金融发展效率进行横向的对比与分析。目前，相比于珠三角和长三角地区的绿色金融发展效率，京津冀地区的绿色金融发展效率偏低无论是在静态指标还是动态发展趋势方面都逊色于前者。基于数据包络分析得出的结论是京津冀区域绿色金融发展效率存在失衡问题，需要在绿色金融投入和产出之间进行协调和完善，进而为提高京津冀地区绿色金融发展效率提出部分建议。

第十二章主要研究内容为：在创新引领、绿色低碳等领域培育新的增长点、形成增长新动力，推动中国经济质量和效率变革，是中国经济绿色发展亟须解决的关键问题。然而，绿色信贷怎样作用于绿色经济增长？其影响机制和传导途径如何？还缺乏系统性的分析。基于方向性距离函数和 Malmquist – Luenberger 指数，运用中国 30 个省份 2006～2017 年的面板数据，在测度绿色经济增长率的基础上，实证考察了绿色信贷对绿色经济增长的影响，并对其影响机制和传导途径进行了探讨。结果表明：绿色信贷会对绿色经济增长产生正向的促进作用；绿色信贷促进绿色经济增长主要是绿色技术进步效应，而不是绿色技术效率效应；在传导途径上，绿色信贷主要是通过提升产业结构高级化与合理化水平，降低煤炭消费量在能源消费量中的比重，进而对绿色经济增长产生正向影响。

第四篇　金融监管与风险防范研究

该篇主要从金融市场开放对货币国际化的影响、资本账户开放对我国金融风险的影响以及企业信用评级指标构建三方面进行论述，共分为三章进行阐述。

第十三章主要研究内容为：在利用国际货币三大职能指标综合加权平均对货币国际化程度测度的基础之上，选取法定和实际两种金融市场开放度测度方法，分析金融市场开放对货币国际化的影响，并通过对不同金融市场开放度进行区分，建立静态和动态两种模型，运用 LSDV 和 FGLS 分析的方法研究金融市场开放程度的高低对货币国际化影响的差异。研究结果发现：随着一国金融市场开放度的提升，其货币国际化程度是增加的；基于法定金融市场开放度分析，法定金融市场开放度高的国家对货币国际化的影响程度要高于金融市场开放度低的国家，而基于实际金融市场开放度分析，实际金融市场开放度低的国家对货币国际化促进作用更大一些，但要注意与其经济规模相适应。

第十四章主要研究内容为：在人民币国际化的背景下，深入理解和探究资本账户开放对系统性金融风险的影响机制具有重要的现实意义。考虑到金融系统之间的复杂关联性，基于 TVP - FAVAR 模型构建了涵盖 7 个维度的中国系统性金融风险指数，并利用 SV - TVP - VAR 模型实证研究了资本账户开放对系统性金融风险的动态影响特征。研究发现：第一，金融指标的风险含义应根据经济增长效应进行判断，同时其权重系数具有动态时变特征。第二，依据构建的系统性金融风险指数，2008 年国际金融危机和 2015~2016 年前后我国的系统性金融风险处于中高位，近期已有一定程度的缓和。第三，资本账户开放对系统性金融风险的影响具有时变特征，金融危机以前资本账户的放开有利于我国金融风险的缓解，随后开放的风险效应逐渐显现，其中短期资本流动更是长期呈现负向冲击。基于此，建议应渐进推动资本账户开放、加强对短期资本流动的审慎管理。

第十五章主要研究内容为：信用评级是中小企业获得融资的重要环节，而评级指标体系是影响评级结果的关键因素。不同地区经济发展水平的不同，企业所属行业特征的不同，都会在很大程度上影响中小企业的信用评级。致力于对特定区域、单一行业的信用评级指标体系进行优化研究，以河南省软件与信息服务行业内的中小企业为例，在运用系统聚类法进行指标筛选的基础上，通过运用层次分析法对筛选出的指标进行权重的确定。优化后的评级指标体系，包含14个非财务指标、9个财务指标共23个评级指标。相比现有商业银行常用的指标体系，降低了定量指标的权重，重点考察了现金流量和供应链运营两个相关指标。

第五篇　金融生态指数研究

该篇主要从县域经济发展概况分析入手，借鉴已有的研究，以科学合理地度量县域经济、金融非均衡发展水平和程度，分析县域金融发展中可能的问题为原则，主要从经济水平、基础公共设施建设、金融发展、金融制度环境等层面选取不同数量的指标构建金融生态指数，这些指标的数值特征基本能够反映金融运行环境的总体状况。在构建金融生态指数时，根据我们确定的金融生态的含义和金融生态指数构建的目标和原则，借鉴国际认可度很高的联合国开发计划署编制的人类发展指数（human development index，HDI）计算方法构建金融生态指数；之后，对县域金融生态指数进行了综合排名并提出了具体的发展对策。

本书由"2019年中国区域金融第九届年会暨雄安金融科技论坛"的部分优秀稿件构成，在此对每一位作者的辛苦、辛勤付出表示万分感谢！中国区域金融年会已经历时九届，感谢各界专家、学者、高校等单位的大力支持，感谢有关杂志社的鼎力支持。第九届年会由中国区域金融年会理事会、河北金融学院、中国技术经济学会金融科技专业委员会和中国区域经济学会区域金融专业委员会联合主办，河北金融学院雄安新区建设发展研究中心、金融研究所、信息管理与工程系和金融系等单位协同承办，《管理世界》杂志社、雄安新区建设发展研究中心——科大讯飞基地等18家单位协办并提供支持。

年会紧紧围绕"雄安新区建设与金融科技创新"这一主题，对金融科技服务雄安新区建设、金融科技助力京津冀协同发展等内容进行了多角度、深层次的探讨，为新时代背景下金融服务实体经济、区域金融理论与实践创新提供了智力支持和理论支撑，为金融科技学科建设与人才培养提供了有益启示。

编者按

2020 年 4 月 14 日

目　录

第一篇

典型区域金融发展模式研究

第一章

加快推动金融业发展
助力天津产业结构调整升级 *

一、引言

早在 1860 年，天津市作为南北运河的交通枢纽和华北地区的货物集散中心，吸引了国外大量金融机构涌入，使得天津市金融产业从无到有并迅速发展，成为中国金融行业发源地之一。新中国成立以后，天津市建立了以中国人民银行天津分行为主导的银行体系，以银行业为主的金融业的发展促使天津市的工业生产快速发展，天津市从此开始第一轮的产业升级，即由第一产业农业向第二产业工业的产业结构调整。1978 年以来，天津市积极响应改革开放政策，成立了国务院批准设立的第一个国家综合改革创新区——滨海新区，2014 年滨海新区成为我国北方第一个自贸区。滨海新区的成立极人地推动了天津市的金融发展，加速了金融创新与改革。滨海新区与自贸区的建立将天津市产业升级的重点转移到由第二产业向第三产业升级的方向，而金融业成为天津市改革开放以来推动产业升级的重要力量。

截至 2017 年末，天津市共拥有各种金融机构 6830 家，其中银行业已基本具备完善的体系规模。金融业增加值是金融业从事金融中介活动以及相关金融附属活动而创造的价值，是一定时期内金融业对经济增长和第三产业贡献的大小。改革开放以来，天津市金融业规模迅速扩大，金融业增加值由1978 年的 0.1 亿元增加到 2017 年的 1951.75 亿元，占全市 GDP 比重增加到10.52%。其中，占第三产业增加值的比重达到 18.09%，相比改革开放前提高了 17 个百分点。

＊［作者简介］王学龙，1965 年 9 月生，男，天津财经大学金融系教授，经济学博士。贾瑞媛，1996 年 9 月生，女，天津财经大学金融学硕士研究生，国际金融方向，本章为天津哲学社会科学规划项目——关于天津金融供给侧改革的研究（TJYY16－012）以及中国滨海金融协同创新中心项目——天津自贸区金融功能扩展研究的阶段性研究成果之一。

经过改革开放 40 多年来的快速发展，天津市工业化和城市化水平不断提高，全市经济已经由工业化发展阶段进入后工业化阶段。1990 年以来，天津市经济基本保持两位数增长，在 2011 年经济总量超过万亿元、2015 年形成"三二一"的产业结构。现今天津市的经济发展开始步入增速换挡、结构优化、动力转型的转型期。因此，天津市能否在这样一个充满挑战与机遇的时期实现产业结构的调整与升级至关重要。产业结构的调整与升级依赖于金融体系的支撑，天津市作为金融发展示范区与老牌自贸区，在利用金融发展实现产业升级方面具有更多的优势。本章拟从金融发展的视角对天津市产业结构升级与金融发展的关系进行实证研究。在经济发展新常态的关键时期，天津市如何改善金融政策并完善融资体系，通过资本带动产业升级是一项值得研究的内容。金融发展影响产业结构升级调整的过程如图 1 - 1 所示。

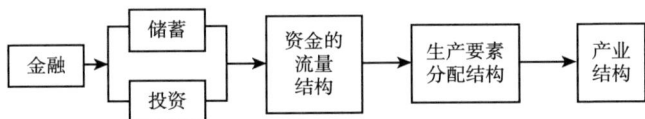

图 1 - 1　金融发展影响产业结构升级调整的过程概述

二、国内外研究现状

国外对于产业结构优化升级与金融发展的研究开始的较早。20 世纪 70 年代肖和戈里（Shaw and Gurley）通过研究一国金融发展水平与产业增长之间的关系发现，金融活动通过有效地降低企业融资成本，从资金层面帮助新兴企业发展成长，从而间接促进一国产业结构的升级。文森特·加尔比斯（Vicente Galbis，1977）利用两部门模型研究资源优化对经济发展的作用，得出金融系统将资金从收益较低的部门转入收益较高的部门能够促进一国的经济发展与产业转型。沃格勒（Wurgler，2000）通过研究 60 个国家的金融市场与不同产业的数据，得出金融发展通过影响不同产业的资本配置效率来影响产业结构的结论。阿吉恩、霍维特和马耶尔·弗依克斯（Aghion, Howitt and Mayer Foiilkes，2010）从股票市场融资存在一定扭曲与市场信息不对称的角度分析，得出优质企业上市存在惰性，在这种情况下无法实现资源的有效配置，从而导致新兴产业发展受到抑制，产业结构优化受到阻碍。

近年来我国学者增加了对金融发展是否促进产业结构升级的研究。刘世锦和陈锋（1996）是我国较早研究金融发展与产业结构升级的学者，他们认为金融发展通过影响资金在各个产业的投入量进而影响产业结构调整程度。董明欣（2002）通过我国产业结构状况的实证分析，发现我国急需通过金融体制改革来提高金融发展对产业结构调整的支持。曾国平和王燕飞（2007）指出由于中国金融发展的畸形，导致中国金融发展对产业结构的调整和升级产生了扭曲效应。方慧芬（2013）利用1991~2012年我国的产业结构与金融发展数据进行回归建模，发现银行业与证券业的发展对我国的产业结构升级具有积极影响。王翔和李凌（2013）运用我国29个省份的制造业数据考察金融发展是否依产业的空间结构差异而产生非对称的增长效应，发现各地区金融发展程度对产业结构升级效用不同：东部地区金融发展使得专业化程度较高的产业抵御外部冲击能力增强，另外金融系统的资源再配置机制，迫使一些拥挤的产业向外迁出；中部与西部地区金融发展对资源需求较大的产业促进作用明显。苏建军和徐璋勇（2014）利用我国31个省市1993~2010年的数据，研究了金融发展、经济增长、产业结构升级之间的关系，得出产业结构升级是经济增长的重要支撑，而产业结构的升级离不开金融业的发展。王立国和赵婉妤（2015）研究了我国1992~2012年金融发展与产业结构升级的关系，建立了VAR模型，得出了金融规模的扩大、金融结构的改善均对我国产业结构升级有重要推动作用的结论。陈晓玲和张毅（2017）利用我国30个省份1990~2013年的面板数据，进行了面板VAR模型估计，发现金融发展并没有显著地促进产业升级和经济增长，但较大地推动了其自身的发展。

在我国大部分学者对于金融发展与产业结构升级之间关系的讨论都是基于国家层面，未考虑到我国区域经济发展与金融发展不平衡的因素。基于此本章主要从区域发展不平衡的层面出发，研究天津市的金融发展与产业结构升级之间的关系。

三、模型构建与实证研究

（一）变量选取与数据来源

本章选取天津市1978~2017年的数据，探究金融发展对天津市产业结构升级的促进作用。为反映天津市产业升级情况，选取反映产业结构优化度的指标 CYS 作为因变量。CYS 的定义为：首先根据三次产业划分将 GDP 分为 3 个部分，每一部分增加值占 GDP 的比重作为空间向量的一个分量，从而构成一组三维向量 $X_0 = (x_{10}, X_{20}, x_{30})$，然后分别计算 X_0 与产业结构由低层次向高层次排列的向量 $X_1 = (1, 0, 0)$，$X_2 = (0, 1, 0)$，$X_3 = (0, 0, 1)$ 的夹角 θ_1，θ_2，θ_3：

$$\theta_{j(j=1,2,3)} = \arccos \left[\frac{x_{j0}}{\sqrt{\left[\sum_{i=1}^{3} (x_{i0}^2) \right]}} \right] \quad CYS = \sum_{k=1}^{3} \sum_{j=1}^{k} \theta_j$$

CYS 越大，表明产业结构的优化水平越高。下面对所选取的解释变量进行说明。选取金融机构存贷款余额之和与 GDP 的比值作为衡量天津市金融规模（FIR）的指标，这一指标从总体上体现了天津市改革开放以来金融发展的情况，这一指标越大说明天津市的金融规模相对于经济规模越大。选取金融机构的贷款余额与存款余额的比值作为衡量天津市金融效率（LR）的指标，金融效率衡量了天津市金融机构将存款转化为贷款的效率，不仅体现了金融效率的高低，存贷款转换比例的合理化还能体现地区金融监管的情况。

本章另外选取两个影响产业升级的重要指标即第三产业固定资产投资（GDZC）与第三产业从业人数（CYRS），这两个指标都是影响第三产业发展的关键因素。由于第三产业的发展是产业结构优化的关键，因此增加这两个指标作为因变量。

为缩小各指标之间由于数量级不同的影响，本章对所有变量数据都进行对数处理，由此得到的回归系数是有关自变量对因变量的弹性影响。本章数据来源于《天津市统计年鉴》及中经网统计数据库。

（二）变量的描述性统计

通过计算天津市的产业结构优化度指标 CYS 可以发现，从 1978 年改革开放到 1992 年天津市的产业结构优化程度并不明显，产业结构优化度在 6.3 ~ 6.4 之间浮动。1992 ~ 2017 年产业结构优化度呈现出浮动增长趋势，最终从 1992 年的近 6.5 增长到 2017 年的近 7.2（见表 1 - 1）。

表 1-1　　　　　　　　　　天津市产业结构优化度（CYS）

年份	CYS	年份	CYS
1978	6. 392415848	1998	6. 764768517
1979	6. 347533309	1999	6. 826230680
1980	6. 375197578	2000	6. 829096809
1981	6. 428243157	2001	6. 858681625
1982	6. 384549655	2002	6. 874141257
1983	6. 406254538	2003	6. 856005162
1984	6. 386145293	2004	6. 817978185
1985	6. 394852681	2005	6. 797087643
1986	6. 372834270	2006	6. 783015607
1987	6. 361321641	2007	6. 807666119
1988	6. 316232613	2008	6. 766042184
1989	6. 335959721	2009	6. 917195139
1990	6. 439660396	2010	6. 935356748
1991	6. 469145883	2011	6. 945047881
1992	6. 541280530	2012	6. 964447021
1993	6. 574882299	2013	6. 986571076
1994	6. 597738281	2014	7. 018559332
1995	6. 607235777	2015	7. 071231581
1996	6. 659766544	2016	7. 158495694
1997	6. 705017380	2017	7. 202397991

为观察体现金融发展的自变量 FIR 与 LR 对产业结构优化度的影响，分别绘制 lnCYS 与 lnFIR、lnLR 的散点图（见图 1-2、图 1-3），同时对 lnCYS

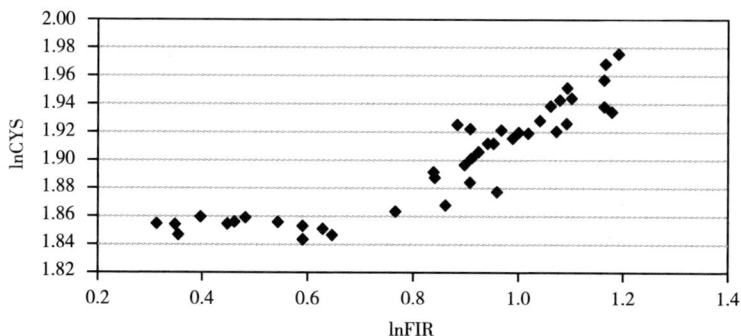

图 1-2　lnCYS 与 lnFIR 的散点图

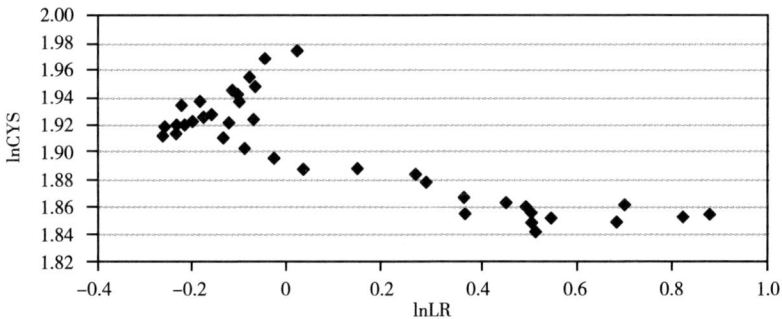

图 1 - 3　lnCYS 与 lnFIR 的散点图

与 lnFIR、lnCYS 与 lnLR 做相关性检验，获得更直观的产业结构优化度与金融发展水平之间的关系，如表 1 - 2 所示。

表 1 - 2　　　　　　　　　　　变量之间的相关性

变量	lnCYS	lnFIR	lnLR
lnCYS	1	0.901030296	- 0.845425301
lnFIR	0.901030296	1	- 0.891640309
lnLR	- 0.845425301	- 0.891640309	1

表 1 - 2 表明 lnCYS 与 lnFIR 整体上呈现出正相关，即金融规模的扩大明显对天津市产业结构优化起到了促进作用。从图 2 - 2 中可以看出改革开放初期，天津市金融规模的发展与产业结构优化之间的关系并不明显，这种情况一直持续到 lnCYS 达到 1.88 之后，天津市的金融规模扩大开始明显促进天津市的产业结构优化，并且随着产业结构优化度的提高金融规模的促进作用越发明显。即天津市 lnCYS 与 lnFIR 之间的关系明显体现出"二阶段"的特征，当 lnCYS 处于 1.88 之下时，lnFIR 对 lnCYS 的贡献非常微弱，当且仅当 lnCYS 超过 1.88 时，两变量之间才体现出正相关性。这说明在改革开放早期由于天津市产业结构的不合理加之金融水平较低，二者之间的相互影响并不明显。

从图 1 - 3 与表 1 - 2 中可以看出 lnCYS 与 lnLR 整体上呈现出负相关。在改革开放初期天津市金融机构的贷款数额巨大，达到存款数额的 2.5 倍，并且在 1978～1990 年天津市的存贷比 LR 始终处于 1.5～2 之间，大量的贷款被投入生产生活之中，加快了天津市的经济发展，但是由于金融监管的疏漏，许多金融机构的贷款都超出存款多倍，贷款质量得不到保证，导致金融市场的不稳定。1995 年后金融监管的完善使存贷款比例达到较为稳定的数值，降低了金融机构的风险使金融市场更加稳定。观察图 1－3 发现 lnCYS 与 lnLR 也呈现出较为明显的"二阶段"特征。从图 1－3 中不难看出当 lnLR 较大时，lnCYS 与 lnLR 呈现明显的负相关关系，当 lnLR 降低到负值时，二者开始呈现正相关关系，也就是在现阶段合理的金融效率才能有效地促进天津市的产业结构优化。

从总体上看，对于天津市来说金融总量的提升对区域产业结构的转型升级具有促进作用，而金融效率的提高反而对区域产业结构的转型起到了阻碍作用。但是，这种促进或阻碍并不是绝对的，这种促进或阻碍的发生需要满足一定的条件，即产业结构优化度达到一定的水平。

（三）模型的构建及回归结果分析

将本章选用的自变量 lnCYS 与因变量 lnFIR、lnLR、lnGDZC 与 lnCYSJ 纳入回归模型中，可得到本章采用的用以分析天津市金融发展与产业结构升级关系的模型：

$$lnCYS = \beta_0 + \beta_1 lnFIR + \beta_2 lnLR + \beta_3 lnGDZC + \beta_4 lnCYRS + \varepsilon$$

选用最小二乘法对模型中的参数进行估计，得出：

$$lnCYS = 2.0120 + 0.0547 lnFIR + 0.0330 lnLR + 0.0271 lnGDZC - 0.0587 lnCYSR$$

$$t = (30.0121) \quad (2.6497) \quad (2.1920) \quad (5.8439) \quad (-3.0664)$$

$$R^2 = 0.94259 \quad F = 143.6635 \quad S.E. = 0.0098$$

由回归结果可得，模型的拟合优度较好，且统计量 F 较大，即被解释变量能够较好地反映解释变量的变化情况。统计量 t 表明单个解释变量对被解释变量的影响都是显著的。

由回归结果得，金融规模 FIR 每增加 1 个百分点，产业结构优化度提升0.0547 个百分点，由此可见，金融总量的提升对于区域产业结构升级起着重要的作用，这与上面的分析结果一致。金融效率 LR 每增加 1 个百分点，产业结构优化度提升 0.033 个百分点，即金融效率也能较好地提升区域产业结构。观察回归结果我们只能得到存贷比的提高能够促进产业结构优化的结论，结合前面对散点图的分析，我们会发现天津市金融效率对产业结构优化度的影响是分阶段的。这主要是由于天津市的金融效率发展呈现出逐渐降低达到合理的水平后平稳发展的现象。改革开放初期，虽然我国经济开始转型，但这一时期我国金融体系远未摆脱计划经济下的运营模式，银行贷款在很大程度上要受到政策的影响，从而出现贷款盲目扩张的现象，使得存贷比呈现上升趋势。进入 21 世纪以来，随着商业银行自主权的加大，其对于营利性的要求也越来越高。银行更加注重贷款质量的管理，因此在很大程度上避免了不良贷款的产生，使得整个银行系统的运营效率提高了，从而整个金融体系的效率得以提升。这一存贷比下降的结果反而在一定程度上意味着金融效率的提高。

四、结论与建议

从整体上看，金融发展水平的提高，通过金融总量的扩张以及金融效率的改善，对产业结构转型升级具有显著的作用。金融发展能够有力地促进天津市产业结构的优化升级，金融系统效率的改善能够在转型升级中起到强有力的推动作用。

分阶段来看，天津市的金融发展要想对产业升级起到促进作用，必须保证金融发展与产业升级达到一定的平衡。当产业结构优化度较低时，加快金融发展不仅不能起到促进产业升级的作用，甚至会抑制产业结构的优化，因此天津市的金融发展与产业升级之间的关系体现出"二阶段"的特点。

综上所述，本章提出以下建议：

（1）加强金融监管，优化融资结构，改善金融效率。天津市作为金融示范区，我国北方第一个自贸区，对金融监管的要求更高。适度的金融监管不仅能够扩大金融规模，而且能够发挥积极的监管作用，帮助金融机构尽早察觉风险，规避风险。不仅要注意到金融机构将存款转换成贷款的能力还要关注金融机构的收益情况与贷款的质量。

（2）完善金融体系，促进非银行金融机构的发展。银行类金融机构一直是社会经济参与者的重要融资渠道，但由于其自身的性质以及政策导向，银行主要将贷款发放给国有企业和地方性企业，从而造成了中小微企业融资难的现象，而产业结构优化升级的重要因素之一就是其内部微观参与者的发展。非银行金融机构的出现能够有效地解决中小微企业融资难的问题，因此天津市在大力发展银行业的同时也应该积极促进非银行金融机构的发展，同时加强对非银行金融机构的监管，在保证金融市场稳定的同时，充分发挥非银行金融机构对经济发展的作用。

（3）加大金融创新力度，实现金融产品多样化。金融业发展的表现不仅在于金融规模的扩大、金融效率的提高，也体现在金融服务质量的提升以及金融产品种类的增多。随着社会的进步，各个行业分工越来越细化，但是金融产品相对单一，构成相对简单，固化模式较为明显，缺少针对性与灵活性，满足不了各行各业对资金的需求。因此加速推进金融服务的针对性、金融产品的灵活性、积极开发更有效的金融工具是加快金融发展的必经之路。

（4）完善天津市资本市场建设，充分发挥市场体系作用。资本市场的发展可以为企业拓宽融资渠道，增加融资额度，加快融资速度。加快完善天津市的资本市场建设有利于加速企业内部的资金周转从而促进企业的发展，进一步优化产业结构，提升产业内部质量。因此推进资本市场完善是促进天津市产业结构优化升级的重要方法。从目前来看，可以通过积极推进优质企业上市，着力培养中小企业进入新三板等方法来完善天津市资本市场建设。

本章参考文献

［1］陈晓玲，张毅. 金融发展、产业升级与经济增长的动态关系研究［J］. 财贸研究，2017（10）：19－25.

［2］董明欣. 对中国产业结构调整金融支持不力的分析［J］. 经济与管理评论，2002（3）：46－48.

［3］方慧芬. 金融发展对产业结构升级的影响研究［D］. 南京：南京大学，2013.

［4］付凌晖. 我国产业结构高级化与经济增长关系的实证研究［J］. 统计研究，2010（8）：79－81.

［5］刘世锦. 为产业升级发展创造有力的金融环境［J］. 上海金融，1996（4）：3－4.

［6］苏建军，徐璋勇. 金融发展、产业结构升级与经济增长——理论与经验研究

[J]. 工业技术经济, 2014 (2): 139 – 149.

[7] 王翔, 李凌. 金融发展、产业结构与地区增长 [J]. 财政研究, 2013 (5): 33 – 36.

[8] 王立国, 赵婉妤. 我国金融发展与产业结构升级研究 [J]. 财经问题研究, 2015 (1): 22 – 29.

[9] 曾国平, 王燕飞. 中国金融发展与产业结构变迁 [J]. 财贸经济, 2007 (8): 12 – 19.

[10] Gurley, G., Shaw, E. S. Financial Structure and Economic Development [J]. Economic Development and Cultural Change, 1967 (3): 67 – 68.

[11] Hicks, J. A Theory of Economic History [M]. Oxford: Clarendon Press, 1969: 23 – 25.

[12] Jeffrey Wurgler. Financial Market and the Allocation of Capital [J]. Journal of Financial Economics, 2000: 187 – 214.

第二章

京津冀区域金融资本流动和市场
一体化关系研究 *

一、引言

2019 年初，习近平总书记在京津冀协同发展座谈会上再次阐述京津冀协同发展的重要意义。为了京津冀区域协同的长远发展，需要创造金融资本的合理流动、区域市场一体化有序运营的区域经济环境。理论上，金融资本合理有序流动能够同时为金融资本流出地区与金融资本流入地区带来社会福利，为京津冀区域经济增长提供资金基础，优化区域内的资源配置。一般来讲，金融资本发展领先于实体经济发展，对于实体经济的发展有带动和引导的作用。同时，金融资本只有植根于实体经济，才能更好地在实体经济运行中发挥不可替代的作用，实现区域资源配置优化，积极推动京津冀协同发展。进而，金融资本流动也会影响到京津冀区域的市场一体化进程。那么，市场一体化是否反过来也会影响金融资本流动呢？二者之间存在怎样的相互作用关系呢？本章的研究目标是京津冀区域金融资本流动和市场一体化的相互关系。

关于资本流动对市场一体化的影响，现有文献较少研究其直接影响，大部分文献从区域经济差异这个角度开展研究。众多文献验证了资本流动的增强会缩小区域经济差异，进而促进市场一体化，比如王小鲁和樊纲（2004）考察了中国 20 世纪 80 年代和 90 年代地区经济差距的变动趋势，结果发现民间资本流动使资金大量流向东部，加速了东部地区的经济增长，同时也扩大了地区差距，不利于国内市场一体化的发展。陈良文和杨开忠（2007）建立了同时涵盖外部规模经济效应、本地市场效应和要素流动的集聚经济模型，

* [作者简介] 杨贵军，1970 年 3 月生，男，天津财经大学统计学院和中国经济统计研究中心教授，博士，博士指导教师，研究方向为应用统计。付嘉鑫，1993 年 12 月生，女，天津财经大学统计学院硕士研究生，研究方向为应用统计。

数值模拟的结论显示，地区间的要素流动会促使区域差异不断拉大。金久垠等（2018）通过对东北地区和长三角地区的2001～2016年数据进行计量经济模型检验，发现资本流动对经济增长具有明显的影响，并且资本在不同区域的贡献率也不同，这导致了区域发展差异，背离了区域市场一体化发展方向。

关于市场一体化对金融资本流动的影响，现有文献主要从两方面展开研究。一部分文献验证了市场一体化对金融资本流动的积极影响。比如弗伯斯和瓦诺克（Forbes and Warnock，2012）使用1980～2009年58个国家的面板数据来研究国际资本流动，发现商品市场的整合对于国际资本流动是重要的推动因素。卡茨米和佐依格（Katsimi and Zoega，2014）利用1960～2014年19个单一市场欧盟国家和11个非单一市场欧盟国家的FH系数进行估计，然后运用面板回归研究所有样本国家的FH系数的变异原因，结果发现商品市场价格变化是其中一个重要因素。另一部分文献认为市场价格作为反映区域市场一体化的重要方面，在金融资本流动中发挥了重要作用。如果一个区域内的主要商品价格能够大体趋于一致，则反映该区域内要素自由流动的能力较强，区域市场一体化程度较高。杨扬和王国松（2006）对1982～2004年中国的国际资本流动状况及其影响因素进行实证研究，研究结果表明，继人民币名义汇率之后，物价水平也逐渐成为中国国际资本流动的主要影响因素。

综上，金融资本流动和区域市场一体化两者之间存在某种错综复杂的关系，可能是一种相互作用机制。掌握并利用这种相互作用机制，为制定区域协同发展政策提供理论依据，有利于促进京津冀区域金融资本流动和市场一体化的协同发展。然而，大部分文献只是着眼于研究单方面的影响，鲜有文献研究两者之间的相互作用关系。

研究区域市场一体化与金融资本流动的关系是极具理论价值的，有利于推进这一领域的理论方法和应用研究。本章的行文思路是首先介绍金融资本流动的FH模型和市场一体化的指标，建立引入价格方差的扩展FH模型研究市场一体化对金融资本流动的影响，再进一步研究金融资本流动对区域市场一体化的反向作用关系，最后给出结论和建议。

本章的创新之处有两点：一是通过引入价格方差的扩展FH模型研究市场一体化对京津冀地区金融资本流动水平的影响。杨贵军、杨鸿海、张率

（2017）利用有条件 FH 模型，对京津冀区域金融资本流动程度进行测度。在此基础上，将价格因素引入 FH 模型，研究市场一体化对京津冀地区金融资本流动水平的影响。二是基于不同的金融资本流动水平，建立市场一体化与其决定因素之间关系模型，研究金融资本流动对市场一体化的作用机制。关于金融资本流动和市场一体化的相互影响研究，有利于从宏观上把握京津冀区域的金融资本流动和市场一体化的协调机制，为金融资本更好地服务于实体经济发展的政策制定提供理论依据。

二、金融资本流动的 FH 模型与区域市场一体化指标

目前，金融资本作为资本的重要组成部分，资本流动模型也适用于金融资本流动测度。测度资本流动水平的方法较多，其中 FH 模型应用最为广泛。费尔斯坦和霍若卡（Feldstein and Horioka，1980）借助于储蓄—投资的相关系数描述资本流动性，提出了 FH 模型，也被称为"无条件 FH 模型"。共同影响储蓄与投资的因素往往导致使用无条件 FH 方法高估流动性指标。为了剔除共同影响储蓄与投资的因素，艾瓦莫托和冯·文库波（Iwamoto and Van Wincoop，2000）提出了"有条件 FH 模型"。艾瓦莫托和冯·文库波（2000）认为，影响存贷款的国家与地区因素，以及区域内的具体因素，包括经济增长和政府干预对金融资本流动性的影响很大，是采用 FH 模型来测度区域金融资本流动性所必须考虑到的。

为了控制影响存贷款的国家和地区因素，从城市 i 金融机构的贷款率与储蓄率中将不包含城市金融机构的贷款率与储蓄率剔除，得到的贷款率和存款率分别用 L_{it}^* 和 D_{it}^* 表示。共同影响存款与贷款的区域具体因素是城市经济增长和政府干预这两个因素。用 y_{it} 和 F_{it} 分别表示城市 i 在 t 时期的经济增长影响和城市 i 在 t 时期的政府干预影响。为了控制共同影响贷款与存款的区域特定因素，建立模型：

$$L_{it}^* = \alpha_i + \alpha_y y_{it} + \alpha_F F_{it} + e_{it}^L \qquad (2-1)$$

$$D_{it}^* = \beta_i + \beta_y y_{it} + \beta_F F_{it} + e_{it}^D \qquad (2-2)$$

其中，经济增长采用地区 GDP 作为代理变量，通过 HP 滤波法滤去 GDP 的波动；政府干预采用地区财政支出占地区 GDP 的比重作为代理变量。e_{it}^L 与 e_{it}^D 就

都排除了城市经济增长与政府干预的影响。金融资本流动性的有条件 FH 模型为：

$$e_{it}^{L} = \alpha^* + \beta^* e_{it}^{D} + \varepsilon \qquad (2-3)$$

其中，β^* 表示在控制城市经济增长与政府干预的条件下金融资本流动程度。

实际上，β^* 是衡量一国储蓄转化为国内投资的储蓄—投资相关系数。在封闭的国际环境中，国内储蓄全部转化为国内投资，导致国内投资与储蓄的高度相关性，β^* 值较大。在开放的国际环境中，资本将流向边际收益率最高的国家。大多数资本流出本国会导致本国的投资与储蓄相关性较低，β^* 值较小。这里，β^* 是一个相对值，越接近 1，一国储蓄转化为本国的投资越多；β^* 越接近 0，一国储蓄转化为本国的投资就越少；一旦 β^* 小于 0，意味本国投资和储蓄负相关，说明本国资金较多投资于外国市场。β^* 值能够反映资本流动的水平，也被称为"流动性指标"。通过检验这个指标的数值与 0 和 1 哪一个更为接近来判断一个国家或区域的资本流动水平。

目前，FH 模型已经成为测度资本流动性一个间接方法，被用于分析更多领域的国际资本流动，也被用于测度一个国家的资本流动。对于国际经济体的研究，吉姆（Kim，2005）和穆罕默德（Mohammad，2010）分别对亚洲和 27 个欧盟国家进行资本流动性测度，结果显示这些区域的资本流动性呈现阶段性变化。FH 模型后来也逐渐被学者们应用于测度中国区域或者国家的资本流动程度。最早将 FH 模型应用于国内分析的是胡永平（2004），利用 FH 模型的 ARDL-ECM 形式，进行协整检验并估计储蓄—投资相关系数来比较中国东部、中部和西部的资本流动情况，得出结论：总体上东部区域是资本净流入区域，西部是资本净流出区域，中部区域基本持平，验证了其他学者的结论。随后越来越多的学者利用该模型分析中国的资本流动情况。王维国和薛景（2014）基于 FH 方法，使用截面相关下的变结构面板协整检验来考察中国 29 个省份的资本流动能力，结果发现，中国省域间的资本流动能力较强，得出中国省域间"先减弱后增强"的资本流动变化趋势的结论。杨贵军、杨鸿海、张率（2017）分别利用无条件 FH 模型和有条件 FH 模型，对京津冀区域金融资本流动程度进行测度，结果发现，京津冀区域金融资本流动性不断增强。在此过程中，经济增长和政府干预都发挥了很大作用。

为了研究市场一体化对金融资本流动的影响，在有条件 FH 模型的基础上，引入市场一体化因素。将"价格方差"作为市场一体化的代理变量纳入有条件 FH 模型，建立式（2-4）的扩展 FH 模型：

$$L^* = \alpha + \beta^X D^* + \alpha_y y + \alpha_F F + \alpha_p price + \varepsilon \qquad (2-4)$$

其中，L^* 和 D^* 为投资率和储蓄率，分别选用省市金融机构的贷款率和储蓄率为代理变量；y 是经济增长因素，选用地区 GDP 作为代理变量，为了消除经济增长趋势，使用 HP 滤波法对变量 y 进行处理；F 是政府干预因素，这里，使用地方财政一般预算支出占当地 GDP 比值代表政府干预；price 是商品相对价格方差，包括京津、京冀、津冀和京津冀的相对价格方差。β^X 为控制经济增长与政府干预以及其他经济因素的条件下金融资本流动水平。系数 β^X 越接近 1，代表金融资本流动水平越低；β^X 越接近 0，代表金融资本流动水平越高。扩展 FH 模型（2-4）是控制经济增长、政府干预和其他对区域金融资本流动性有影响的经济因素的有条件 FH 模型，是对有条件 FH 模型进行的推广。

关于市场一体化的测度，国际上常用的三种方法为生产法、贸易流量法、价格法。本章使用价格法来测度区域市场一体化，原因有二。一是价格能够很好地反映商品的供求关系。在市场经济条件下价格能自发进行资源配置，调节产品和要素的流动方向。各个地区的相对价格完整数据容易获得。二是商品价格也可以间接反映要素市场的情况。价格法主要采用"价格方差"指标来表示市场一体化。帕斯雷首先提出通过"价格方差"的变化趋势来研究区域市场的一体化。如果价格方差呈现收敛的变化趋势，区域市场一体化程度就会提高。借助于该研究方法，桂琦寒等（2006）和陆铭等（2009）均采用了"相对价格方差"分别测度了中国 28 个相邻省份和 61 对接壤省（市）的市场一体化程度。

对市场一体化的影响因素研究，有利于发现市场一体化变化的深层次原因，推动市场一体化研究进展。范爱军（2007）发现，地区经济发展水平、政府财政支出、国有企业就业比重、进口、出口及 FDI 皆以不同程度影响国内商品市场分割程度。陈昭和林涛（2018）认为，交通、通信基础设施和对外开放水平都有利于促进粤港澳地区的市场一体化水平。刘刚（2018）提出，贸易开放与外资开放对国内市场分割呈现相反方向的作用效果；交通基础条件、地方政府干预经济的程度、流通企业规模和地方经济国有化程度也对市场分割具有不同影响。综合上述研究，本章认为，影响市场一体化的主要因素可以归纳为三个方面，即经济发展水平、地方政府保护主义和对外开放程度。

（1）经济发展水平。经济发展水平高的地区资源相对丰富，生产技术、管理水平相对较高，再加上政策方面的优势，能够极大地吸引外部资源流入，则市场一体化水平增强。经济发展水平低的地区，地方政府只能实施地方保护使该地经济不受损失，从而更易形成市场分割，不利于市场一体化发展，常采用人均 GDP 代表经济发展水平。

（2）地方保护主义。地方保护主义越强的地区，地方政府更加倾向于通过非市场行为干预市场活动，提高市场进入壁垒，增加地方财政收入，保护本地企业生存。地方保护主义与市场一体化负相关。常采用财政支出占当年 GDP 比重和国有企业职工人数占职工总数的比重两个变量代表地方政府保护主义。

（3）对外开放程度。对外开放程度反映了国家或地区与国际经济联系的紧密程度。对于经济对外开放程度高的地区，地方政府充分融入国际市场，受到国际市场波动的影响也较大。对于对外开放程度对市场一体化的影响，国内研究尚存争议，不同的开放程度会对市场一体化有不同的作用，二者的相关关系不确定，有待进一步研究。常采用全年进出口总额占 GDP 的比重和实际利用外资占当年 GDP 的比重来代表对外开放程度。

储蓄—投资相关性不能直接应用于金融资本流动对市场一体化的影响。由于各个时间段的金融资本流动性不同，随着时间的推移有逐渐增强的趋势，金融资本的流动性必然会对市场一体化的各个因素产生影响。这些因素又会对市场一体化产生作用，这样金融资本流动对市场一体化的间接影响就可以被测度出来。本章研究金融资本流动对市场一体化的间接影响。

三、区域市场一体化对京津冀金融资本流动的影响

本节利用扩展 FH 模型（2-4），分析京津冀区域市场一体化对金融资本流动的影响。研究变量选取的是京津冀三省市的金融机构年末存贷款余额（Boyreau-Debray and Wei，2005），解释变量包括地区生产总值（GDP）、中资金融机构年末存款余额和贷款余额、地区财政支出，时间跨度是 2000～

2015 年。数据来源于历年《北京市统计年鉴》《天津市统计年鉴》《河北省统计年鉴》。每个市的储蓄率用存款余额与地区生产总值之比来表示，每个市的贷款率用贷款余额与地区生产总值之比来表示。价格方差数据来源于《京津冀区域产业一体化测度研究》的结项报告。

近年来，京津冀区域金融发展历程显示，2005 年与 2010 年是两个异常点。2004 年，各地发改委在廊坊召开京津冀区域经济发展战略研讨会，共同促进区域金融发展。2005 ~ 2009 年各地政府相继出台了一系列政策，推动一体化战略实施。2010 年政府制定的"十二五"规划，提出"推进京津冀区域经济一体化发展"，加速推进一体化进程。为此，将 2005 年与 2010 年作为时间间隔点，对数据进行分段分析。

为了更好地解释市场一体化对金融资本流动水平的影响，先考虑控制经济增长和政府干预的有条件 FH 模型，模型估计结果见表 2 - 1。表 2 - 1 括号中的数字为 P 值。该模型的拟合效果比较好，修正决定系数都接近 0.7。参数估计值在显著性水平 1% 下均是显著的。对于有条件 FH 模型来说，β^X 的估计值随着时间的推移越来越小，表明京津冀区域金融资本流动性逐渐增强。为了克服储蓄率的指标数据存在严重共线性的问题，扩展 FH 模型（2 - 4）的估计采用主成分回归方法。为了和前面对比，建立了整时间段 2000 ~ 2015 年模型和分时间段模型。为了保证模型参数估计效果，两个时间段分别为 2000 ~ 2009 年和 2005 ~ 2015 年。

表 2 - 1 　　　　　　　　　三个时段的有条件 FH 模型估计

时间	2000 ~ 2004 年	2005 ~ 2009 年	2010 ~ 2015 年
β^X	0.6946 (0.0000)	0.5345 (0.0000)	0.3335 (0.0000)

1. 三个时间段的扩展 FH 模型估计

为了估计 2000 ~ 2015 年的全时间段扩展 FH 模型，依据凯瑟 - 哈里斯（Kaiser-Harris）准则，主成分特征值大于 1，选择了两个主成分，特征根占比达到 0.93。第一个主成分中因子载荷大的变量有经济增长、政府干预和价格方差。第二个主成分中因子载荷大的变量有储蓄率和经济增长，政府干预的因子载荷也比较大，合理提取了主成分。利用贷款率与两个主成分建立模型，每个主成分取其主要变量回归值，得到的全时间段扩展 FH 模型估计见表 2 – 2。该模型的拟合结果较好，修正决定系数 $\bar{R}^2 = 0.942$。时间段 2000 ~ 2015 年的扩展 FH 模型估计结果显示，β^X 系数估计值为 0.59，三个时段的有条件 FH 模型的 β^X 估计值分别为 0.6946、0.5345 和 0.3335，相比较的差值分别为 0.1046、– 0.0555 和 – 0.2565。两个模型的 β^X 系数估计差异大，说明区域市场一体化对金融资本流动有明显影响。

表 2 – 2   三个时间段扩展 FH 模型的参数估计

变量	2000 ~ 2015 年			2000 ~ 2009 年			2005 ~ 2015 年		
	主成分		估计值	主成分		估计值	主成分		估计值
	PC1	PC2		PC1	PC2		PC1	PC2	
D*	– 0.15	0.98	0.59	0.99	– 0.06	0.46	0.91	0.40	0.41
y	0.76	0.60	0.31	0.65	0.62	0.27	0.98	– 0.04	0.45
F	– 0.82	0.53	0.37	0.85	– 0.44	0.41	– 0.02	0.92	0.23
price	0.91	0.14	0.02	0.04	0.90	– 0.02	0.38	– 0.81	– 0.04

时间段 2000 ~ 2009 年的主成分选择原则和方法同上，特征值大于 1 的主成分有两个，特征根占比达到 0.88。表 2 – 2 的第 5 ~ 7 列给出了主成分的因子载荷和系数估计值。由表 2 – 2 可知，第一个主成分中因子载荷大的变量有储蓄率、经济增长、政府干预。第二个主成分中因子载荷大的变量有经济增长和价格方差，政府干预的因子载荷也比较大。利用贷款率与两个主成分建立模型，每个主成分取其主要变量回归值，得到的扩展 FH 模型估计见表2 – 2 的第 7 列。2000 ~ 2009 年扩展 FH 模型的拟合结果较好，修正决定系数 $\bar{R}^2 = 0.948$。2000 ~ 2009 年的扩展 FH 模型估计结果显示，β^X 系数估计值为 0.46，与相同时段的有条件 FH 模型的 β^X 估计值差值分别为 0.6946、0.5345，相比较的差值分别为 0.2346、0.0745。β^X 系数发生了明显变化，说明区域市场一体化对金融资本流动有明显促进作用。

时间段 2005 ~ 2015 年的主成分选择原则和方法同上，特征值大于 1 的主成分有两个，特征根占比达到 0.89。表 2 – 2 的第 8 ~ 10 列给出了主成分的因子载荷和系数估计值。由表 2 – 2 可知，第一个主成分中因子载荷大的变量有储蓄率和经济增长。第二个主成分中因子载荷大的变量有政府干预和价格方差。利用贷款率与这两个主成分建立模型，每个主成分取其主要变量回归值，得到的扩展 FH 模型估计见表 2-2 的最后一列。该模型的拟合结果较好，修正决定系数 $\overline{R}^2 = 0.932$。时间段 2005~2015 年的扩展 FH 模型估计结果显示，β^X 系数估计值为 0.41，与相同时段的有条件 FH 模型的 β^X 估计值差值分别为 0.1245 和 -0.0765。β^X 系数发生了明显变化，说明区域市场一体化对金融资本流动有一定程度的促进作用。

2. 实证分析结果

对于全时间段扩展 FH 模型、2000~2009 年扩展 FH 模型和 2005~2015 年扩展 FH 模型，β^X 系数估计值分别为 0.59、0.46 和 0.41，全时间段扩展 FH 模型的 β^X 系数估计值最大，显示不同时段金融资本流动性动态变化。相对来说，2000~2009 年扩展 FH 模型和 2005~2015 年扩展 FH 模型可以更好地反映这种变化。将这两个模型与有条件 FH 模型相比较，如图 2-1、图 2-2 所示。

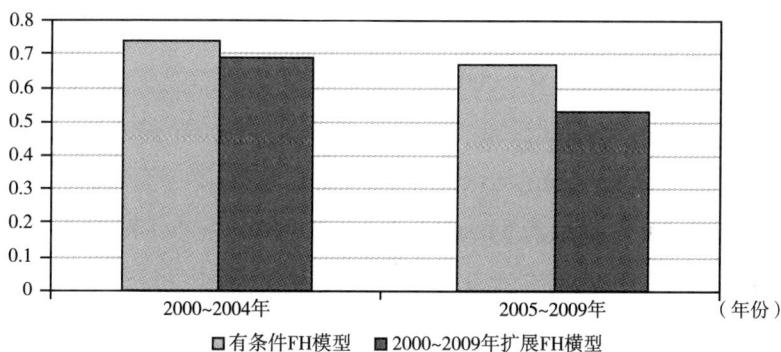

图 2-1　时段 2000~2009 年系数 β^X 估计

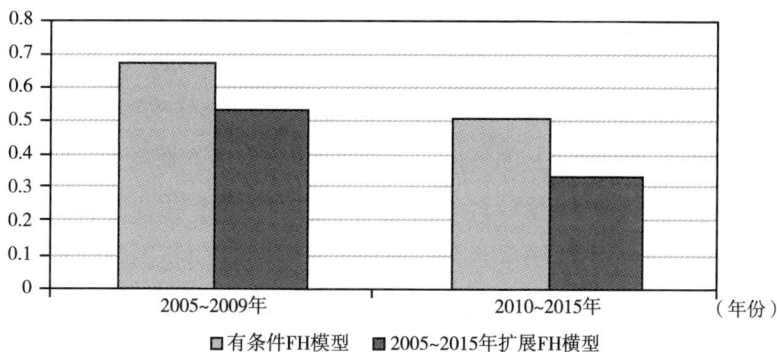

图 2-2　时段 2005~2015 年系数 β^X 估计

图 2-1 和图 2-2 演示了 β^x 系数估计值差异。图 2-1 和图 2-2 的横坐标代表时间段，纵坐标代表 β^x 系数估计值。图 2-1 对应的时间段为 2000 ~ 2004 年和 2005 ~ 2009 年，模型依次为有条件 FH 模型和 2000 ~ 2009 年扩展 FH 模型。图 2-2 对应的时间段为 2005 ~ 2009 年和 2010 ~ 2015 年，模型依次为有条件 FH 模型和 2005 ~ 2015 年扩展 FH 模型。图 2-1 和图 2-2 显示，在每个时间段内，两个模型的 β^x 系数估计值都是不同的。其中，2000 ~ 2009 年扩展 FH 模型和 2005 ~ 2015 年扩展 FH 模型的 β^x 估计值相比有条件 FH 模型都有大幅下降。这说明区域市场一体化是影响金融资本流动的重要因素，增强了京津冀的金融资本流动性。

究其原因，2000 ~ 2004 年，京津冀区域经济受到行政壁垒以及长期形成的固有发展模式的影响，三地更加注重自身的经济发展而忽略了相互之间的合作所带来的巨大收益，三地市场一体化处于较低水平，进而金融资本流动性不强。2005 ~ 2009 年，京津冀三地政府沟通有所加强，市场一体化水平有所增强，金融合作逐渐增多。2005 年 6 月，国家发改委在唐山市召开"京津冀区域规划工作座谈会"，北京、天津和河北就推进京津冀经济一体化的一些原则问题达成共识。2010 ~ 2015 年，中国政府颁布了一系列相关政策，加强了京津冀三地的市场联系，市场一体化水平的提高带来了金融资本的流动性。相关政策包括 2011 年"十二五"规划提出的"推进京津冀地区区域经济一体化发展，打造首都经济圈"，以及 2014 年 2 月习近平总书记提出要将京津冀协同发展战略上升到国家战略。

四、京津冀金融资本流动对区域市场一体化的影响

本节研究京津冀金融资本流动对区域市场一体化的影响。由于各个时间段的金融资本流动性不同，随着时间的推移有逐渐增强的趋势，金融资本的流动性必然会对市场一体化的各个影响因素产生作用。这些影响因素又会对市场一体化产生作用，金融资本流动对市场一体化的间接影响就可以被测度出来。研究思路为：按照第三节的时间分段方法，在每个时间段以及全时间段分别研究金融资本流动对市场一体化的间接影响，市场一体化影响因素指标如表 2-3 所示。

表 2 - 3　　　　　　　　　　　市场一体化影响因素指标

影响因素	具体指标
经济发展水平	地区 GDP（GDP）
地方保护主义	财政支出占当年 GDP 比重（FP） 国有企业职工人数占职工总数的比重（WP）
对外开放程度	全年进出口总额占 GDP 的比重（IP） 实际利用外资占当年 GDP 的比重（CP）

关于市场一体化的影响因素，众多学者从理论或者实证的角度对其进行了研究。综合前人的研究和现有理论，同时考虑数据的可得性，本章重点从地方政府保护主义和对外开放程度两方面研究金融资本流动对市场一体化的间接影响。具体内容见表 2 - 3。数据来源于京津冀三省市 2000～2015 年的统计年鉴和统计公报，市场一体化水平使用价格方差来表示。

1. 三个时间段的模型估计

为了研究市场一体化与其影响因素之间关系，构建如下三个模型。

$$\text{price} = \alpha' + \gamma_1 \text{GDP} + \gamma_2 \text{FP} + \gamma_3 \text{WP} + \gamma_4 \text{IP} + \gamma_5 \text{CP} + \varepsilon \qquad (2-5)$$

$$\text{price} = \alpha'_{1,L} + \gamma_{1,L} \text{GDP} + \gamma_{2,L} \text{FP} + \gamma_{3,L} \text{WP} + \gamma_{4,L} \text{IP} + \gamma_{5,L} \text{CP} + \varepsilon \qquad (2-6)$$

$$\text{price} = \alpha'_{2,H} + \gamma_{1,H} \text{GDP} + \gamma_{2,H} \text{FP} + \gamma_{3,H} \text{WP} + \gamma_{4,H} \text{IP} + \gamma_{5,H} \text{CP} + \varepsilon \qquad (2-7)$$

其中，式（2 - 5）、式（2 - 6）和式（2 - 7）分别是针对 2000～2015 年、2000～2009 年和 2005～2010 年的模型。式（2 - 6）和式（2 - 7）的回归系数以下角标 L 和 H 分别表示低资本流动性和高资本流动性。2005～2015 年的金融资本流动性相比 2000～2009 年有增强趋势，两者分别对应系数下角标 H 和 L 描述的两个时期。三个模型中，price 是商品相对价格方差，采用京津冀三省市价格方差数据。GDP 代表地区生产总值。为了消除经济增长趋势，使用 HP 滤波法对变量 GDP 进行处理。FP 代表财政支出占当年地区生产总值的比重。这里，使用地方财政一般预算支出占当地生产总值比值计算得出。WP 代表国有企业职工人数占职工总数的比重。IP 代表全年进出口总额占地区生产总值的比重。CP 代表实际利用外资占当年地区生产总值的比重。ε 是随机扰动项。模型估计结果显示，三个模型的多数变量系数均不显著，通过 VIF 值判断三个模型均存在严重的共线性问题。因此，选择全子集回归方法，依据修正决定系数最大原则，对所有可能模型进行检验，从 6 个变量中筛选出最终的解释变量，模型估计结果见表 2 – 4。

表 2 – 4　　　　　　　　　　变量筛选后的三个模型估计结果

变量	2000 ~ 2015 年		2000 ~ 2009 年		2005 ~ 2015 年	
	估计值	VIF	估计值	VIF	估计值	VIF
常数项	0.00069 *** (0.00000)	—	0.00079 *** (0.00020)	—	0.00045 *** (0.00000)	—
FP	0.00036 *** (0.00000)	1.27	0.00377 * (0.04274)	2.65	0.00206 *** (0.00032)	1.23
IP	– 0.00014 *** (0.00046)	1.27	– 0.00015 ** (0.00340)	2.65	– 0.00009 *** (0.00911)	1.23

注：①括号中数值为标准误；② *** 、 ** 、 * 分别表示在 1% 、5% 、10% 水平上显著；③ "—" 表示模型中不含有该变量。

表 2 – 4 显示，最终选择的变量包括财政支出占当年地区生产总值比重和全年进出口总额占地区生产总值的比重。后两者分别代表地方保护主义和对外开放程度。三个时间段的模型变量都是显著的，表明对外开放程度和地方政府保护主义对市场一体化有显著影响。三个模型中变量的 VIF 值均小于 4，解释变量之间不存在多重共线性问题。

进一步检验模型的稳健性。为了判断模型遗漏变量的可能性，选取了交通基础设施和信息通达度两个影响市场一体化的重要因素，对模型进行稳健性检验。

（1）交通基础设施。地区间的交通便利性影响着区域间运输成本的大小以及地区间贸易流转的速度，交通越便利，越有利于促进市场一体化。具体使用铁路营业里程和公路里程两个指标加和构成。

（2）信息通达度。信息通达度高有利于地区间技术扩散以及降低企业道德风险，减少信息不对称，降低交易成本，进而推动市场一体化进程。基于京津冀相关数据的完整性和可获得性，具体使用固定电话年末用户这一指标。

在模型（2－5）、模型（2－6）和模型（2－7）中依次加入交通基础设施和信息通达度两个变量，稳健性检验结果见表 2 – 5。

表 2 – 5 　　　　　　　　　　　　　稳健性检验

变量	2000 ~ 2015 年 估计值	2000 ~ 2009 年 估计值	2005 ~ 2015 年 估计值
（一）加入交通基础设施			
FP	0.00378 *** (0.00000)	0.00491 ** (0.00706)	0.00205 *** (0.00039)
IP	– 0.00013 * (0.01190)	– 0.00020 * (0.03866)	– 0.00012 * (0.01484)
（二）再加入信息通达度			
FP	0.00333 *** (0.00000)	0.00502 ** (0.00604)	0.00203 *** (0.00067)
IP	– 0.00011 * (0.02580)	– 0.00021 * (0.03913)	– 0.00010 * (0.02454)

注：括号内的数值表示参数估计值的标准误，* 、** 、*** 分别表示在10%、5%和1%水平上显著。

根据稳健性检验，在依次加入交通基础设施和信息通达度两个变量后，三个模型的回归结果和表 2 – 4 的估计结果一致，地方保护主义和对外开放程度两个变量估计结果的符号没有变化，虽然对外开放程度的显著程度有所降低，但该变量仍然是显著的，三个模型均通过了稳健性检验。

2. 实证分析结果

在三个时间段的估计模型中，地方保护主义的系数估计值为正值，表明地方保护主义对价格方差会产生正向作用。价格方差与市场一体化水平是负相关的，即价格方差越小，市场一体化水平越高。从而，地方保护主义最终对市场一体化产生负效应，与前面的分析结果相符。2000 ~ 2015 年，京津冀三地的财政支出占 GDP 的比重有逐年增加的趋势，京津冀三地的地方保护主义的代理变量逐渐增大，而该变量的系数估计值为正，因而京津冀地区的价格方差将不断增大，会导致市场一体化程度逐渐下降。地方保护主义的系数估计值由 2000 ~ 2009 年的 0.00377 减小为 2005 ~ 2015 年的 0.00206，对京津冀市场一体化进程的影响程度逐渐变弱。究其原因，2014 年"京津冀一体化"概念提出，旨在加强环渤海及京津冀地区经济协作；2015年，《京津冀协同发展纲要》文件通过，京津冀协同发展已经上升为重大国家战略，得到国家政策的大力支持。京津冀协同发展，是区域战略发展的必然要求。要想实现京津冀三地协同发展，首先必须打破行政分割和地方保护主义。多年来，三地政府为此做出了诸多努力。在交通一体化方面，京津冀三地与铁总共同出资成立京津冀城际铁路投资公司，编制了城际铁路网规划（2015~2030年），三地谋划了10条高速铁路和城际列车，已经打通了京昆、京台等多条高速公路及一批省内干线；在通关一体化方面，已有超85%的北京企业选择以京津冀跨关区通关一体化方式，天津经北京空运进口货物通关时间、北京经天津海运进口货物通关时间和运输成本均节省近三成；在生态方面，京津冀三地环保部门，正式签署《京津冀区域环保率先突破合作框架协议》，明确以大气、水源、土壤污染防治为重点，以协同治污等10个方面为突破口，联防联控，共同改善区域生态环境治理。可见，京津冀三地政府已经逐步加强合作，破除之前各自为政的局面。因此，地方保护主义系数在2005~2015年相比2000~2009年有所降低，阻碍市场一体化的地方保护主义因素减弱，有利于未来京津冀一体化的发展程度的影响程度逐渐变弱。考虑到前面得出的京津冀金融资本流动性不断增强的结论，随着京津冀地区金融资本流动性的增强，地方保护主义依然会使区域市场一体化程度下降，但影响程度逐渐减弱。

在三个时间段的估计模型中，对外开放程度的系数估计值为负值，表明对外开放程度对价格方差会产生副作用。价格方差与市场一体化水平是负相关的，因而对外开放程度会对市场一体化产生正向影响。结合前面的理论研究，不同的开放程度会对市场一体化有不同的作用。京津冀区域的开放程度相比长三角和珠三角来说仍然处于相对较低的水平。三省市的实际利用外资占地区生产总值的比重多年来不足1%。较低的对外开放水平使得本地容量有限的市场更加不易受到国际市场的冲击与影响，有利于京津冀区域内部市场一体化发展。2000~2015年，京津冀三地的进出口额占地区生产总值的比重整体有下滑的趋势。该变量的系数估计值为负值。随着京津冀三地的对外开放程度不断降低，京津冀地区的价格方差将不断增大，市场一体化程度逐渐下降。对外开放程度的系数估计值由2000~2009年的 − 0.00015变为

2005～2015年的－0.00009，对京津冀市场一体化程度的影响程度逐渐变弱。在过去较长一段时期里，京津冀三地政府在以地区生产总值为中心的经济考核体系和政绩衡量标准的驱使下，从各自的利益与需要出发，京津冀地区在一定程度上形成了对内对外的双重封闭：对内，京津冀三地比较优势突出但互补性差，整体上呈现出竞争大于合作的状态；对外，难以形成一致的对外开放合作的思路。由于对内开放是对外开放的基础，而京津冀三地对内分割和封闭，导致了产业同构和恶性竞争，带来了地区发展的悬殊，也造成了资源配置效率的低下和一体化进程发展的缓慢。京津冀三地这种分割和封闭的现状，严重阻碍了京津冀对外开放的发展进程。在这种情形下，京津冀三地的对外开放水平在2009～2015年相比2000～2009年有所降低，市场一体化发展速度减缓。综合前面分析的京津冀金融资本流动性不断增强结论，随着京津冀地区金融资本流动性的增强，对外开放程度依然会促进区域市场一体化，但影响程度逐渐减弱。

五、结论和建议

为了响应京津冀协同发展战略，促进京津冀区域金融资本有序流动，推进京津冀地区一体化发展，本文探究了京津冀地区金融资本流动与区域市场一体化之间的相互作用关系。利用2000～2015年京津冀地区的经济数据，首先研究了区域市场一体化对京津冀区域金融资本流动的影响，分时段建立包含经济增长与政府干预的有条件FH模型和包含价格方差的扩展FH模型。研究结果发现，市场一体化可以在一定程度上促进京津冀区域金融资本的流动，并且京津冀区域金融资本的流动性有不断提高的趋势。在此基础上，研究了京津冀区域金融资本流动对区域市场一体化的影响，分时段建立了市场一体化及其决定因素之间的关系模型，实证分析结果显示京津冀地区金融资本流动性的增强通过地方保护主义和对外开放程度，间接影响该区域市场一体化的进程。综合两方面的研究结果，京津冀区域市场一体化和金融资本流动之间的相互作用机制是，市场一体化会促进金融资本流动，而金融资本流动水平的增强反过来会通过削弱对外开放程度和地方保护主义这两个因素的作用，影响到京津冀区域市场一体化的进程。

基于上述分析结果，对于提高京津冀区域金融资本流动性，加快推进市场一体化进程，本章提出两点建议：一是不断弱化地方保护主义，消除地方保护壁垒，让市场在资源配置中起决定性作用，同时坚持市场开放原则，建立透明的市场准入制度。从宏观来讲，必须统筹区域发展，实现区域间的合理分工和协作，使京津冀地区间的经济联系更加紧密，在发展中实现多方共赢的局面。二是继续实行对外开放。京津冀地区应当实现高层次、高水平的区域开放，创造良好的投资环境，充分利用天津的口岸优势和北京的中心作用，实现区域之间的合作，推动区域市场一体化水平的提高。通过这两方面的努力，京津冀区域市场一体化水平会有所提高，将促进该区域金融资本的流动，优化区域内的资源配置，推进京津冀区域经济协同发展。

本章参考文献

[1] 陈昭，林涛. 新经济地理视角下粤港澳市场一体化影响因素研究 [J]. 世界经济研究，2018，12：72 - 81 + 133.

[2] 陈良文，杨开忠. 我国区域经济差异变动的原因：一个要素流动和集聚经济的视角 [J]. 当代经济科学，2007（3）：35 - 42 + 124.

[3] 范爱军，李真，刘小勇. 国内市场分割及其影响因素的实证分析——以我国商品市场为例 [J]. 南开经济研究，2007（5）：111 - 119.

[4] 桂琦寒，陈敏，陆铭，陈钊. 中国国内商品市场趋于分割还是整合：基于相对价格法的分析 [J]. 世界经济，2006（2）：20 - 30.

[5] 胡永平，张宗益. 区域经济增长与储蓄之间相互影响之分析 [J]. 重庆大学学报（自然科学版），2004（2）：161 - 166.

[6] 金久煜，邵文武，宋晓宇. 东北与长三角地区资本流动与经济增长的比较研究 [J]. 现代经济信息，2018（22）：458 - 460.

[7] 陆铭，陈钊. 分割市场的经济增长——为什么经济开放可能加剧地方保护？ [J]. 经济研究，2009（3）：42 - 52.

[8] 刘刚. 经济开放加剧了国内市场分割吗——来自中国省级面板数据的实证检验 [J]. 财贸研究，2018，29（1）：16 - 26.

[9] 王维国，薛景. Feldstein-Horioka 之谜在中国省际间的再检验——截面相关下的变结构面板协整分析 [J]. 上海经济研究，2014（3）：59 - 66.

[10] 王小鲁，樊纲. 中国地区差距的变动趋势和影响因素 [J]. 经济研究，2004，1：33 - 44.

　　［11］王国松，杨扬. 我国国际资本流动影响因素的实证研究［J］. 国际贸易问题，2006，22（55）：100 - 107.

　　［12］杨贵军，杨鸿海，张率. 京津冀区域金融资本流动趋势分析［J］. 统计与决策，2017，15：153 - 157.

　　［13］Feldstein M. , Horioka C. Domestic Saving and International Capital Flows［J］. Economic Journal, 1980, 90（358）：314 - 329.

　　［14］Hongkee Kim, Keun-Yeob Oh, Chan-Woo Jeong. Panel Cointegration Results on International Capital Mobility in Asian Economies［J］. Journal of International Money and Finance, 2005, 24（1）：71 - 82.

　　［15］Katsimi M. , Zoega G. European Integration and the Feldstein-Horioka Puzzle［J］. Oxford Bulletin of Economics & Statistics, 2014, 78（1）：834 - 852.

　　［16］Mohammad M. A. , Mohammad R. I. Revisiting the Feldstein-HorIoka Hypothesis of Savings, Investment and Capital Mobility［J］. International Journal of Economics, 2010, 4（1）：71 - 90.

第三章

长三角区域科技金融发展
不平衡不充分研究 *

一、引言

"无科技不金融，无金融不科技"，近年来，科技与金融联合发展，是新常态下我国经济发展的动力引擎。中国金融四十人论坛资深研究员，交通银行首席经济学家连平在其最新文章中指出，发展科技金融是必由之路。赵昌文在其编著的《科技金融》中，从科学技术作为"第一生产力"与金融作为"第一推动力"全面结合的视角首次对科技金融一次作了严密的表述，科技金融是促进科技开发、成果转化和高新技术产业发展的一系列金融工具、金融制度、金融政策与金融服务的系统性安排，是由向科学与技术创新活动提供金融资源的政府、企业、市场、社会中介机构等各种主体及其科技创新融资过程中的行为活动共同组成的一个体系，是国家科技创新体系和金融体系的重要组成部分①。区域发展不平衡，是我国一个基本国情。近几年，党中央在继续实施西部开发、东北振兴和中部崛起的基础上，提出并重点实施"一带一路"建设、京津冀协同发展、长江经济带发展三大战略，推动区域协调向更大范围和更高层次挺进。在这一背景下，各地区只有紧紧抓住机遇，充分发挥主观性和创造性，才能有针对性地解决地区发展分化和不平衡问题。

长江三角洲城市群是"一带一路"与长江经济带的重要交汇地带，在中国国家现代化建设大局和全方位开放格局中具有举足轻重的战略地位。长江三角洲既是地理区域又是经济区域，在全国经济中占有重要地位，被誉为中国的"金三角"。长三角作为我国最大的经济最发达的区域和全球最重要的

* ［作者简介］郑兰祥，1965 年生，男，安徽凤台人，教授，博士生导师，研究方向：金融理论与政策。房真，1996 年生，女，安徽宿州人，硕士研究生，研究方向：金融理论与政策。

① 王海，叶元煦. 科技金融结合效益的评价研究 ［J］. 管理科学，2003（2）：67–72.

城市连绵地区之一，其发展一直备受关注，尤其是在 2018 年 11 月习主席在上海金博会期间提出"支持长三角一体化上升为国家战略"，标志着长三角发展进入了新的阶段。虽然长三角地区科技金融发展水平处于全国领先地位，但区域内各城市科技金融发展水平存在明显不平衡现象，这严重阻碍了长三角城市群的协同发展。

长三角城市群作为中国第一大经济区，作为中国综合国力最强的经济中心，其战略地位不言而喻，长三角地区一体化发展的战略决策也至关重要。在其他产业协调发展的基础上，促进各城市科技金融——我国经济发展的动力引擎的协调一致发展被提上日程。长三角区域科技金融发展程度如何？影响科技金融不充分发展的最主要因素是什么？以及长三角科技金融的发展水平是否平衡，如何促进长三角区域科技金融的协调发展？本章将针对这些问题进行分析研究。

二、文献综述

（一）文献回顾

在国内外相关文献中，尼古拉斯·卡尔多早在 1961 年用卡尔多事实、典型化事实总结了 20 世纪世界各国的经济增长现象，并试图将技术进步内生至增长模式中，以说明跨国增长率的差异主要源自技术进步的差异，且人均 GDP 增速的差异与科技水平的差异显著敏感；叶元熙（2003）利用评价模型对中国的科技金融结合效益进行了实证分析；曹颢和尤建新等（2012）利用聚类分析法建立我国科技金融发展状况的评价系统和指标体系，得出我国金融体制与科技型企业融资需求之间存在结构性矛盾；黄宪和黄彤彤（2017）利用修正的 AK 模型，对 2005～2014 年中国 31 个省份的金融超发展进行了分析，明确指出，当金融发展相较于实体经济发展超过一定程度时，会对经济增长产生抑制作用；张启智（2018）利用系统耦合协调模型，得出民族地区的科技创新序参量与金融发展序量整体呈现上升趋势。甘星和甘伟（2017）通过数据包络分析方法构建了科技金融的技术创新效率评价指标体系，并对我国科技金融体系建设提出了发展建议；卢亚娟（2019）通过熵值法形成了一套科技金融区域发展指数，并实证分析了长三角八个城市的科技金融发展水平，借助引力模型分析了各个城市之间的科技金融联动作用[①]，最终得出科技金融发展水平越高，交通越便利的城市地区间科技金融发展关联性越强，科技金融发展水平越高的城市对其周围地区影响越大，辐射作用越明显。

（二）相关文献的不足之处

以上研究为本章奠定了良好的知识基础，具有重要的参考价值。目前大多数研究主要从宏观层面分析，有些文献通过分析科技创新与金融发展的耦合程度来研究科技与金融之间的相互影响，也有文献对科技金融在科技创新成果影响效应方面进行了研究等，对科技金融微观层面的考察较为缺乏。而且以往的研究多是定性地分析科技，金融与经济增长的关系，少有文献谈及三者之间数量的关系。本章对科技金融驱动经济增长的讨论并未停留在作用效果是正向还是负向的问题上，而是着重对影响机制进行分析，并利用计量方法对影响机制进行了验证。

三、理论分析与假说

（一）科技金融促进经济增长的理论模型

金和列文（King and Levine，1993）建立了内生增长模型——AK 模型，分析说明了金融发展对经济增长具有重要的作用。黄宪和黄彤彤（2017）在此基础上阐释了"金融超发展"的机理，认为金融体系在一定范围内会促进经济的增长，一旦超过这个范围，金融发展则与经济增长呈现负相关。根据研究需要，本章在以上两个模型的基础上融合基于研究开发的内生增长模型，建立基于 R&D 的宏观增长模型。

在该模型中，我们假设经济体是封闭的，因此所考虑的经济体本身会创造出其所有的技术进步，因此就不需要从别处引进技术。

根据柯布—道格拉斯生产函数，基于 R&D 的宏观增长模型的生产函数见公式（3－1）：

$$Y_t = K_t^{\alpha}(A_t L_{Yt})^{1-\alpha}, 0 < \alpha < 1, Y = BK$$

---

① Science-Petroleum Science. Study Results from Chinese Academy of Sciences Update Understanding of Petroleum Science [J]. Energy Weekly News，2019.

$$\Delta K = \theta sY - \delta K, s = S/Y = (Y - C)/Y \qquad (3-1)$$

字母代表的意义与柯布—道格拉斯生产函数中字母一致，不同的是现在劳动投入用 L_{Y_t} 表示，而不是 L_t；这是因为研发部门也需要一部分劳动投入 L_{A_t}，另一部分投入是资本服务投入 K_t^α，假设其数量与资本存量 K_t 成比例；A_t 是 t 时期为止所有创新性知识存量的总的生产效应；B 为资本边际生产率，$B > 0$；s 是储蓄率；θ 是储蓄转化为投资的比率，$1 - \theta$ 表示资金的现金漏损比率；本章借鉴黄宪和黄彤彤（2017）对金融发展指标的表示方法，用 FIN 表示金融发展水平，φFIN^{-B} 表示没有进入金融体系也没有投资于实体经济体系的现金漏损，cFIN 表示被金融机构吸收和损耗的现金漏损，$\theta = 1 - \dfrac{\varphi FIN^{-B} + cFIN^{①}}{S}$

对该表达式求一阶导数，得到现金漏损率关于金融发展水平的一阶导数 $\dfrac{d\theta}{dFIN} = \dfrac{\varphi\beta}{S} FIN^{-(\beta+1)} - \dfrac{c}{S}$，该导函数公式表明 θ 随着 FIN 的变化而变化，当 FIN 增加时，θ 是先增加再减小的，所以 θ 在一定程度上可以作为反映金融发展水平的指标。

完整的基于 R&D 的增长模型还有以下 4 个方程构成：

$$A_{t+1} - A_t = \rho A_t^\phi L_{A_t}^\lambda, A_0 \text{ 给定} \qquad (3-2)$$

$$L_{t+1} = (1+n)L_t, L_0 \text{ 给定} \qquad (3-3)$$

$$L_{Y_t} + L_{A_t} = L_t \qquad (3-4)$$

$$L_{A_t} = srL_t \qquad (3-5)$$

其中 sr 为参数，被称为 R&D 份额。

根据以上公式以及增长率的定义，可以得到产出增长率 g_Y，见公式（3-6）。

$$
\begin{aligned}
g_Y &= \alpha g_K + (1-\alpha)g_{A_t} + (1-\alpha)g_L = \alpha \frac{\Delta K}{K} + (1-\alpha)g_{A_t} + (1-\alpha)\frac{\Delta L_{Y_t}}{L_{Y_t}} \\
&= \alpha\theta sB - \alpha\delta + (1-\alpha)g_{A_t} + (1-\alpha)n \qquad (3-6) \\
&= \alpha\theta sB + (1-\alpha)(g_{A_t} + n) - \alpha\delta
\end{aligned}
$$

① 黄宪，黄彤彤. 论中国的"金融超发展"[J]. 金融研究，2017（2）：26-41.

其中，n 是劳动增长率，由于 A_t 是 t 时期为止所有创新性知识存量的总的生产效应，所以本章近似将 A_t 当作科技发展的代表性指标，由公式（3-6）可知，科技金融与经济发展水平呈正相关，所以经济发展水平低的城市科技金融发展水平也低。并且

（1）当 $\alpha\theta sB + (1-\alpha)(g_{A_t} + n) > \alpha\delta$ 时，$g_Y > 0$ 经济呈正向增长。

（2）当 $\alpha\theta sB + (1-\alpha)(g_{A_t} + n) < \alpha\delta$ 时，$g_Y < 0$ 经济呈负向增长，这时随着科技发展以及科技金融的进步，经济反而反向增长，这时经济可能处于萧条时期，即使增加投资扩大消费，也不能拉动经济的增长。

因此，提出猜想：

猜想（1）：科技金融的发展水平目前处于稳步上升阶段，发展速度达到一定值之后将会越来越小。

猜想（2）：经济发展水平越落后的地区，科技金融发展程度越不充分，并且科技金融发展不及经济发展的程度大。

（二）不平衡度的计算模型

在本章的研究过程中，借鉴曹颢（2011）[①] 的研究思路，首先给科技金融定义一个科技金融发展指数，以便于比较各地区的科技金融发展情况。然后根据科技金融指数求解各地区的科技金融不平衡度。

1. 各指标标准化处理

若 $X_{ik} = \{X_{i1}, X_{i2}, X_{i3}, \cdots, X_{ij}\}$ 表示 i 地区科技金融的 j 二级指标，由于这些指标的评价标准不一，单位不一，所以首先需将它们标准化处理，这些科技金融的二级指标都是效益型矩阵，所以本章采用效益型矩阵标准化的处理公式将它们归一化，得到新的指标 Y_{ij}，归一化处理过程见公式（3-7）。

$$Y_{ij} = \frac{X_{ij} - \min(X_i)}{\max(X_i) - \min(X_i)} \tag{3-7}$$

2. 求各指标的信息熵

根据信息熵的定义，一组数据的信息熵为 $E_j = -\ln(n)^{-1} \sum_{i=1}^{n} p_{ij}\ln p_{ij}$，其

---

① 曹颢，尤建新，卢锐，陈海洋. 我国科技金融发展指数实证研究 [J]. 中国管理科学，2011，19（3）：134-140.

中 $p_{ij} = Y_{ij} / \sum_{i=1}^{n} Y_{ij}$，如果 $p_{ij} = 0$，则定义 $\lim\limits_{p_{ij}=0} p_{ij} \ln p_{ij} = 0$。

3. 确定各指标的权重

根据信息熵的计算公式，计算出各个指标的信息熵为 E_1，E_2，$\cdots$，E_k。

根据信息熵计算各指标的权重：$W_1 = \dfrac{1 - E_i}{k - \sum E_i} (i = 1, 2, \cdots, k)$。

4. 科技金融发展指数的构建

根据上面得到的权重计算地区 i 的科技金融的发展指数为 $\mathrm{Tecfin}_i = \sum_{j=1}^{g} W_j X_{ij}$，其中 g 代表科技金融有 g 个二级指标。

5. 确定不平衡度

动态的不平衡指的是对平均值的相对偏离，在数学上通常用标准差系数来表示，本章借助此方法来计算长三角地区科技金融的不平衡度，计算公式为 $B_i = \dfrac{1}{n} \sqrt{\sum_{i=1}^{n} (V_i - \bar{V}_i)^2}$。

四、实证分析

(一) 研究思路

本章主要研究长三角地区科技金融发展不平衡不充分的问题。目前，长三角区域是指上海、江苏、浙江、安徽中的 26 个城市组成的城市群。由于江苏省、浙江省、安徽省三省中经济发展位于前列的大多数城市都在长三角城市群中，并且，为了使查找的数据具有准确性、连续性、一致性，本章以三省一市的总体发展水平来分析预测长三角城市群的科技金融发展程度。

为了验证上面提出的两个猜想。首先，选取相关指标，查找近十年的相关数据，利用信息熵法构建科技金融发展指数，根据该指数计算三省一市的科技发展水平，运用标准差系数法计算长三角区域科技金融发展的不平衡度[①]；其次，分别建立 SLM 和 SEM 分析近年来科技金融的发展状况并预测其

---

① 中国人民银行银川中心支行课题组，苏士儒，段成东. 区域经济增长的不平衡与金融资源分布之间的关系——以宁夏为例［J］. 金融研究，2007（10）：178 – 190.

发展趋势，接着对实证分析结果进行验证；最后，给出总结性分析。

（二）变量选择与数据来源

借鉴以往对科技金融研究的论文指标的选取，并鉴于所选指标数据获取的难易程度及连续性，本章从科技金融投入与产出两个方面选取科技金融指标，选取结果见表3－1。

表3－1   科技金融指标

指标名称	指标代码	计算方法
经费指数	D_1	科技金融事业支出/财政支出（％）
R&D 投入强度	D_2	R&D 经费支出/销售收入（％）
资源指数	D_3	R&D 人员全时当量（万人年）
技术成交指数	D_4	技术市场成交额（万元）
产出水平	D_5	专利申请授权量（件）

表3－1中，各省财政支出及生产总值来源于《中国统计年鉴》；科技金融事业支出及研发经费支出来源于《国泰安数据库》；其余数据来源于《中国科技统计年鉴》以及《新中国60年统计资料汇编》；其中，经费指数、R&D 投入强度以及资源指数都可以反映科技金融的投入情况，技术市场成交额以及产出指数可以反映科技金融的产出水平。

（三）科技金融指数的确定

本研究选取长三角三省一市2011～2017年的数据，首先运用熵权法对各科技金融指标赋予一定的权重，为了剔除某些年份经济危机或者重大经济事件对当年科技金融指标的影响，在求各指标权重的过程中，本章分别对三省一市7年的数据进行平均化处理，根据公式（3－7）得到标准化之后的数据见表3－2。

表3－2   各省份标准化后数据

省份	D_1	D_2	D_3	D_4	D_5
上海	1.0000	1.0000	1.0000	0	1.0000
江苏	0.6227	0.0146	0.0712	0.5018	0.2167
浙江	0.7463	0.0151	0.1000	1.0000	0.1559
安徽	0	0	0.0049	0.4373	0

根据信息熵的计算公式，得到五个指标的信息熵分别为 0.7785、0.1086、0.1966、0.7410、0.5549，最终得到各指标的权重见表 3 – 3。

表 3 – 3　　　　　　　　　　科技金融各指标权重

项目	D_1	D_2	D_3	D_4	D_5
权重	0.1367	0.5501	0.4958	0.1598	0.2747

根据公式 $Tecfin_i = \sum_{j=1}^{g} W_j X_{ij}$ 可以得到长三角区域三省一市 2011 ~ 2017 年科技金融的发展指数，见图 3 – 1。

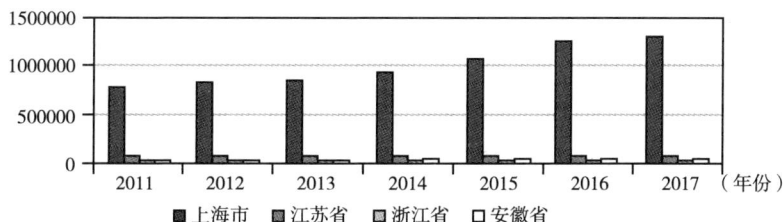

图 3 – 1　长三角三省一市近年来科技金融指数

由图 3 – 1 中的条形图很明显可以看出四个地区的科技金融发展水平严重不平衡，上海市科技金融发展水平是其他三省的科技金融发展水平的好多倍，甚至可以代表长三角的科技金融发展水平，当然也因为上海市的面积以及人口相较于三省的其他城市大得多，所以上海市的科技金融发展水平比其他三省的平均值大很多。其他三省之间也有明显的差异，其中，安徽省的科技金融发展水平最低，这也验证了猜想（2）经济发展水平越落后的省份科技金融发展水平越低。

（四）模型的构建

因为省份之间不是完全独立的，如果本地发明者产生新的想法并且通过面对面的交流去传播，这个地区的存量就会增加。每一经济区域之间在现实生活中都存在着这样或那样的联系。在处理空间中的区域、区位点或区位构成的样本时，区位特征变量的变化经常会对邻近区域或区位的结果变量产生影响，这种现象称为空间溢出，而空间计量模型能定量地分析出各经济区域之间的相互关系，因此，在本章涉及不同经济区域之间的问题时，为了使研究结果更具有现实意义，本章采用空间计量模型对长三角区域科技金融发展不充分问题进行研究。空间计量模型引入了空间效应，既能控制个体的异质性特征，又考虑了截面维度的空间相关性。

本章分别建立传统的对数回归模型见公式（3-8）、空间滞后模型（SLM）见公式（3-9）以及空间误差模型（SEM）[1] 见公式（3-10），然后通过检验得到最优模型作为科技金融发展的预测依据。

$$Tecfin_{it} = \alpha + \beta_1 \ln(Tecfin_{it-1}) + \beta_2 \ln(GDP_{it})$$
$$+ \beta_3 \ln(edu_{it}) + \beta_4 \ln(urban_{it}) + \mu_{it} \quad (3-8)$$

$$Tecfin_{it} = \alpha \ln(Tecfin_{it-1}) + \rho W \ln(Tecfin_{it}) + \beta_1 \ln(GDP_{it})$$
$$+ \beta_2 \ln(edu_{it}) + \beta_3 \ln(urban_{it}) + \varepsilon_{it} \quad (3-9)$$

$$Tecfin_{it} = \alpha \ln(Tecfin_{it-1}) + \beta_1 \ln(GDP_{it}) + \beta_2 \ln(edu_{it})$$
$$+ \beta_3 \ln(urban_{it}) + \lambda W \varepsilon_{it} + \varphi_{it} \quad (3-10)$$

计量方程中各个变量的含义如下：

$Tecfin_{it}$：代表 i 省份 t 时期的科技金融发展指数，该指数根据上面的熵权法得到。

GDP_{it}：表示 i 省份 t 时期的地区生产总值。

edu_{it}：代表 i 省份 t 时期人均受教育水平，根据加权人均受教育年限得到，

$$edu_{it} = \frac{presch_{it} \times 0 + prim_{it} \times 6 + junior_{it} \times 9 + high_{it} \times 12 + coll_{it} \times 16}{presch_{it} + prim_{it} + junior_{it} + high_{it} + coll_{it}}$$

其中，$presch_{it}$，$prim_{it}$，$junior_{it}$，$high_{it}$，$coll_{it}$ 分别表示 i 省份 t 时期没有上过学、小学、初中、高中、专科及以上的人数。

$urban_{it}$：表示 i 省份 t 时期的地区的城镇化水平；本章的城镇化水平通过城镇化率来衡量，城镇化率 = 城镇人口/总人口。

ρ 为空间滞后系数，反映指标间的空间依赖作用，即相邻地区对本地区观测值的影响程度及方向；ε_{it}，φ_{it}，μ_{it} 为随即扰动项；λ 为空间误差系数；W 为 n×n 的空间权重矩阵，该权重矩阵比照国际象棋中不同棋子的行走路线，

① 张林. 金融发展、科技创新与实体经济增长——基于空间计量的实证研究 [J]. 金融经济学研究，2016，31（1）：14-25.

当两个地区相邻时，权重为1，否则权重为0，权重矩阵对角线上的元素均为0，表示某一地区与自身的距离为0。根据地理位置，建立空间权重矩阵 W_1，将 W_1 合理化得到 W_2：

$$W_1 = \begin{pmatrix} 0 & 1 & 1 & 0 \\ 1 & 0 & 1 & 1 \\ 1 & 1 & 0 & 1 \\ 0 & 1 & 1 & 0 \end{pmatrix} \quad W_2 = \begin{pmatrix} 0 & 1/2 & 1/2 & 0 \\ 1/3 & 0 & 1/3 & 1/3 \\ 1/3 & 1/3 & 0 & 1/3 \\ 0 & 1/2 & 1/2 & 0 \end{pmatrix}$$

五、实证结果与分析

根据不平衡度的测量公式，长三角区域的不平衡度计算结果见图3-2。

$$B = \frac{1}{4} \sqrt{(V_1 - \bar{V})^2 + (V_2 - \bar{V})^2 + (V_3 - \bar{V})^2 + (V_4 - \bar{V})^2}$$

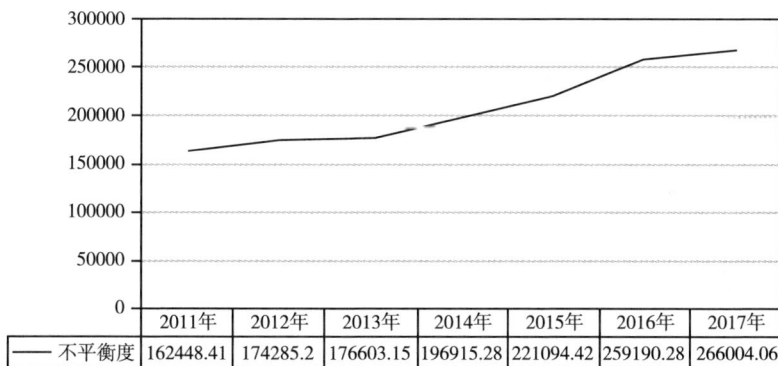

	2011年	2012年	2013年	2014年	2015年	2016年	2017年
—— 不平衡度	162448.41	174285.2	176603.15	196915.28	221094.42	259190.28	266004.06

图3-2 2011~2017年长三角科技金融不平衡度发展

从图3-2可以看出，长三角的科技金融2011~2017年的发展不平衡度[①]越来越大，这是因为近年来，随着全球经济发展水平的不断提高，长三角区域的经济也处于稳步发展过程中，然而发展的程度总是存在差距的，上海地区的经济发展水平远远高于其他三省，并且科技金融发展速度不及经

[①] 骆祚炎. 资产价格波动先行指标、金融不平衡与广义价格目标函数——基于金融加速器效应的视角 [J]. 金融经济学研究，2017，32（2）：20-31.

济发展增加得快，因此上海的科技金融发展程度较其他三省越来越大，同时安徽省作为长三角经济发展水平最低的省份，其科技金融发展水平低于其他三个区域的程度愈加明显，最终就会出现图 3－2 中的情形，三省一市科技金融的不平衡度越来越大，这一点直观上验证了猜想（2）：经济发展水平越落后的地区，科技金融发展程度越不充分，并且科技金融发展不及经济发展的程度大。

本章针对长三角三省一市进行研究，由于 18 年的数据不太齐全，因此选取了三省一市 2011～2017 年相关数据。借助 EViews 建立传统的对数回归模型，借助空间统计分析软件 geoda 建立空间滞后模型和空间误差模型。传统的空间之后模型的回归结果如下：

$$\ln(\text{Tecfin}_{t4}) = -52.7072 + 1.114\ln(\text{Tecfin}_{4t-1}) - 1.51\ln(\text{edu}_{4t}) + 4.34\ln(\text{GDP}_{4t}) - 16.01\ln(\text{urban}_{4t})$$
$$R^2 = 0.994 \qquad (1.767) \qquad (-0.373) \qquad (1.799) \qquad (-1.691)$$

$$\ln(\text{Tecfin}_3) = 278.5 + 1.038\ln(\text{Tecfin}_{3t-1}) + 8.851\ln(\text{edu}_{3t}) + 22.64\ln(\text{GDP}_{3t}) + 126.9\ln(\text{urban}_{3t})$$
$$R^2 = 0.990 \qquad (2.036) \qquad (2.307) \qquad (-2.283) \qquad (2.52)$$

$$\ln(\text{Tecfin}_2) = -62.71 + 0.16\ln(\text{Tecfin}_{2t-1}) + 6.89\ln(\text{edu}_{2t}) + 4.55\ln(\text{GDP}_{2t}) - 21.37\ln(\text{urban}_{2t})$$
$$R^2 = 0.998 \qquad (1.321) \qquad (3.96) \qquad (6.463) \qquad (-5.38)$$

$$\ln(\text{Tecfin}_{t1}) = 4.05 - 0.28\ln(\text{Tecfin}_{1t-1}) + 0.279\ln(\text{edu}_{1t}) + 1.261\ln(\text{GDP}_{1t}) - 3.47\ln(\text{urban}_{1t})$$
$$R^2 = 0.985 \qquad (-0.369) \qquad (0.112) \qquad (0.776) \qquad (3.674)$$

由传统的对数回归模型的结果可以看出科技金融金融与经济发展显著相关而且呈正向相关关系，并且在 1% 水平下相关，模型的拟合优度都很高，然而括号里面的 t 值基本不能通过检验，并且科技金融与城市化水平基本上是反向相关关系，安徽省的科技金融甚至与教育水平呈反方向变动，这显然与实际情况不符，缺乏实际意义。因此接下来对空间统计模型进行分析。

通过空间统计分析软件 geoda 建立空间滞后模型和空间误差模型，对比 Robust LM-Lag 和 Robust LM-Error 发现空间滞后模型（SLM）统计量更加显著，因此本章最终采取 SLM 模型的回归结果。SLM 检验结果见表 3－4。

表 3 - 4　　　　　　　　　　　SLM 空间滞后模型的检验结果

变量	上海	江苏	浙江	安徽
$Tecfin_{it-1}$	0.286 (3.369) *	0.161 (1.321) *	1.0383 (2.0358) *	1.114（1.767）*
GDP_{it}	1.261 (1.625) ***	4.558 (6.464) ***	22.641 (2.2829) ***	4.336 (1.799) ***
edu_{it}	0.2794 (1.112) *	6.891 (3.966) *	8.853 (2.307) *	1.513 (-2.372) *
$urban_{it}$	3.4737 (0.946) *	21.377 (-5.381) *	126.996 (2.522) *	16.033 (1.6908) *
μ_{it}	4.0528 (1.342)	-62.7163	278.5751	-52.707 (1.699)
R^2	0.985499	0.998149	0.990094	0.993959
logL	562.3166	768.2334	29.2887	376.980

注：括号内的数值为 t 统计量，* 、*** 分别表示在 10%、1% 水平上显著。

由表 3 - 4 可以看出科技金融与经济增长水平呈现正向增长关系，并且在 1% 水平下显著相关；教育水平、城镇化率等因素在 10% 水平下与科技金融发展水平都是相关的；经济增长水平越快的城市科技金融的发展水平越高，但是由图 3 - 3 科技金融的增长趋势图可以看出增长率最终会缓慢降低，逐渐

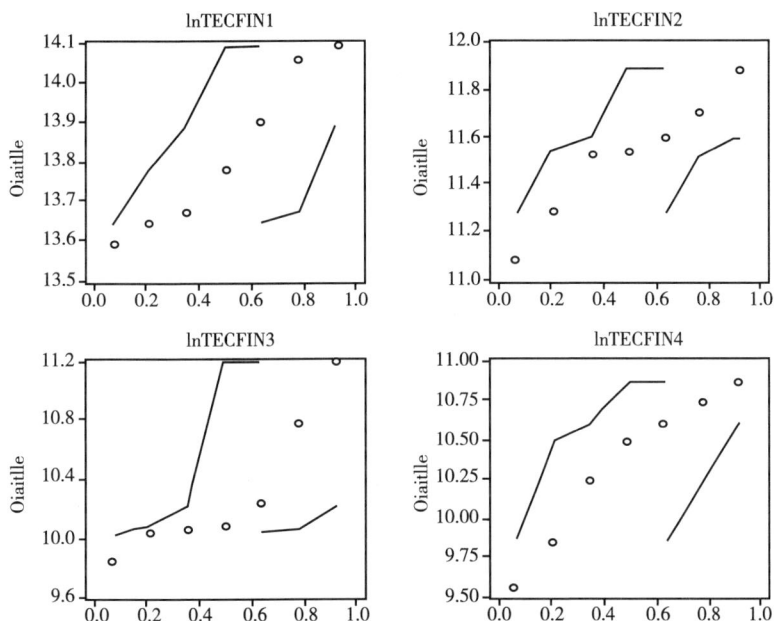

图 3 - 3　科技金融增长趋势

向零水平趋近，这也从理论操作方面验证了猜想（1）和猜想（2）的可靠性。然而目前科技金融的增长速度处于上升阶段，距离趋于定值还有一定的差距，即科技金融的发展还不充分。

六、结论与政策建议

本研究得出结论，科技发展水平最高的上海，当之无愧地可以作为长三角区域经济发展的领路人，这与上海市的经济发展水平居于首位密切相关；与上海相邻的江苏省与浙江省的科技金融发展水平也在一定程度上得到促进，又因为江苏省经济发展水平以及交通便利程度相较于浙江省好很多，所以江苏省的科技金融在长三角区域居于第二位，浙江省次之；然而，在长三角城市群中，安徽省距离上海市最远，其能享受的、得到的连带效应也最弱，加上安徽省的经济发展水平最低，导致安徽省科技金融发展水平在长三角城市群中垫底。目前，长三角区域的科技金融的发展水平正处于一个稳步上升的阶段，距离充分发展还有一定的距离，根据不平衡度的测量也可以看出，长三角科技金融的发展越来越不平衡。针对这些问题，本章提出以下建议①：

第一，着力发展落后地区实体经济，提高科技金融的供给质量，提升经济发展质量和效益。科技金融发展不平衡不充分最根本的原因在于经济发展的不平衡不充分，安徽省经济发展水平始终处于末端，其主要城市以发展农业为主，国家应该贯彻习主席的思想，始终将"三农"问题作为重中之重，首先解决城乡发展不平衡的问题。

第二，加强完善长三角各项制度与基础设施建设。长三角一体化的障碍存在于制度和基础设施方面。长三角的科技金融发展没有整体统一的规划，大都是各城市根据情况制定自己的发展规划，这种制度的制定必然会带来发展的不平衡。各个城市之间的基础设施没有达到协调一致，最基本的交通发展水平是最直白的证明，长三角区政府首先应该完善落后地区的基础设施建设，首先做到基础设施的平衡一致。

第三，促进长三角区域科技金融市场的对外开放程度。使长三角区域的

---

① 杨镈宇. 京津冀区域金融协同发展水平评价及政策建议［D］. 河北：河北大学，2016.

科技金融与国内别的城市群甚至与国际发达区域不断沟通与接轨，开放科技金融市场的其他领域，促进科技金融的全面发展。

第四，加强科技金融的协调与监管。发展要有底线，在解决问题的同时应该坚决杜绝违法乱纪行为的出现，努力预防科技金融系统风险的发生，建立健全的监督管理机制，加强科技金融监管，使长三角区域科技金融全面协调可持续发展。

本章参考文献

［1］曹颢，尤建新，卢锐，陈海洋. 我国科技金融发展指数实证研究［J］. 中国管理科学，2011，19（3）：134－140.

［2］黄宪，黄彤彤. 论中国的"金融超发展"［J］. 金融研究，2017（2）：26－41.

［3］骆祚炎. 资产价格波动先行指标、金融不平衡与广义价格目标函数——基于金融加速器效应的视角［J］. 金融经济学研究，2017，32（2）：20－31.

［4］张林. 金融发展、科技创新与实体经济增长——基于空间计量的实证研究［J］. 金融经济学研究，2016，31（1）：14－25.

［5］中国人民银行银川中心支行课题组，苏士儒，段成东. 区域经济增长的不平衡与金融资源分布之间的关系——以宁夏为例［J］. 金融研究，2007（10）：178－190.

［6］王海，叶元煦. 科技金融结合效益的评价研究［J］. 管理科学，2003（2）：67－72.

［7］杨铸宇. 京津冀区域金融协同发展水平评价及政策建议［D］. 河北：河北大学，2016.

［8］Science-Petroleum Science. Study Results from Chinese Academy of Sciences Update Understanding of Petroleum Science［J］. Energy Weekly News，2019.

第四章

基于福建自贸区视角的闽台
金融合作的思考 *

福建自贸区的设立，为闽台经贸开辟了一条新的路径。在当前两岸经贸合作难以双向全面推进的情况下，闽台经贸合作的重要性日益凸显，基于福建自贸区的闽台经贸合作的探索将为两岸经贸合作的发展提供有益的借鉴。

一、福建自贸区为两岸金融业带来新的发展机遇

福建自贸区为两岸金融业带来了新的发展机遇。以银行业为例，根据福建自由贸易试验区总体方案，闽台贸易的深化将为两岸银行业带来以下几个方面的机遇。

1. 闽台货物贸易自由化给两岸银行业带来的机遇

配套政府部门的"单一窗口"建设，两岸银行业可以拓展以下业务：电子化支付结算（如企业网上银行、手机银行等）、资金归集、企业电子化汇款、企业结售汇、电子化监管申报、电子化单证处理、进出口贸易融资，等等。

2. 新型贸易模式给两岸银行业带来的机遇

福建自贸易区总体方案鼓励自贸区企业尝试开展大宗商品国际贸易、允许境内期货交易所开展期货保税交割试点、支持自贸区发展两岸电子商务等新型贸易方式。配套这些新型贸易方式，两岸银行业可以开展大宗商品衍生交易、交易所会员之间的资金清算、配套飞机租赁的融资服务、供应链融资、仓单质押融资、国际保理、配套跨境电商的支付结算等新业务及合作。

---

* ［作者简介］林俊国，1962 年 11 月生，男，华侨大学台湾经济研究所所长，经济与金融学院教授，经济学博士，硕士生导师，研究方向为两岸金融合作、金融投资、农村金融。

3. 闽台服务贸易自由化给两岸银行业带来的机遇

福建自贸区将进一步扩大通信、运输、旅游、医疗等行业对台开放，对此，两岸银行业可以拓展个人网上银行、手机银行配套支付宝等个人电子支付结算、个人跨境汇款、个人结售汇等业务及合作。

4. 承接台湾地区先进产业给两岸银行业带来的机遇

福建自贸易区总体方案鼓励台湾地区先进制造业、战略性新兴产业、现代服务业等产业在区内集聚发展，重点承接台湾地区产业转移；支持自贸区内品牌企业赴台湾地区投资，促进闽台产业链深度融合。对此，两岸银行业可以拓展基础设施建设融资、产业链融资、投资银行业务等业务及合作。

二、福建自贸区推进闽台金融合作的创新举措

近几年来，闽台金融合作取得了一些突破，台湾银行、彰化银行、华南商业银行、合作金库银行、台湾华创股权投资基金等金融机构先后落户自贸试验区或在区内开展业务；在全国首创设立两岸征信查询系统，设立跨海峡人民币代理清算账户，"海峡号"个人本外币兑换特许机构是全国首家移动式兑换机构；首创两岸青年"三创"基地服务台湾青年创业，等等。

（一）闽台跨境人民币结算

福建自贸试验区率先推进与台湾地区投资贸易自由，允许自贸试验区银行业金融机构与台湾同业开展跨境人民币借款业务，支持台湾地区的银行向自贸试验区内企业发放跨境人民币贷款，在自贸试验区设立两岸合资银行等金融机构等，推动两岸金融合作先行先试。

福建自贸试验区银行业金融机构率先推进与台湾同业开展跨境人民币借款业务，推动两岸金融合作先行先试。

福建省多年来致力于对台离岸人民币业务的发展，厦门片区以跨海峡人民币清算为突破口，设计了"两岸货币合作平台"发展路线图，积聚了两岸几十家银行业金融机构参与，国内多家主要银行在厦门成立总行"对台人民币清算中心"，台湾30多家银行已授予厦门16家银行货币合作额度。

闽台跨境人民币结算的创新举措的主要做法如下：

（1）建立闽台人民币清算群。推动福建省内银行业机构与台湾20家银行业机构开展金融合作，签订人民币代理结算清算协议，已开立44个人民币

代理清算账户，为闽台经贸往来提供货币清算服务。福建省银行业机构建立了立足台湾、辐射港澳、面向全球的人民币代理清算群。

（2）完善闽台人民币与新台币现钞调运机制。随着两岸货币交流合作的不断深入，人民币与新台币现钞兑换规模日益扩大，目前已在全省范围内形成包括银行、个人本外币兑换特许机构、代兑点互为补充的多元化兑换体系。厦门市积极开展人民币与新台币现钞调运工作，已成为台湾人民币现钞市场调运新中心。

（3）合理评估台湾地区参加行人民币铺底资金需求。在分析福建省与台湾经贸往来情况、评估台湾银行业机构人民币资金实际需求的基础上，按照"总量控制、逐一核定、定期评估、适时调整"的原则，管理台湾跨境人民币业务参加银行的人民币铺底资金额度，为闽台贸易人民币结算业务提供了资金保障。

（4）引导银行创新闽台贸易融资产品。依托省内银行人民币代理清算群，鼓励省内银行业机构积极探索，在产品设计、营销推广等方面进行创新，与台湾银行业机构业务互动，共同研发闽台贸易与融资业务产品，扩大闽台人民币合作项目。

目前，闽台跨境人民币结算的创新举措已经取得了初步的成效，具体表现在以下两方面。

（1）闽台跨境业务不断深化。随着闽台人民币与新台币清算渠道的顺畅以及跨境人民币业务政策的普及，在与台湾的经贸往来中采用人民币结算的台资企业越来越多。福建自贸区挂牌以来，仅截至2016年2月末，就办理闽台跨境人民币结算586.38亿元。其中，福建自贸区企业与台湾地区办理跨境贸易人民币结算27.91亿元。

（2）闽台特色金融业务产品日益丰富。福建省银行业机构对台金融服务产品不断丰富。如厦门银行与台北富邦银行合作开发"两岸人民币速汇通"产品，农行厦门分行与台湾兆丰国际商业银行合作开发"两岸人民币境外进口融资代付"产品，中国银行厦门分行与台湾第一银行、中国信托商业银行、汇丰银行台北分行等合作推出"两岸人民币进出口双保理""两岸人民币信用证项下福费廷"等融资产品。闽台内保外贷产品、银团贷款、银行联合授信也不断扩容，有力地提升了福建省对台金融辐射功能，奠定了福建省在两岸金融合作中的重要地位。

（二）两岸青年创业创新创客基地

厦门两岸青年创业创新创客基地允许台湾青年创业者以个体户且无须外资备案进驻基地，放宽台湾个体工商户经营限制等措施，为深化两岸交流合作探索出新模式。

厦门两岸青年创业创新创客基地，是大陆唯一个设在海关特殊监管区域内的服务两岸青年的创业基地。基地于 2015 年 6 月挂牌运营，2015 年 10 月被国台办授予"海峡两岸青年创业基地"。基地先行先试扩大对台交流合作领域，为深化两岸交流合作探索新模式、新机制、新平台，促进两岸融合发展。其主要做法如下：

1. 创新体制，共谋共建

（1）凝聚两岸携手发展新合力。充分发挥"美丽厦门共同缔造"创新机制和对台优势，统筹协调政府、企业、协会、学校等各方资源，与台湾相关协会、中介机构和高等院校建立战略合作关系，对接台湾青创总会、台中中青网络协会等台湾青年团体，共同商讨符合两岸青年需求的建设方案，形成两岸携手共同谋划、共同发展的新合力。

（2）构建两岸产业合作新机制。探索两岸产学研合作机制，建立共同培育发展新兴产业的合作模式和新平台。基地与台湾逢甲、中兴等大学合作建设大学实训基地，台北大学"北大创业家"和大叶大学"创业圆梦协会"在基地设立加速器，让台湾青年实地充分了解基地就业政策和环境，寻找创业创新切入点，积极营造更加深厚的两岸青年相互切磋、互相竞赛、互相成长的创新创业氛围。

2. 创新模式，共同培育

（1）培育发展新业态。发挥海沧台商投资区产业优势、对台合作交流优势和台湾在新兴产业发展方面优势，制定基地产业发展规划，推动传统产业转型升级和创新新兴产业发展模式相结合，以移动互联网和电子商务为先导产业，专注于 O2O 电子商务、高科技文化游乐、文化创意、创新金融、互联网农业等五大行业板块，推进项目聚集、资源聚集、产业聚集，通过信息化引领推进两岸产业合作商业模式和业务模式创新。

（2）打造"一基地多平台"新模式。作为全国唯一一个在自贸试验区和台商投资区内的青创基地，同时享受自贸区制度创新的改革红利和台商投资区一流的营商环境。依托全国最早设立的海沧台商投资区对台交流的新平台，按照"统筹规划、滚动发展、辐射带动"的思路，分期实施基地建设。依托自贸区海沧园区、工业设计公共服务中心、大曦山公园、青礁村院前社，打造孵化、创意、体验和社区等平台，形成"一基地多平台"的发展模式。按照"政府引导，企业运营"的思路，建设 RQ 众创空间、海峡文化创意库、腾邦欣欣两岸旅游电商产业园等一批极具"台味"平台载体，各运营主体独立运作、联动发展，加快探索两岸青年交流合作的新模式、新机制、新领域和新平台。

3. 创新试验，共聚优势

（1）推进制度创新。依托自贸试验区制度创新优势，突出对台特色，在"三创"基地率先允许台湾青年创业者以个体工商户无须外资备案进驻基地、放宽创业者个体工商户的经营限制、鼓励大陆创业者以自然人身份与台湾企业和个人合资、合作创业，对台湾企业高级职员在项目申报及入出境、促进两岸人才互相流动等方面给予便利等一系列创新举措，为基地发展源源不断注入活力。同时基地实施"一照一码"商事登记制度，实行自贸区负面清单及准入前国民待遇加备案管理，推行企业设立全程电子化登记，实现"一网流转、一表申报、一趟取照"，方便两岸青年通过互联网随时随地提交注册申请。

（2）推进政策创新。出台《鼓励和支持台湾青年来闽创业就业的意见》《两岸青年创业创新创客基地建设工作方案》《鼓励和支持台湾青年来厦创业就业实施意见》《引进台湾人才暂行办法》等一系列政策措施，进驻基地的企业和创客可以叠加享受相关政策。对两岸创业者从开办补助、住房补贴、租金补贴、贷款担保补贴等方面提供扶持，台湾青年还可享受额外的特殊政策。其中，贴息贷款、融资担保、团队建设支持等都按目前全国最优惠政策设计，土地供给保障、购房积分贴息等政策属福建省率先试行。两岸青年可以享受到低投入、高起步的创业政策。

（3）配套服务创新。充分依托海沧台商投资区一流的营商环境，基地提供百兆光纤的高速网络，免费 WiFi 全覆盖，提供专业化管理运营的创客公寓，设有休闲咖啡、特色餐饮及便利商店，交通、教育、医疗、休闲娱乐设施一应俱全，为两岸青年提供便捷舒适的创业条件。一是提供集聚台湾元素的创业服务平台。由台湾毕马威等机构设立的"台企快车服务中心""两岸产业搭桥中心"入驻基地，免费为台湾青年入驻提供工商注册、法律服务、知识产权、政策咨询等"一站式"服务。二是设立以台商基金为主的融资平台。台湾蓝涛亚洲鼎力加盟的台商转型基金首期募集 5 亿元人民币，李开复指导的创新工场二期人民币基金等进驻基地；率先成立由 15 名两岸知识产权领域知名人士组成的两岸知识产权智库，出台片区经济活动知识产权评议办法，帮助两岸青年运用知识产权评议手段研判产业技术趋势、创新发展机遇。三是成立以台湾知名创业导师为首的导师团队。首期 18 名（台湾人士二人）两岸著名企业负责人、两岸行业精英组成的创业导师团，采取线上线下相结合的方式，对两岸青年创新创业项目进行辅导，定期举办两岸青年创业培训与交流活动，为两岸青年创客提供"苗圃—孵化器—加速器—产业园"为一体的支撑服务。

两岸青年创业创新创客基地自 2015 年 6 月投入运营以来，已引进了海投集团、赢时代、腾邦国际等多家运营商，与台湾修平大学等 3 所大学签订实训合作协议，成功举办两届"创客·逐梦之旅"台湾青年赴基地实践活动，共有 79 人次参加。

目前，青创基地入驻台湾团队 203 个，创客 371 人。基地内移动互联网、文创设计、O2O 电子商务、创新金融等先导产业集群已初具规模。

（三）全国首创设立两岸征信查询系统

2016 年 4 月 15 日，中国人民银行福州中心支行和福建自贸区福州片区管委会在福州开发区联合举办福州自贸区台资台胞征信查询业务开通仪式。上海资信有限公司现场与福州自贸区 14 家商业银行签订了合作协议，并成功通过查询系统提供了台湾企业和个人征信报告。

按照服务合同，上海资信通过台湾地区信用报告查询系统为福州自贸区金融机构提供《法人征信报告》与《个人征信报告》两类报告。报告的内容涵盖台湾地区中华征信所、票据交换所、经济部商业司、财政部财税中心、经济部国贸局等十大类数据源，较全面地反映了企业或个人在台湾的各类信用信息，有利于解决银行和企业间信息不对称问题，促进银行降低审贷成本，提高审贷效率，解决台资企业再融资难问题。

早在 2015 年底，上海资信就在平潭自贸区开通了查询试点，并于 2016 年 2 月 15 日出具了全国第一份台湾地区个人征信报告。经过数月的运行，台湾地区信用报告查询系统得到了福建当地台资企业、金融机构和监管部门的一致认可，充分发挥了高效多能、多方共赢的特点。

台湾地区信用报告查询服务，搭建了海峡两岸信息交流的桥梁，为两岸征信合作和金融交流谱写下新的篇章，对促进两岸多层次的金融合作与交流具有重要意义。

（四）其他创新举措

人民币资本项目可兑换方面，创新措施有探索境内个人跨境投资的新途径、推进金融市场双向开放、实行限额内资本项目可兑换。

外汇管理改革方面，创新措施有外汇外债采取比例自律管理、简化业务办理流程等。

制度创新方面，有实行负面清单管理、探索主体监管、实行宏观审慎管理、创新联合监管机制等新举措。

三、深化闽台金融合作的主要思路

（一）努力打造自贸区良好的营商环境

打造自贸区良好的营商环境，是发挥自贸区促进闽台经贸合作的基础。福建自贸区应该借落实中央、福建惠台政策的东风，努力营造自贸区良好的营商环境，把福建自贸区建设成为落实惠台政策的示范区。

我们要大力推进建设法制化营商环境的各项工作。福建自贸区的战略定位主要围绕立足两岸、发挥改革先行优势，营造国际化、市场化、法治化营商环境，充分发挥对台优势，率先推进与台湾地区投资贸易自由化进程，把自贸试验区建设成为深化两岸经济合作的示范区。

（1）在总体目标的引领下，加快形成支持自贸试验区建设的政策支撑体系，重点加强促进两岸经贸往来的法律规则体系建设。福建自由贸易试验区的法制建设，要积极探索两岸合作新模式，以深化两岸经济合作为主线，在实现闽台之间投资贸易便利化、两岸资金人员往来便利化、两岸通关便捷化等方面加快法律制度建设的步伐，为闽台科研活动、品牌建设、市场开拓、制定标准以及建立闽台边关机制等方面的合作提供制度支持。

（2）扩大推进服务贸易对台更深度开放，促进闽台服务要素自由流动。在通信、运输、旅游、医疗等行业对台开放。

（3）创新自贸试验区法律服务工作机制，积极探索对台法律服务机制创新，完善两岸律师执业资格认定机制，做好台商企业的法务服务工作。同时也要拓展与"海上丝绸之路"沿线国家和地区的经贸往来及人员合作等方面的法律制度建设。

（4）不断完善纠纷解决机制。在两岸的经济融合、文化交流或者人员往来中，避免不了摩擦与分歧，及时有效地化解矛盾和纠纷是营造良好营商环境的重要体现。

（二）重视发挥金融作用，打通要素市场服务通道

通过金融创新，倒逼银行改革，降低融资成本。可考虑以厦门两岸区域性金融中心建设为核心，加快发展区域性金融市场，拓展自贸区内融资租赁业务经营范围、融资渠道，开展跨境本外币融资业务和个人境外投资试点，扩大人民币资本项目可自由兑换，促进跨境贸易、投融资结算便利化。设立产业投资基金、土地信托基金，探索建立全国性信托登记服务机构、存款保险基金管理公司、金融租赁公司、财务公司、汽车金融公司、消费金融公司，以及健康保险机构、再保险公司、再保险经纪公司，打通联结金融市场、信贷市场与实体经济通道，拓展自贸区的资本市场服务功能，更好地促进福建经济建设的发展。

（三）加快推动厦门两岸金融中心建设

应该制定符合厦门两岸区域性金融中心发展要求的长远规划，构建自贸区金融创新与厦门两岸区域性金融中心联动机制体制，推动厦台两岸金融合作创新先行先试，同步发展，发挥好自贸区对中心的辐射带动作用，加强政策的联动性、协调性和统一性，努力立足"闽三角"，辐射"长三角"和"珠三角"，充分发挥厦门战略支点作用，打破两岸经贸关系的僵局，推动两岸经贸合作的更好发展。

1. 大力发展离岸金融业务

福建应推进厦门"海峡人民币离岸金融中心"的建设，吸引美国、日本等国家及台湾地区、香港地区的金融机构入驻。在特设的"人民币离岸金融中心"区域内，可试点资本项目局部兑换并逐步实现人民币自由兑换，推动人民币区域化进程，并与台湾境外金融中心建立联系，开办两岸人民币离岸银行业务。

2. 大力推进跨境人民币业务

确实做到跨境人民币业务实现新突破、深化外汇管理改革实现新突破、创新拓宽金融领域服务实现新突破、制度创新实现新突破、两岸金融合作实现新突破、厦门两岸区域性金融中心建设实现新突破。

（四）争取成为两岸货币清算体系建设的先行区

如本章第二部分所述，闽台跨境人民币结算已经取得了一定的成果，走在全国的前列。福建应该积极争取中央的政策支持，在厦门两岸区域性金融中心和平潭综合试验区开展建立两岸银行间货币双边直接清算机制的试点工作，争取更多设在厦门的外汇指定银行与台湾地区银行签订"结算支付协议"，建立双边直接清算关系，开立人民币与新台币账户，促进两岸金融直接合作的发展。

（五）推行福建对台版的 FT 账户

FT 账户是自贸区金融改革的重要组成部分，同时也是构建自贸区金融创新的基础工程。FT 账户的创立类似于开立一家全新的银行和建立了一个新的市场，今后自贸区的金融创新和改革都很大程度上与 FT 账户联系。福建应尽快设立对台版的 FT 账户，以适应福建自贸区对台金融开放的需要。

（六）助推台商透过自贸区参与"一带一路"建设

福建处于"一带一路"倡议中"一路"的中心位置，处于可推动台商透过福建自贸区的特殊地位参与"一带一路"建设，如台湾金融业可参与亚投行和丝路基金业务，台湾企业可参与"一带一路"沿线国家和地区的投资，等等。

本章参考文献

［1］林定芃. 自贸试验区背景下的闽台经济金融合作［J］. 发展研究，2017（7）：41－44.

［2］福建省金融青年博士服务团. 经济新常态下银行业的机遇、挑战及应对［M］. 北京：经济管理出版社，2018.

［3］福建自贸区领导小组办公室等. 福建自贸试验区创新实践探索［M］. 福州：福

建人民出版社，2016.

［4］林远峰，林莺. 自贸区视角下深化闽台金融合作研究［J］. 统一论坛，2017（3），59－62.

［5］杨强，王知桂. ECFA 视阈下的闽台产业合作研究［M］. 福州：福建教育出版社，2016.

［6］黄建忠. 中国（福建）自由贸易试验区与两岸经济协同发展［M］. 北京：中国经济出版社，2017.

［7］林斐婷. 福建自贸区视角下深化闽台经贸合作研究［J］. 闽江学院学报，2017（1），41－48.

第五章

小额贷款公司在京津冀协同发展中的作用、问题与对策 *

一、引言

党的十九大报告指出：要"以疏解北京非首都功能为'牛鼻子'推动京津冀协同发展"，将京津冀协同发展作为国家的重大发展战略。京津冀协同发展离不开金融业的助力。小额贷款公司是具有中国特色的经济组织，虽无金融机构牌照，却经营着具有金融业性质的小额贷款业务，它是为了在有效控制风险的同时，引导民间资金进入金融领域以满足小微企业和农户资金需求的一种尝试，是民间金融活动阳光化、正规化发展的产物，在京津冀协同发展中，小额贷款公司凭借规模小、近基层、更灵活、更普惠等优势发挥着大中型金融机构无法替代的作用。

二、小额贷款公司在京津冀区域协同发展中发挥的作用

（一）拓宽了融资渠道

实现京津冀区域协同发展，疏解北京非首都功能，必然涉及企业的搬迁、基础设施建设、自然环境的治理、市场环境的改善以及人口的流动带来的消费增长。解决这些问题都离不开金融的支持与服务，而以商业银行为代表的传统金融机构的传统融资模式远远不能满足京津冀区域协同发展的需要，这就要求有新的融资渠道来满足京津冀区域协同发展所带来的新的融资需求，小额贷款公司应运而生。如表 5 - 1 所示，从 2010 年第四季度到 2018 年第一季度京津冀地区小额贷款公司从 191 家发展到 630 家，增长了 229.84%。京津

* ［作者简介］付锦泉，1981 年 5 月生，男，河北金融学院金融与投资学院，讲师、经济师，硕士研究生，研究方向为金融创新、风险管理。刘宾，1980 年 11 月生，男，河北金融学院金融研究所，教授，博士研究生，硕士生导师，研究方向为金融创新、科技金融。

表5－1　2010年第四季度到2018年第三季度京津冀区域小额贷款公司发展情况

时间	机构数（家）				从业人数（人）				实收资本（亿元）				贷款余额（亿元）			
	北京	天津	河北	合计	北京	天津	河北	合计	北京	天津	河北	合计	北京	天津	河北	合计
2010年12月	20	19	152	191	203	183	1738	2124	19.35	12.76	87.89	120	18.78	10.23	85.94	114.95
2011年3月	28	25	160	213	268	294	1826	2388	26.55	22.44	93.09	142.08	24.74	18.58	90.58	133.9
2011年6月	30	28	173	231	290	318	1959	2567	28.05	24.94	98.95	151.94	31.13	22.79	99.3	153.22
2011年9月	30	33	178	241	290	360	2032	2682	28.55	31.75	103.95	164.25	35.24	30.11	109.37	174.72
2011年12月	33	33	186	252	374	360	2215	2949	37.75	32.55	109.15	179.45	39.55	33.51	117.89	190.95
2012年3月	37	33	240	310	423	360	2747	3530	41.95	33.55	140.34	215.84	39.29	34.33	146.2	219.82
2012年6月	39	33	290	362	440	360	3268	4068	43.95	35.07	167.48	246.5	46.06	37.94	170.34	254.34
2012年9月	41	33	299	373	458	360	3333	4151	45.95	35.07	175.42	256.44	49.8	37.63	179.6	267.03
2012年12月	41	63	325	429	458	741	3766	4965	49.95	72.31	194.76	317.02	49.85	69.47	205.43	324.75
2013年3月	49	73	352	474	543	840	4027	5410	59.15	87.86	209.06	356.07	59.73	87.57	219.71	367.01
2013年6月	57	83	411	551	701	1172	4698	6571	77.4	100.37	241.97	419.74	76.99	99.75	252.98	429.72
2013年9月	63	94	416	573	761	1290	4749	6300	91.5	111.37	244.47	447.34	89.87	112.14	259.09	461.1
2013年12月	64	100	439	603	781	1344	5093	7218	95.5	114.37	256.33	466.2	104.38	119.3	273.1	496.78
2014年3月	66	110	442	618	832	1445	5125	7402	97.7	131.17	257.92	486.79	108.71	138.63	271.51	518.85
2014年6月	69	110	459	638	847	1445	5336	7628	100.7	129.77	263.42	493.89	111.75	136.21	277.56	525.52
2014年9月	71	110	464	645	867	1445	5383	7695	103.98	129.77	266.62	500.37	114.69	138	283.1	535.79
2014年12月	71	110	479	660	867	1445	5524	7836	103.98	129.77	270.92	504.67	118.46	137.06	288.97	544.49
2015年3月	71	110	478	659	867	1445	5502	7814	104.48	132.77	270.82	508.07	117.41	141.86	288.42	547.69
2015年6月	71	110	475	656	867	1445	5475	7787	104.48	130.17	268.31	502.96	117.07	137.53	287.53	542.13

续表

时间	机构数（家）				从业人数（人）				实收资本（亿元）				贷款余额（亿元）			
	北京	天津	河北	合计	北京	天津	河北	合计	北京	天津	河北	合计	北京	天津	河北	合计
2015年9月	83	110	479	672	1002	1445	5527	7974	119.18	127.67	271.52	518.37	128.33	134.02	287.34	549.69
2015年12月	85	110	480	675	1189	1455	6454	9098	133.99	130.07	271.62	535.68	134.8	135.63	281.47	551.9
2016年3月	86	110	474	670	1197	1455	6395	9047	133.2	127.6	268.5	529.3	130.8	134.6	273.2	538.6
2016年6月	86	110	457	653	1197	1455	6224	8876	132	130.1	259.5	521.6	140.1	134.7	260.6	535.4
2016年9月	87	110	450	647	1205	1455	6248	8908	125.5	130.7	256.1	512.3	138	134.7	255	527.7
2016年12月	87	110	450	647	1131	1455	6134	8720	123.5	130.7	255.4	509.6	142	131.7	254.7	528.4
2017年3月	88	110	446	644	1134	1455	6145	8734	122.3	130.6	251.9	504.8	127.5	132.4	250.3	510.2
2017年6月	89	110	444	643	1138	1455	6094	8687	122.5	128.1	251.3	501.9	124.3	129.8	248.4	502.5
2017年9月	90	110	440	640	1158	1455	6064	8677	124.07	129.59	248.84	502.5	131.82	132.6	245.36	509.78
2017年12月	99	95	437	631	1403	1299	5894	8596	136.07	119.54	247.74	503.35	146.77	129.6	245.6	521.97
2018年3月	99	95	436	630	1403	1299	5759	8461	136.07	119.44	247.84	503.35	143.09	130.28	245.68	519.05

资料来源：中国人民银行统计数据。

冀区域中众多小额贷款公司的设立和运营，为企业拓宽了融资渠道，满足京津冀区域协同发展中企业和个人多样化的贷款需求。

（二）提供了资金支持

京津冀区域协同发展离不开资金的支持，虽然商业银行等金融机构能够提供大规模的信贷资金，但仍然无法满足全部需求。特别是小微企业、涉农企业、个体工商户和农户等融资规模小、信息披露少、经营风险高的市场主体，很难从商业银行等大中型金融机构获得融资支持，这部分融资真空则恰好需要小额贷款公司来弥补。如表 7-1 所示，2010 年第四季度到 2018 年第一季度，京津冀区域小额贷款公司的贷款余额从 114.95 亿元增加到 519.05 亿元，增长了 351.54%，为急需资金的小微企业、涉农企业、个体工商户、农户及个人消费者提供了大量的贷款，使闲散的民间资金介入市场主体的经营运作真正形成了资本，有效缓解了京津冀区域内融资难问题，为京津冀区域协同发展做出了贡献。

（三）增加了劳动就业

小额贷款公司的发展对京津冀区域中的就业率的增加也有一定的促进作用。这主要表现在两个方面：一是就小额贷款公司本身来看，如表 5-1 所示，其从业人员从 2124 人发展到 8461 人，增长了 298.35%，人数最多时达到 9098 人，增加了京津冀区域中的就业人数。二是小额贷款公司的设立和开展业务促进了小微企业、涉农企业的发展，从而吸纳了一部分劳动力。另外，小微企业为个体工商户、农户及个人提供的贷款促进了个人创业，也解决了一部分就业问题。因此，小额贷款公司的发展增加了劳动就业，促进了京津冀区域的协同发展。

（四）加速了资本转化

现代市场经济的发展离不开资金向资本的转化，资金只有通过投资转化为资本才能产生价值增值，从而促进经济发展。京津冀区域协同发展同样离不开资金向资本的转化。小额贷款公司在这方面恰好起到了一定的作用。如表 5-1 所示，从 2010 年第四季度到 2018 年第一季度，京津冀区域中的小额贷款公司实收资本从 120 亿元增加到 503.35 亿元，增长了 319.46%。众多社会闲置资金通过小额贷款公司聚集起来，并以小额贷款的形式投放到市场当中，完成了资金向资本的转化，促进了经济的增长，为京津冀区域协同发展积聚了资本。

三、京津冀区域协同发展中小额贷款公司存在的问题

（一）发展质量不高

小额贷款公司要在京津冀区域协同发展中发挥更大的作用，其自身首先要实现高质量的发展。从目前情况来看，京津冀区域中的小额贷款公司虽然在数量、从业人员、实收资本和贷款余额方面和成立之初相比都取得了总量上的扩张，但如果考察平均贷款额、每单位实收资本贷款额和机构人员人均服务贷款额等数据，则发现进步不大。如图5-1所示，虽然京津冀小额贷款公司的平均贷款余额从0.6亿元到0.7亿元再到0.8亿元上了两个台阶，但增长速度并不快，且中间也有起伏。与此同时，平均每一单位实收资本创造的贷款也仅在1亿元左右上下波动，没有太大增长，这也是由于小额贷款公司资金来源的限制造成的。小额贷款公司只能靠自有资金提供贷款，不能吸收存款，也不能以发放债券的形式从资本市场获得资金，因此，其能提供的贷款规模和质量都有限。另外从机构人员平均提供的贷款服务方面来看，京津冀小额贷款公司2010年来也没有取得较大进

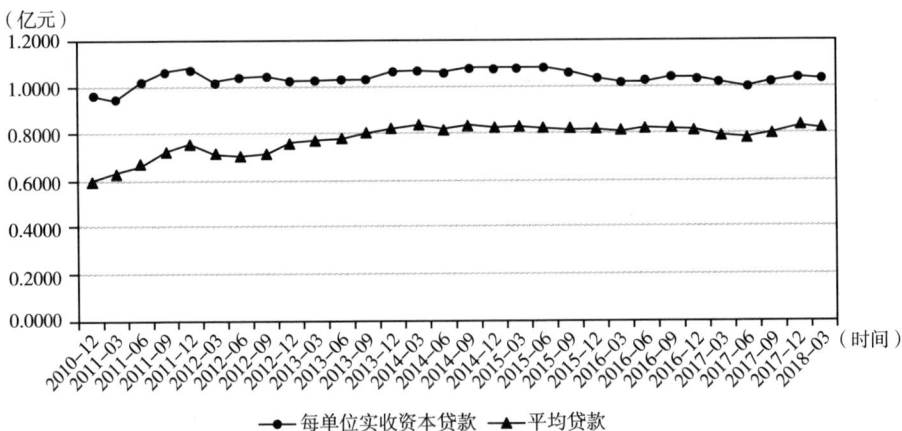

图5-1　2010年第四季度到2018年第一季度每单位实收资本贷款和平均贷款

资料来源：平均贷款＝表5-1中贷款余额/机构数；每单位实收资本贷款＝表5-1中贷款余额/实收资本。

步，如图 5-2 所示，从 2010 年第四季度以来京津冀小额贷款公司每一名的
工作人员平均提供贷款服务的数值也仅在 0.06 亿元上下徘徊。由此可见京津
冀区域中的小额贷款公司发展质量不高，远未达到服务和支持区域协同发展
的要求。

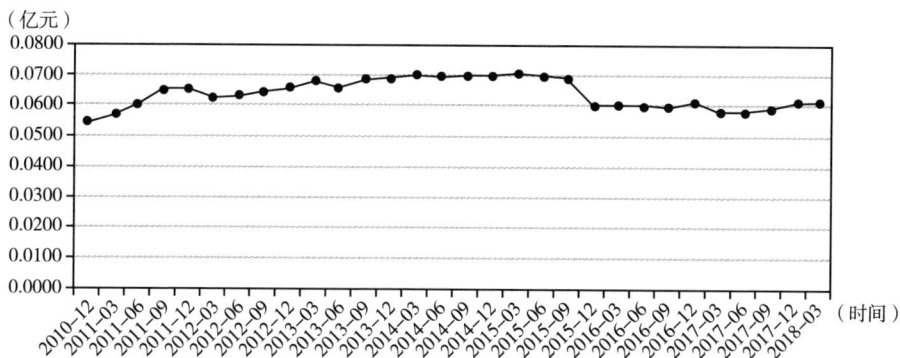

图 5-2 2010 年第四季度到 2018 年第一季度机构人员人均贷款

资料来源：机构人员人均贷款 = 表 5-1 中贷款余额/从业人员数。

（二）发展协同性不足

京津冀区域中的小额贷款公司发展协同性不足主要表现在三个方面：一
是三地经济发展水平存在较大的差异，导致了三地小额贷款公司发展基础各
异。如图 5-3 所示，京津冀三地之间生产总值的标准差逐年扩大，这说明京
津冀区域经济发展水平差异有渐增的趋势，这就使得京津冀三地的小额贷款
公司站在了不同的经济基础之上进行发展，且这种经济基础的差异是不断扩
大的。经济发展水平的差异在一定程度上造成了小额贷款公司发展的差异。
河北省小额贷款公司发展规模相对较大，但业务质量及发展速度都无法和京
津比肩。这些差距给京津冀区域中小额贷款公司的协同发展带来了阻力和挑
战。二是联系沟通较少，互动性不足。就目前情况来看，京津冀三地的小额
贷款公司之间沟通联系较少，既没有建立互动平台，也很少合作开展业务，
这既有体制限制方面的客观原因，也有小额贷款公司缺乏市场主体活力和联
系沟通主动性方面的主观原因。三是行政障碍较多，资源无法自由流动。在
京津冀区域当中由于存在地域、行政、收入、消费等方面的差异和障碍，统
一市场还没有完全建立起来，资金、人才等资源也无法自由流动。从资金方

面来看，三地之间的小额贷款公司尚不能互通有无。从人才方面来看，河北省小额贷款公司经营管理人才匮乏，但由于待遇、薪酬水平等方面的原因很难从北京和天津吸收相关人才加入。由于户口、房价等方面的限制，河北省的人才也很难流动到北京、天津的小额贷款公司当中学习先进的经营管理经验。以上这些因素都导致了京津冀区域中小额贷款公司发展的协同性不足，很难满足京津冀区域协同发展的需要。

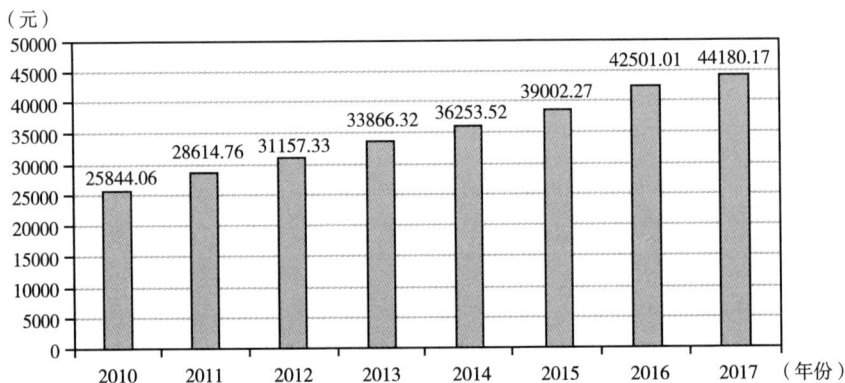

图 5 – 3　2010 ~ 2017 年京津冀三地人均生产总值标准差

资料来源：根据 Wind 资讯数据计算得出。

（三）经营模式有待转型

小额贷款公司是社会主义市场经济发展到特殊阶段的特殊产物，在一定时期内发挥了重要作用，但从其经营模式上看，却存在先天缺陷，有待进一步转型。这是京津冀乃至全国的小额贷款公司所面临的一个共性问题。从经营模式上看，小额贷款虽然主营业务与金融机构类似，但从其法律性质和地位上看，却不属于金融机构，只是普通企业法人。这就将小额贷款公司置于尴尬的处境：虽然经营金融业务，但在税收方面无法享受和金融机构相同的待遇；虽然也需要大量资金作为放贷基础，但却无法像商业银行那样吸收存款以获得稳定的资金来源；虽然也应接受监管，但却无法按照金融机构的标准进行。就京津冀区域内的小额贷款公司来看，虽然有些也办出了特色，如科技型小额贷款公司、扶贫型小额贷款公司等，但从总体上看，其经营的业务差异性不大、互补性不强、区域特色不明显，因此，小额贷款公司如果要想在京津冀区域协同发展中发挥更加重要的作用，那么经营模式的转型则势在必行。

（四）监管体系尚未统一

小额贷款公司的顶层设计是由银监会和中国人民银行负责，中央层面关于小额贷款公司的法律法规最早是由银监会和中国人民银行联合发文出台的，一般来说，其具体的监管任务也应由银监会在各地的派出机构及央行在各地的分支行来负责。但相关的法规却规定由地方金融办负责对小额贷款公司的监督和管理，从而使得对小额贷款公司的监管政出多门，难以统一。这种监管模式一方面会给小额贷款公司留有非法获利的监管漏洞；另一方面又会降低各监管机构发现和处置风险的主动性和积极性。同时，从京津冀区域来看，三地间也没有形成关于小额贷款公司监管的协调联动机制。由于具体的监管权限在地方金融办，所以也没有一个机构能够在京津冀区域内统一行使对小额贷款公司的监管职权。这些问题影响了小额贷款公司在京津冀区域协同发展中作用的发挥，因此，统一京津冀区域中的小额贷款公司监管机构应早日提上日程。

四、相关对策

（一）提高服务实体经济效率，做实质量发展

小额贷款公司的建立和发展归根结底是一种金融创新，而金融创新又必须以服务于实体经济为根本。因此，小额贷款公司的经营和发展应自始至终致力于服务实体经济。就京津冀区域中小额贷款公司的具体发展和经营情况来看，发展质量不高，服务实体经济的效率也有待进一步提升。京津冀区域中的小额贷款公司要提升服务实体经济的效率，首先，就要在规范经营的基础上不断扩大单个小额贷款公司的自身规模，实现规模经济；其次，要理顺自身业务流程，在风险可控的前提下简化程序，为小微企业、涉农企业提供更加便捷高效的融资服务；最后，要根据市场需求进行产品创新，面向不同需求的客户开发不同贷款产品。针对短期小额资金需求开发"快速贷"；针对供应链厂商资金循环的需求开发"循环贷"；针对小额贷款公司自身的资金需求，其他小额贷款公司可开发"互助贷"；针对京津冀区域协同发展的过程中企业迁移产生的需求可开发"迁移贷"；针对京津冀区域协同发展中的扶贫资金需求可开发"扶贫贷"。通过以上具体措施提高小额贷款公司服

务实体经济效率，做实质量发展。

（二）打破不同地域市场限制，促进整体发展

京津冀区域实现协同发展的关键是要建立统一的市场，京津冀区域协同发展过程中小额贷款公司要想发挥更大的作用，关键也在于打破地域市场的限制，在京津冀之间实现整体发展。首先，应当制定京津冀三地关于小额贷款公司的统一规范，建立京津冀区域统一的小额贷款市场。其次，进一步拓宽小额贷款公司服务对象和区域的限制，允许小额贷款公司在三地之间互相渗透开展业务，向异地企业提供金融服务，真正实现资金、人才、业务等资源在京津冀区域内的无障碍、零壁垒的自由流动，促进资本在区域内不同地区间实现有效配置。最后，有市场就有竞争，有竞争就有优胜劣汰，有优胜劣汰就有兼并重组，因此，应当鼓励京津冀三地之间的小额贷款公司相互之间开展竞争，并进行兼并重组，以此优化资源配置，促进整体发展。

（三）体现京津冀地区差异性，完成协同发展

京津冀三地无论是自然条件、基础设施还是经济发展都存在着一定的差异性，这也就决定了三地小额贷款公司经营状况及在京津冀协同发展中发挥的作用具有较大的差异。由表5-2可以看出，北京的小额贷款公司无论是在实收资本方面还是贷款余额方面，均比天津、河北高出许多。这在一定程度上说明了北京的单个小额贷款公司在规模上相对较大，在质量上相对较高，能够对天津和河北地区的小额贷款公司发挥示范作用。如表5-1和表5-2所示，天津的小额贷款公司数量不如河北多；单个公司平均规模不如北京大，平均经营质量也不如北京高，但比河北要强。同时，在京津冀区域协同发展中，天津的定位是"全国先进制造研发基地、北方国际航运核心区、金融创新运营示范区、改革开放先行区"，因此天津的小额贷款公司在京津冀区域协同发展中具有天然的差异化经营优势，可以通过自身金融创新为当地研发、制造、运输的终端企业或其周边的服务企业提供资金支持，不必拘泥于县域或"三农"，走差异化经营的道路。表5-1、表5-2显示，河北省的小额贷款公司虽然遍布全省数量较多，但单个公司的经营规模和质量与北京和天津相去甚远。平均每家小额贷款公司实收资本只有 0.57 亿元，贷款余额只有 0.56 亿元，不到北京、天津的一半。河北省广阔的农村区域和较低的城镇化

程度为小额贷款公司的遍地开花提供了土壤。因此，在河北省，小额贷款公司自然也应将服务"三农"作为天职。另外，在京津冀区域协同发展中河北关于"新型城镇化与城乡统筹示范区、京津冀生态环境支撑区"的定位，也使得服务"三农"成为河北省小额贷款公司的必然选择。因此，河北省的小额贷款公司应大力服务农村经济，为河北省农村地区的城镇化及生态环境建设提供资金支持。京津冀三地小额贷款公司应坚持差异化道路，发挥三地优势，逐步实现协同发展。

表5-2　　　　　　　2018年第一季度京津冀各地小额贷款公司
实收资本及贷款余额平均数　　　　　　单位：亿元

平均实收资本			平均贷款余额		
北京	天津	河北	北京	天津	河北
1.37	1.26	0.57	1.45	1.37	0.56

资料来源：表5-1中数据计算得出，平均实收资本＝实收资本/机构数，平均贷款余额＝贷款余额/机构数。

（四）拓宽自身未来发展空间，实现转型发展

在京津冀区域协同发展的过程中，小额贷款公司只是特殊阶段的特殊产物，其自身的发展具有一定的局限性，这在近两年小额贷款公司的发展势头中已有所体现，从表5-1中可以看出，从2015年前后，无论是机构数量、从业人数、实收资本还是贷款余额都呈现负增长的趋势。随着区域协同发展的逐步实现和金融市场改革的不断深入，小额贷款公司必须努力拓宽自身未来发展空间，实现转型发展。从京津冀区域中小额贷款公司当前发展情况来看：一是主要经营涉农业务的小额贷款公司可以选择转型为村镇银行。2009年银监会就对小额贷款公司改制为村镇银行的准入条件、改制程序和要求都作了具体规定。小额贷款公司转变为村镇银行，能够在一定程度上解决当前京津冀区域中特别是河北省农村地区银行业金融机构覆盖率低、供给不足、竞争不充分、信息不对称等问题，有助于繁荣区域农村经济。二是在城镇社区主要面向小微企业和居民开展业务的小额贷款公司可以选择转型为社区银行，彻底改变"只贷不存"的经营模式，吸收更多的社会资本，扩大自身的资本容量，解决资金来源不足的问题。三是对民间资本

投入多、经营业绩好、资产质量高、抗风险能力强的京津冀三地小额贷款公司，可考虑准其转型为民营银行，以获得金融牌照，吸收公众存款，提高经营效率。同时，进一步完善京津冀区域银行业的结构和竞争环境，为小微企业及个人金融消费者提供更多的资金支持和更专业的金融服务，以促进京津冀区域协同发展。

（五）建立统一有效监管体系，保持稳健发展

当前京津冀区域小额贷款公司的监管体系错综复杂，政出多门，步调不易协调，无法形成监管合力，不利于小额贷款公司保持稳健发展，也不利于在京津冀区域协同发展中发挥持续性的作用。因此，应进一步完善小额贷款公司的政策法规，明确小额贷款公司的性质，完善组织形式、股权结构、业务范围、利率标准、监管准则等相关规定，并在条件成熟时出台《小额贷款公司监督管理法》，使小额贷款公司的经营和监管实现有法可依。同时，还应明确由一家监管机构主抓负责，其他配合补充，形成监管合力，建立有效监管体系。明确统一监管机构后，可在京津冀区域中建立小额贷款公司的联动监管机制，成立相关部门或指定一家机构对京津冀区域中的小额贷款公司实行统一监管，保持其稳健发展，使小额贷款公司在京津冀区域协同发展中持续、稳定、有效地发挥作用。

本章参考文献

[1] 张龙耀，杨骏，程恩江. 融资杠杆监管与小额贷款公司"覆盖率—可持续性"权衡——基于分层监管的准自然实验 [J]. 金融研究，2016（6）：142 – 158.

[2] 董晓林，高瑾. 小额贷款公司的运营效率及其影响因素——基于江苏 227 家农村小额贷款公司的实证分析 [J]. 审计与经济研究，2014（1）：95 – 102.

[3] 洪正. 新型农村金融机构改革可行吗？——基于监督效率视角的分析 [J]. 经济研究，2011（2）：44 – 58.

[4] 林德发，李建平. 天津小额贷款公司的发展现状、问题及对策 [J]. 哈尔滨金融学院学报，2013（1）：17 – 19.

[5] 梁春燕. 对河北省小额贷款公司经营状况的调查 [J]. 河北金融，2013（12）：49 – 63.

[6] 马丽霞，杨海芬，王瑜. 河北省小额贷款公司发展研究 [J]. 环渤海经济瞭望，

2014（11）：35 - 38.

　　［7］吴天星. 北京市小额贷款公司的现状与发展思考［J］. 北京金融评论，2012
（4）：24 - 29.

　　［8］陈尊厚，刘宾，杨伟坤. 京津冀金融协同发展与创新研究［M］. 北京：人民出
版社，2018.

第二篇

金融科技发展研究

第六章

金融科技助力实体经济高质量发展的作用机理研究*

一、引言及文献综述

    服务实体经济高质量发展是新时代金融行业供给侧结构性改革的出发点和落脚点。而金融与科技的融合推动了金融创新，成为引领金融供给侧改革的核心驱动力。金融体系正经历一个由网络、数字融合、新的市场进入者带来的革命（Wilson and Campbell，2016）。随着人工智能、大数据等前沿技术在金融领域应用的深入，新金融生态正在形成，"金融科技"概念应运而生，并引起了广泛关注。金融科技（fintech）是指由前沿技术带来的金融创新，这些金融创新可能会产生新的商业模式、技术应用、业务流程或创新产品，从而对金融市场、金融机构或金融服务的供给侧产生重大影响。服务实体经济是金融的天职和宗旨，金融科技在有效赋能金融发展的同时，也应遵循金融的基本原则，植根于满足实体经济日益变化的交易需求和投融资需求，回归本源，通过基于技术驱动的金融创新，助力实体经济的高质量发展。李东荣（2017）从历史、宏观、全球三个视角分析得出金融科技创新必须紧紧围绕经济转型升级与结构调整所产生的有效金融需求，提高金融供给对实体经

    * ［基金项目］教育部人文社会科学研究青年基金项目"新时代大学生互联网金融风险认知、风险偏好与投资行为研究"（19YJCZH272）；苏州高等职业教育教改研究重点课题"面向国家互联网金融资源库的《网贷与众筹》教材建设和资源开发研究"（SGJGA0205）；苏州市科协软科学研究重点项目"金融科技创新服务苏州实体经济高质量发展研究"（2019A 类第 13 项）；苏州市职业大学重点教学改革研究项目"面向国家互联网金融资源库的《网贷与众筹》教材建设和资源开发研究"（SZD-JG－19004）。

    ［作者简介］周雷，1983 年生，男，江苏苏州人，苏州市职业大学高教所研究员，商学院讲师，上海远想会计师事务所注册会计师，中国技术经济学会金融科技专委会理事，硕士，研究方向：金融科技。刘婧，2000 年生，女，安徽铜陵人，东南大学经济管理学院金融工程专业本科在读，研究方向：互联网金融。肖红，1999 年生，女，湖南郴州人，苏州市职业大学商学院金融管理专业在读，校金融科技创新研究性课程成员，研究方向：金融科技。

济需求变化的适应性。李杨和程斌琪（2018）从理论上研究了金融科技对经济增长的作用，包括投资资本的积累、长尾消费需求、拓展对外经济贸易中的可贸易范围三个方面。刘园等（2018）实证研究发现金融科技与实体经济企业投资效率呈"U"型关系，中国已处于"U"型的上升阶段，即金融科技助力实体经济投资效率正逐步得以实现。李娜（2018）认为金融科技提升了小微企业融资的可获得性，同时助推资产管理业务脱虚向实。韩俊华等（2019）详细分析了大数据、区块链等科技技术与金融融合推动经济增长的路径，包括提升经济增长水平、优化资源利用效率、实现金融资本脱虚向实、推动绿色增长、增进人民福祉等。

综上所述，已有文献主要是从金融的投资、融资、资产管理等基本功能角度，探讨金融科技创新技术的应用场景及其对实体经济发展的促进作用。而本章将在新时代背景下，针对实体经济高质量发展过程中的新金融需求、普惠金融需求和金融基础设施需求三类金融需求，构建如图 6-1 所示的分析框架，详细分析金融科技助力实体经济发展的作用机理。首先，针对实体经济动力转换过程中的新金融需求，分析金融科技如何助力培育经济发展新动能；其次针对实体经济高质量发展所欠缺的普惠金融服务需求，详细探讨金融科技创新如何通过引领数字普惠金融发展，满足小微企业、民营企业、低收入群体、消费升级等实体经济重点领域和薄弱环节的金融服务需求；最后，从金融科技创新与国家全面开放战略相融合的角度，探讨了输出我国相对领先的金融科技基础设施，助力国内企业"走出去"和"一带一路"建设，实现互利共赢，推动实体经济高质量发展的可行路径。

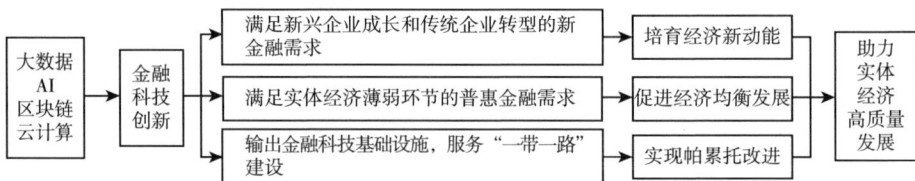

图 6-1　金融科技助力实体经济高质量发展的分析框架

二、金融科技助力培育经济发展新动能

党的十九大报告指出建设现代化经济体系，必须把发展经济的着力点放

在实体经济上，推动互联网、大数据、人工智能和实体经济深度融合，培育新增长点、形成新动能。这种新动能是以技术创新为引领，以新技术、新产业、新业态、新模式为核心，以知识、技术、信息、数据等新生产要素为支撑的。新动能来源于技术与应用的创新，同时离不开实体经济、科技创新、现代金融、人力资源协同发展的产业体系支撑。金融科技作为金融与科技深度融合的产物，能够提高金融资源配置的效率和质量，从而契合培育经济发展新动能过程中实体经济重点领域与薄弱环节的金融需求，支持新兴企业成长和传统产业数字化转型，助力实体经济的高质量发展。

（一）金融科技提高投资效率有助于促进新兴企业成长

促进储蓄向投资转化是金融体系的基本功能之一。经济增长需要资本的形成，而资本的形成在很大程度上取决于储蓄规模和储蓄投资转化效率。在经济高速增长阶段，重点是动员储蓄；随着经济进入高质量发展阶段，金融的功能也应转向提高储蓄投资转化率和投资效率。受制于长期以来金融资源配置总量宽松、结构粗放的特征，我国的储蓄投资转化存在"金融泡沫"与"金融抑制"并存的问题。在商业繁荣的大城市，金融业的高利润可能使金融资源脱离实体经济进行自我循环、脱实向虚，阻碍了居民储蓄向投资的转化。而在金融发展较为落后的地区，又存在金融服务欠缺和金融抑制现象，无法有效满足新创企业的需求。

金融科技的发展能够推动金融行业供给侧结构性改革，促进金融深化和金融创新，提高储蓄投资转化效率。随着人工智能、区块链、大数据等基础技术的发展和在金融领域的应用，金融科技创造了智慧银行、P2P 网络借贷、众筹融资、移动支付、综合金融服务平台等新金融业态，通过金融产品创新和商业模式创新，为民营创业企业、科技型创新企业、"双创"主体等较难在传统金融体系中获得支持的新兴企业提供了新的融资渠道，推动了储蓄投资转化。而对于信息披露缺失、融资困难、发展受限的企业，金融科技可以充分利用大数据、区块链等技术，进行相关的信息收集、追溯和存证，进一步评估企业市场价值和行业发展前景，进而甄别企业的可持续性，选择具有投资价值的企业给予资金支持，这就提高了投资效率，有助于促进新兴企业的成长。近年来，全球科技创新的一个突出特征是"科技创新始于技术，成于资本"。金融科技的发展能够创造新的投融资模式，降低交易成本，促进创新资本的形成。根据普华永道《2018 年中国金融科技调查报告》，网络借贷与移动支付是金融科技的主要应用领域，自 2000 年至 2017 年，主要服务于新兴企业的网络借贷吸引了全球 19% 的金融科技融资额。金融科技行业融资的增加，进一步推动了网络借贷和数字普惠金融的发展，提高了金融资源配置效率，从而能够为具有成长潜力的优质新兴企业带来新增投资，促进新企业的发展壮大，为实体经济高质量发展提供新动力。

（二）金融科技前沿技术的应用有助于推动传统产业数字化转型

数字经济的发展正有力助推供给侧结构性改革，2018 年我国数字经济规模达 31.3 万亿元，同比增长 20.9%，占 GDP 的比重达 34.8%，成为经济发展的新动能[①]。人工智能、区块链、大数据、云计算等金融科技前沿技术，不仅可以服务金融业，在结合实体产业既有的知识和规律之后，还可以实现数字科技与实体经济的紧密连接，助推传统产业的数字化转型，服务实体经济的高质量发展。

首先，人工智能技术的应用有助于促进传统产业从劳动密集型向技术驱动型转型，提高发展质效。习近平总书记在 2018 年 10 月 31 日中共中央政治局集体学习会上强调要"加强人工智能和产业发展融合，为高质量发展提供新动能"。人工智能应用于传统产业，能够作为新型生产要素与实体经济其他生产要素相融合，助推传统产业的数字化转型，实现"金融科技 + 智能制造"的目标，在生产过程中创造出更大的价值。虽然人工智能的投入在短期内会增加固定成本，但随着传统产业生产效率的提升和单位产品价值的增加，产品的边际成本会逐渐下降，从而实现产品边际收益的提升和产业生命周期的迭代。因此，人工智能将带动传统企业改造与升级，持续推动创新，进而提高全要素生产率。具体而言，在工业领域，人工智能正推动工业 4.0 时代加速到来；在农业领域，人工智能带来生产全流程的智能化提升。人工智能将渗透至各行各业，并逐步成为引领经济发展和产业转型升级的新引擎。

其次，大数据、云计算等金融科技技术的应用，也有助于传统企业吸收新技术，加快自身的数字化转型步伐，实现数字科技革命。传统企业积极运

---

① 中国信息通信研究院. 中国数字经济发展与就业白皮书（2019 年）［EB/OL］. （2019 - 04 - 19）［2019 - 04 - 20］. http：//www.sohu.com/a/308866632_114731.

用数字科技手段，科学管理企业生产销售的各个环节，将各业务环节与大数据分析、分布式云计算链接、融合，能够实现线上线下一体化、生产销售一体化、人类智慧和机器学习一体化，提高生产效率，降低经营成本，优化业务流程，防控经营风险，从而为企业信息化转型和实体经济高质量发展奠定基础。

最后，区块链作为一项颠覆性技术，正推动"信息互联网"向"价值互联网"的跃迁，引领新一轮科技革命和产业变革。充分利用区块链的去中心化、数据不可篡改、可追溯性、集体监督维护、智能合约、共识信任机制以及开放性等创新特征，加快区块链应用落地能有效助推金融科技与数字经济的发展，为实体经济"降成本""提效率""解痛点"，促进传统产业向产业链中高端迈进，重构创新版图，实现效率变革，进一步培育经济增长的新动能。

三、金融科技助力普惠金融满足实体经济"长尾需求"

新时代支撑实体经济高质量发展所需要的金融服务需求，除了培育经济发展新动能所引领的新金融服务需求外，还包括实体经济发展中薄弱环节所欠缺的"长尾需求"，即普惠金融需求。联合国于 2005 年首次提出了普惠金融的概念，旨在解决全球性的金融排斥现象，立足机会平等要求和商业可持续原则，以可负担的成本，为有金融服务需求的社会各阶层和群体提供适当、有效的金融服务。根据国务院《推进普惠金融发展规划（2016－2020 年）》，普惠金融的重点服务对象包括小微企业（含涉农小微企业）、农户、贫困人口、"双创"主体、校园学生和其他低收入群体等。数字普惠金融引领，是普惠金融可持续发展的重要出路。金融科技通过应用区块链、人工智能、大数据、云计算等前沿技术，创新业务流程和商业模式，能够推动数字普惠金融发展，更好地服务于"金融排斥"群体，满足其"长尾需求"，从而助力实体经济的高质量发展。尚未充分满足的实体经济"长尾"金融需求主要包括小微企业和民营企业的融资需求、低收入群体的金融服务需求以及长尾消费需求等。金融科技创新满足实体经济"长尾需求"的作用机制如图 6－2 所示。

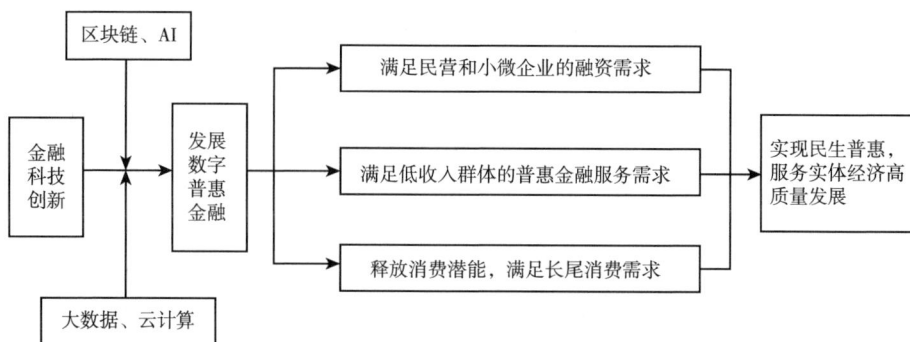

图 6 - 2   金融科技创新满足实体经济"长尾需求"的作用机制

（一）通过金融科技创新，有助于缓解小微企业和民营企业的融资难题

传统金融在服务实体经济过程中存在薄弱环节，导致小微企业和民营企业融资难、融资贵等问题长期存在。近年来，在"大众创业、万众创新"的背景下，国家高度重视小微企业和民营企业融资问题，出台了大量正向激励政策，但是银行等传统金融机构对小微企业和民营企业的贷款满足率仍较低，如 2017 年仅为 30% ~ 40%。小微和民营企业贷款一般单笔数额较小，成本相对较高，单笔利润较低，使得金融机构的单笔效益不大①，因此传统银行对小微企业和民营企业存在"惜贷"现象。小微企业融资难根源在于金融供给的成本和收益不匹配，而互联网金融和金融科技创新能够缓解信息不对称，降低服务成本，提高小微金融服务的可获得性、成本可负担性及供需可匹配性，从而助力破解小微企业融资难、融资贵和融资慢问题，达到高效服务实体经济的目的。以金融科技创新业态 P2P 网贷为例，网贷平台的出现挑战了银行等传统金融机构在信贷市场的垄断地位，借贷双方可以直接在平台撮合成交，降低交易成本，提高交易效率，为小微和民营企业融资提供一条新途径。网贷平台可以通过"大数据获客"扩大金融服务覆盖面，发展数字普惠金融，有效服务小微企业；可以运用智能风控、智能催收、知识图谱等人工智能技术降低运营成本，防控信用风险，从而有助于在客观上降低小微企业的整体融资成本，服务创新创业和实体经济的高质量发展。此外，股权众筹

①　陆岷峰. 金融供给侧结构性改革背景下发展微型金融机构研究［J］. 西南金融，2019（4）：29 - 37.

等金融科技创新业态的发展，还有助于建立健全多层次、多元化且功能齐全的资本市场，形成层次分明的融资成本结构，提高小微和民营企业直接融资特别是股权融资比重，降低杠杆率，从而降低社会经济风险，促进实体经济健康发展。

（二）通过金融科技创新，满足低收入群体金融服务需求，实现民生普惠

有关研究表明，普惠金融指数与贫困率负相关，与人类发展指数正相关，即金融普惠程度越高越有利于经济的高质量发展。发展普惠金融，能够为农民、城镇低收入群体、贫困人群等提供价格合理、便捷安全的金融服务。金融科技创新是实现数字普惠金融目标的重要途径。首先，金融科技的创新发展可以让更多的人群，尤其是贫困人口以低成本、高效率的方式获得金融服务，在解决低收入群体融资约束困境的同时，也使他们获得与经济一起成长的机会。例如，低收入群体可借助数字普惠金融，为小本经营获得融资，有机会通过自主创业实现脱贫；在数字普惠金融帮助下，基础教育上的投资也会得到提升，低收入群体有望通过教育获得更多收入增长的机会，从而促进社会公平和助力实体经济均衡发展。

其次，根据边际消费倾向递减规律，穷人比富人拥有更高的边际消费倾向，因而解决低收入群体的融资约束不仅能带来供给侧的增长，也会对需求侧产生边际贡献。数字普惠金融使金融产品与服务逐渐场景化，线上的金融服务不断拓展创新，将提供更丰富的金融产品；线下场景也将借助线上金融服务平台，降低成本与消费门槛，拓宽服务人群，助推社会消费需求的升级和消费能力的提升。而消费能力的提升将直接作用于实体经济，助力各行各业的经济增长。

最后，数字普惠金融也为银行信用评估提供帮助，减少经济犯罪的可能。随着基于数据共享的开放银行的发展，已有超过半数的银行与金融科技公司通过 API 接口在客户画像、反欺诈、风险控制等领域展开合作。数字普惠金融通过大数据、云计算等手段能够更好地了解用户状况，减少逆向选择带来的风险，从而降低不良贷款的可能。数字普惠金融带来的包容性增长，还有助于减少偷窃、抢劫等财产犯罪，从而改善经济发展的环境，最终实现民生普惠。

（三）通过金融科技创新，满足长尾消费需求，推动实体经济内生增长

随着新时代我国经济由投资、出口拉动为主转向消费驱动为主，扩大内需成为经济高质量发展的新动力。同时，国民收入的增长也带来了消费能力和消费意愿的提升。国家统计局发布的数据显示，2018 年全国居民人均可支配收入 28228 元，同比增长 8.7%；全年全国居民人均消费支出 19853 元，同比增长 8.4%[①]。运用金融科技技术发展数字普惠金融，可以提供成本较低的智能化金融服务，使居民的消费潜能得以释放，大规模的长尾消费需求得到匹配，从而推动实体经济的内生增长。首先，移动支付、聚合支付等金融科技工具的使用，使支付不再受时间、地点、场景等限制，大幅降低了交易成本，刺激了消费潜能的释放。例如，支付宝、微信支付在微观上增加了人们消费的次数，宏观上推动了电子商务的发展和社会消费总额的增长，从而助力实体经济高质量发展。其次，运用大数据技术可以对各主体网上痕迹和行为留下的结构化和非结构化数据进行深入挖掘和分析，形成"用户画像"并提取有效信息，实现精准营销，引导居民合理消费，助力实体经济。再次，金融科技公司还可以运用人工智能等技术建立行为模型，分析消费者的信用状况和消费行为，完善征信体系和风控机制，扩大互联网消费金融覆盖面，满足居民合理的消费融资需求，通过扩大社会消费推动实体经济增长。最后，区块链等金融科技前沿技术在服务消费升级，满足消费需求等方面也有广阔的应用价值。如金融科技龙头企业蚂蚁金服已经搭建了自主研发的金融级区块链平台，还将区块链成功应用到了"双 11"购物节中，天猫商城上大量海外和国内商品都可以应用区块链技术实现产品溯源，相当于给每个产品贴上了原产地和产品信息。区块链的可追溯性、数据不可篡改、智能合约等创新特征能够有效契合消费升级过程中对产品质量和金融服务的新需求，保障消费金融的健康发展，赋能实体经济。

四、输出金融科技基础设施助力"一带一路"建设

根据毕马威发布的 2018 年《全球金融科技 100 强》报告，来自中国的公司在前十名中占据四席，其中蚂蚁金服位列榜首，京东数科和百度（度小满金融）分列第二位和第四位。可见，我国的金融科技在全球处于相对领先地

---

① 国家统计局. 中华人民共和国 2018 年国民经济和社会发展统计公报 [EB/OL]. （2019 – 02 – 28）[2019 – 03 – 22]. http://www.stats.gov.cn/tjsj/zxfb/201902/t20190228_1651265.html.

位，"一带一路"建设不应仅仅是"铁公基"，更应将中国的金融科技发展成果带出国门。输出金融科技基础设施，有助于中国企业更好地融入全球价值链，深化供给侧结构性改革，从而为实体经济高质量发展创造更好的环境。

（一）输出金融科技基础设施，有助于拓宽贸易融资渠道，推动实体经济发展

在 2018 年博鳌亚洲论坛上，习近平主席提出我国将进一步加快建设全面开放型经济体的进程，金融业也需要适应这一历史趋势，聚焦"一带一路"倡议，服务好企业"走出去"战略，拓宽贸易融资渠道，提供覆盖境内外、本外币的一体化优质金融服务，搭建起多元共赢的全球合作平台，为中国企业"走出去"，为中国实体经济发展保驾护航。输出金融科技基础设施，能够充分发挥我国在金融科技和移动支付等方面的领先优势，拓宽贸易融资渠道，实现互利共赢，助力实体经济高质量发展。

金融科技发展有利于减轻金融机构 AML（反洗钱）和 KYC（了解你的客户）的合规监管成本，从而拓宽贸易融资渠道。亚洲开发银行的报告显示，2016 年全球贸易缺口约为 1.6 万亿美元，而亚洲发展中国家的短缺就占据了超过 40%；与此同时，在亚太地区，企业贷款被拒绝率高达 44%。事实上，贸易融资缺口的主要来源是认知风险和实际交易风险的差距以及不断提升的 KYC 和 AML 规则，这就导致了标准与风险认知和贸易需求之间的矛盾。金融科技基础设施的建设和输出正是解决这个矛盾的关键。例如，信贷机构可以利用移动互联网以及大数据等技术，更好地预测客户需求，为更多的中小企业提供贸易资本。金融科技公司的战略核心是通过技术建模打造客户生态系统，在此基础上提供精准的产品及服务。这种新商业模式能够构建客户信任感，并形成良性循环，使"一带一路"沿线国家对中国的金融服务产生依赖感，促成国际贸易、产业合作和并购交易的发生，最终反哺国内实体经济的高质量发展。

（二）输出金融科技基础设施，有助于推动国际产业合作，实现帕累托改进

在"一带一路"倡议下，中国输出金融科技基础设施，主要是输出金融创新产品和服务，包括移动支付平台、服务流程、大数据征信和风控体系、金融业务模式和创新渠道等。这些金融科技基础设施能够与"一带一路"国际产业合作战略相融合，通过显著提高金融服务效率，降低服务成本，提升"一带一路"沿线国家的福利水平，推动国内金融科技龙头企业的全球化发展，实现互利共赢的帕累托改进。

首先，金融科技基础设施的建设和输出有助于弥补"一带一路"沿线国家传统金融有效供给的不足。在"一带一路"基础设施建设和国际产业合作过程中，存在大量投融资、跨境支付等金融服务需求，但是许多"一带一路"沿线国家尚未建立起完备的金融支付、贷款等服务体系，在贸易融资、消费金融、企业融资等方面存在着一定程度的"金融抑制"现象。金融科技的引入恰好能够弥补这些地区传统金融中介的欠缺，推动跨境结算、跨境贸易和跨境投融资，满足参与"一带一路"建设企业的各类金融服务需求。

其次，输出金融基础设施，有助于国内金融科技龙头企业实现全球化发展。我国以第三方支付为代表的金融科技市场规模已居世界首位，移动支付工具的广泛普及，使"无现金社会"提前到来，这是近百年来中国对世界金融的最大贡献。输出金融科技基础设施，并提供强大的服务能力，能使我国的金融科技成果惠及"一带一路"沿线国家。例如，这些国家可以运用我国输出的第三方支付平台进行支付结算，跳过传统的信用卡和票据支付阶段，改善金融服务和社会福利水平，同时有效助推我国的金融科技龙头企业"走出去"，拓展海外市场，并推动人民币的交易、结算和储备，加快人民币国际化进程，实现帕累托改进。

本章参考文献

[1] 零壹财经·零壹智库. 2017 金融科技发展报告 [M]. 北京：电子工业出版社，2018：5.

[2] 李东荣. 以服务实体经济为导向的金融科技创新才有生命力 [J]. 市场观察，2017 (7)：20 – 25.

[3] 李杨，程斌琪. 金融科技发展驱动中国经济增长：度量与作用机制 [J]. 金融论坛，2017 (7)：6 – 13 + 66.

[4] 刘园，郑忱阳，江萍，等. 金融科技有助于提高实体经济的投资效率吗？[J]. 首都经济贸易大学学报，2018 (11)：22 – 33.

[5] 李娜. 金融科技促进实体经济发展的内在机理与路径研究 [J]. 中州学刊，

2018（10）：51 – 55.

［6］韩俊华，周全，王宏昌．大数据时代科技与金融融合风险及区块链技术监管［J］．科学管理研究，2019（1）：90 – 93.

［7］习近平．决胜全面建成小康社会　夺取新时代中国特色社会主义伟大胜利：在中国共产党第十九次全国代表大会上的报告［N］．人民日报，2017 – 10 – 28（1）.

［8］徐忠．新时代背景下中国金融体系与国家治理体系现代化［J］．经济研究，2018（7）：4 – 20.

［9］陈启清．促进金融资源"脱虚向实"［N］．学习时报，2014 – 10 – 06（01）.

［10］中国信息通信研究院．中国数字经济发展与就业白皮书（2019 年）［EB/OL］.（2019 – 04 – 19）［2019 – 04 – 20］．http：//www. sohu. com/a/308866632_114731.

［11］何玉长，方坤．人工智能与实体经济融合的理论阐释［J］．学术月刊，2018（5）：56 – 67.

［12］邱兆祥，安世友，贾策．强监管下金融与实体经济关系的转型升级及面临的挑战［J］．金融理论与实践，2019（3）：1 – 6.

［13］国务院．推进普惠金融发展规划（2016—2020 年）［EB/OL］.（2016 – 01 – 15）［2019 – 03 – 17］．http：//www. gov. cn/zhengce/content/2016 – 01/15/content_10602. htm.

［14］陆岷峰．金融供给侧结构性改革背景下发展微型金融机构研究［J］．西南金融，2019（4）：29 – 37.

［15］周雷，颜芳．新常态下互联网金融支持小微企业融资研究：基于信息不对称视角［J］．财会通讯，2016（35）：23 – 27.

［16］李鹏．交易成本视角下 P2P 网贷平台治理模式：基于开鑫贷的典型案例分析［J］．贵州社会科学，2017（10）：127 – 133.

［17］尹优平．金融科技助推普惠金融［J］．中国金融，2017（22）：90 – 91.

［18］国家统计局．中华人民共和国 2018 年国民经济和社会发展统计公报［EB/OL］.（2019 – 02 – 28）［2019 – 03 – 22］．http：//www. stats. gov. cn/tjsj/zxfb/201902/t20190228_1651265. html.

［19］庄雷，王烨．金融科技创新对实体经济发展的影响机制研究［J］．软科学，2019（2）：43 – 46.

［20］习近平．开放共创繁荣　创新引领未来：在博鳌亚洲论坛 2018 年年会开幕式上的主旨演讲［J］．中国产经，2018（4）：4 – 7.

［21］李杨，程斌琪．"一带一路"倡议下的金融科技合作体系构建与金融外交升级［J］．清华大学学报（哲学社会科学版），2018，33（5）：113 – 125 + 197 – 198.

［22］周雷，陈捷，赵子聪. "一带一路"倡议与人民币国际化研究文献可视化分析：基于 CiteSpace 知识图谱软件的计量［J］. 苏州市职业大学学报，2018，29（4）：1 - 8.

［23］Wilson J. P. and L. Campbell，Financial functional analysis：a conceptual framework for understanding the changing financial system［J］. Journal of Economic Methodology，2016：1 - 19.

第七章

大数据在保险精准营销中的应用 *

一、保险公司精准营销的必要性及实现条件

精准营销是指以精准定位为基础，依托信息技术互联网手段，愈来愈注重客户的需求，并以此构建个性化的顾客沟通服务体系，实现企业可度量的低成本扩张之路。在互联网飞速发展创新，世界联系更加紧密的时代，企业需要设计更为精准、更符合时代背景、更方便快捷、具有高投资收益的营销沟通方案，需要制订既注重结果又注重过程的营销计划，最终达成低成本状态下企业可持续发展的目标。

（一）精准营销的必要性

1. 企业竞争加剧

21 世纪随着信息业电子数据的迅猛发展，产品的创新周期乃至生命周期愈加缩短，客户需求多样化，经济全球化进程不断加速，信息技术的发展进步以及自媒体的出现使企业与企业之间的竞争愈演愈烈。为了在激烈市场竞争中拔得头筹，企业必须着重解决如何从竞争者手中赢得客户这一问题，想要解决这个问题，企业必须学习如何广泛运用各种网络营销手段，包括社交网络、个性化广告、多样化推送等进行营销的精准化，依靠如今大火的大数据分析技术、客户定位技术等进行精准营销。

2. 传统营销不经济

首先企业传统广撒网的营销方式浪费了大量的资源，无法降低和控制成本，利润得不到提高，企业自身得不到长足的发展，不利于长久经营。互联

---

 * ［基金项目］2017 年沈阳市社科规划专项资金项目（17023）"沈阳产业资本与金融资本融合路径研究"；2018 年度辽宁大学亚洲研究中心亚洲问题研究青年项目（Y201810）"亚洲金融科技发展对区域金融体系的影响"。

［作者简介］黄立强，1979 年 10 月生，男，辽宁大学经济学院保险系，金融学博士，研究方向：保险科技。孙宇岑，1997 年 6 月生，女，辽宁大学经济学院，硕士研究生，研究方向：保险营销。

网时代，企业大多为薄利收入，既想降低成本，又想获取高额利润，企业必须在营销上节约大量成本即精准营销进而提升自身竞争力。

其次企业传统营销方式由于精确度不足，往往花费较大的花销但结果不尽如人意。企业如果不能从竞争对手手中获得客户，提供不了比竞争对手更适合的服务，维持不了客户转化率，确保不了客户的购买率、回头率，产品不仅销售不出去，反而会消耗大量人力、物力、财力于不必要的营销设计流通领域，将资源浪费在无用功之上，造成许多无效竞争。

最后如果营销信息不够精确，广撒网式营销对客户来说造成了一些困扰，客户长时间面临这种困扰，不厌其烦进而采取屏蔽措施甚至在公共网络平台上发布一些极端的评价，将对公司的信誉造成严重伤害。

（二）精准营销可行性

1. 移动互联网时代到来

进入互联网时代之后，手机取代了台式电脑进而成为应用最广泛的上网终端，我们正式进入了移动互联网的时代，许多行业都努力从中获取商机，保险业也同样应该积极探索，为保险营销提供新的渠道，进一步提高保险精准营销的能力。首先，4G兴起，带动了智能手机进一步发展，其渗透率从2015年的58.90%提高至2018年的66.50%。5G技术已经研发出来并计划投入使用，目前5G智能手机开始试运营，预计2020年后将逐步替代4G技术进入普通民众生活。其次，业务员展业行为不再拘泥于静态形式，等待消费者进入保险公司的实体经营地点签订合约。互联网的存在解放了对业务员的束缚，消费者可以通过业务员携带的各种移动终端进行投保、缴费以及保单的查询等。

2. 大数据广泛应用

大数据是指那些通过不同渠道搜集并以多维度形式存在的庞大数据组，具有大量、高速、多样化、实时性等复杂多变的特点，且数据来源不一而足。它们可能是从互联社交网络、淘宝、京东等电子商务网站以及第三方的百度、搜狗等网站的顾客访问记录中得到，还有诸多需要经过大数据云计算完成的云存储，以及必须由AI技术进行整合的碎片化数据或者非结构性零散数据，只有经过云分析，这些大量的、分散的数据才能提升为有效数据，形成具有决策功能、预见功能和优化功能的即时、实效和高速多元的信息资产。而保险从产生之时就具有大数据的特点，随着数据技术不断发展，互联网上的数据量以每年50%的速度增长，企业可以通过自身积累的数据处理分析能力对其进行分析整合，进而深入发掘营销机会，了解市场行为，通过数据了解客户的偏好习惯如购买时间、购买频次、购买内容、购买地点等接触信息以及对于品牌的信赖程度、对产品的支持率等，在此基础上进行精准营销。

二、保险精准营销中大数据应用场景

（一）数据采集管理

保险商品想要实现保险人到被保险人之间的转移，必须完善保险商品的营销信息，因此只有准确掌握这些信息的内容特点，并采取正确的收集方法，对收集到的营销信息进行分析整合加工，才能帮助保险公司获取市场动向、供求信息、内外部环境，从而避开保险市场上存在的各种风险，实现长久平稳经营。大数据的应用进一步完善了保险人收集特定环境信息、技术信息以及最重要的潜在客户信息的方式及效率，有利于保险公司缩短获取信息的时间，降低获取信息的成本，更加精确地营销。

互联网兴起之后，消费者习惯了利用搜索引擎进行检索，其可以通过大数据程序从各消费者搜索的关键词中获取信息，整合分析后将得出的结论反馈给保险公司，而且消费者应用的社交工具愈加广泛，保险公司可以通过微博、微信、论坛等社交媒体上获取其所需数据，对人群进行规划整合，发现消费者的行为倾向、对各种信息的阅读量与偏好，以及消费者的身份、年龄、收入、需求信息等，从而得到客户的各方数据，进一步为客户提供更精准的营销。一些搜索公司，如谷歌、百度等通过大数据技术组建数据分析机构，这些机构通过每日用户的搜索掌握海量信息，保险公司与第三方搜索巨头进行合作以直接获取客户的数据信息，进而减少保险公司自身的研发搜索成本，提高精准营销的效率。

（二）精准客户画像与新客户开发

客户画像是指将单个客户的信息标签进行集合，通过收集与分析客户的人口地域属性、社会交往、行为偏好等方面的数据，将客户产生的标签综合分析，精准刻画出客户的特征。精准客户画像可以了解客户需求，进而设计产品寻找符合产品目标的客户群体，达到保险公司差异化竞争的目的。

互联网大数据时代消费者不仅改变了消费习惯，更加倾向于网上购物，而且接收信息的渠道也转变为以电子设备为主，企业应该与时俱进，改变自身的营销方式，使其与互联网时代更为契合。保险公司运用大数据云计算等先进技术获取数据，通过市场调研的方式将消费者整体细化为具有相似需求的消费者群体，用不同的因素如包括购买渠道费用支出在内的使用行为、包括消费者价值取向购买态度在内的价值观等定义这些细化后的群体，为客户进行精准画像。保险公司还可以通过大数据研究消费者的消费行为、消费心理、消费观念定位目标客户，选择那些有购买需求、有决策能力、有购买能力的客户群体，在此基础上进行精准营销，使产品的营销工作事半功倍。

（三）产品精准定位

保险公司在开发新的保险产品时首先要进行产品的构思，这种产品的策略构思就需要保险公司将各种因素综合考虑，以网络为载体，运用各种方式，多方位收集客户及竞争对手的有价值的数据。企业可以收集目标客户的投保动机、各种风险、满足于怎样的后续服务以及被保险人日常生活习惯、网络浏览痕迹、每日行进路线、身体健康状况、资产持有情况等。进而测算出被保险人周边存在的风险类型以及风险发生的可能性，保险公司根据这些数据为被保险人量身定制其最需要的保险产品。在大数据平台中对这些搜集到的数据进行融合分析，制定出最符合客户需求的产品。

在保险费率策略方面，由于费率影响到了整个保险市场对产品的接受程度以及保险公司的利润的多少，因此费率同时关系到了保险公司和消费者双方的利益，关系到消费者是否投保、续保以及保险公司的利润问题。保险公司可以通过大数据技术以及客户的社交媒体等得到客户的具体信息，分析不同主体具有的不同风险水平，计算不同主体对保费的承受能力，得出不同的保费建议，通过影响保险的商品价格因素从而提高投保人的保险需求。

（四）宣传广告

大数据的应用使精准的广告投放成为可能。保险公司通过各种媒体、第三方搜索引擎，甚至手机定位得到潜在消费者的生活习惯，如每日行进路线、家庭成员情况等数据，进而推断出潜在客户较为关心的风险，得出风险发生的可能性，进而计算费率，设计出客户专属的险种或组合险种，再专门为此客户设计出直击内心的广告，投放至此客户的社交媒体当中，达到精准营销的目的，营销的成功率会大幅度提升。

三、精准营销中大数据应用案例

（一）大数据与智能客户顾问：以中国平安保险公司为例

从 2010 年起，平安保险公司持续投入 500 多亿元用于科技创新，每年保费收入的 1% 都投入到科技研发当中，并逐年加大科技研发的投入资金，在大数据、人工智能 AI、区块链等方面业已取得不俗成就，多次获得全球奖项。平安好医生、陆金所、e 行销等多个科技服务平台的陆续推出，不断为现代社会输出最新的科技服务和技术应用。目前，平安保险公司的科技专利数量累计量已达 12051 项，仅 2018 年一年就增加了 9021 项，居于国际国内前列，其增长速度之快，研发成果效率之高令其他保险公司望尘莫及，其中境外专利的申请数量已经超过 3000 项。[①]

中国平安将大数据应用于智能客户顾问方面，解决了消费者对于各种保险业务以及保险知识的困惑，方便客户自行找到答案。同时与 AI 技术进行结合，与保险公司传统承保、保全、理赔等服务相比，减少了服务生效时间，大幅度提升了保险公司的服务效率，节约了人力、资金、时间成本。未来 10 年之内，大数据技术将更广泛地与各种保险业务进行紧密的结合，更广泛地应用于各类服务场景中，这将进一步提高保险公司的客户服务水准，创新业务管理模式。

（二）大数据与精准客户画像：以蚂蚁金服服务集团为例

车险行业的投保人大约有 1.5 亿人，有 54% 的家庭都有投保需求，但即使投保人数众多，保险公司的车险行业也面临亏损的局面，究其主要原因在于保险公司没有对客户进行精准画像，进而影响到了保险公司精准定价的能力，最终造成盈利困难。

目前我国国内对于车险的传统定价方式往往更多考虑汽车本身的情况，如车型、车龄、配置以及是否出过车险等，而蚂蚁金服则可以运用大数据等人工智能技术，对车主本人的海量信息进行深度研究挖掘，进一步完成对车

---

① 资料来源：中国平安保险集团年报（2018）。

主本人的精准画像，同时生成车主职业特征、信用特征、消费习惯、出行习惯、驾驶习惯等细化标签。保险公司通过对这些细化出来的标签进行分析整合分类，对不同车主面临的风险进行评分，结合自身数据的需要对车主标签进行再加工，将数据进行建模处理，为车主制定更加公平的车险价格。蚂蚁金服与各保险公司进行合作，既优化了车险市场的定价方式，又推动了车险费率市场化的进程，提高了车险公司健康稳健经营的能力。

（三）大数据与新客户开发：以华为公司与太平洋保险合作为例

太平洋保险公司在财险方面国内排名第二，在寿险方面排名第三，并进入世界500强。近年来保险业务的规模迅速扩张，复杂程度也翻了几倍，公司进行客户管理时，系统产生的数据也呈几何级数增长，传统的数据分析方法和竖井式架构不仅满足不了基础业务需要，反而造成更高的成本损耗，因此亟须更优的方法和工具。

在此情景下，华为技术公司基于业务实践推出了包括大数据处理平台和大数据基础设施在内的大数据技术应用的解决方案。首先采集财险、寿险、万能险、年金险等内部基础业务数据以及网络在线实时外部数据；其次，将数据导入华为设计的大数据平台进行分析处理；最后，拓展用途不一的多类业务功能，诸如实时计算、日志分析、客户一点通、LBS。目前，太平洋保险公司和华为大数据技术业已进行有效合作，其联合组建的全量数据分析平台可以实行在线实时存储、处理、分析、整合等一系列工作，随时进行线性扩展，以此提高生产效率、降低生产成本。

（四）大数据与精准广告宣传：以永安保险为例

永安保险公司将线上以及线下的媒体资源进行整合，推出了微信保险，加强公司与客户之间的互动过程，将智能手机便捷小巧易携带的特点发挥到极致，运用微信用户分享的特点，扩大宣传宣传力度，为广告的精准投放打下基础。

永安保险公司将保险市场细化，从收入水平、年龄因素、地理因素等方面划分消费者群体。最重要的是永安保险公司考虑到了微信文章碎片式阅读特点，将微信文章推送与消费者较为感兴趣的内容结合，更加贴合消费者日常需求，增强了客户对微信保险的黏度，更利于保险产品广告的推送。

永安保险公司在经营微信保险的过程中通过掌握到的微信用户数据资料

进行分析总结归类，预测消费者在某时间段可能出现的保险需求，根据消费者需求不同量身定制，打破传统保险公司的经营理念，以消费者需求作为起点导向，将微信保险个性化定制的特点表现得淋漓尽致。

四、研究结论与政策建议

（一）研究结论

1. 保险科技驱动保险商业模式创新

全面深化改革以来，金融保险行业改革的步伐快速迈进。许多保险公司已经不仅仅关注于本公司改革，反而越来越重视保险行业之外的风险与挑战，寻求进步创新的机遇。当前，科技创新正在重塑保险业，随着全新商业模式的诞生与大数据、云计算、物联网人工智能、AI 等技术的涌现，不仅提升了客户体验，还能优化后台服务管理程序，保险公司运营成本将持续下降，同时带给消费者更加方便快捷的保险服务。

2. 大数据与保险结合有边界问题

大数据与保险行业的结合并不是一帆风顺的，保险公司在运用大数据进行精准营销的过程中出现了许多亟待解决的问题。虽然在大数据技术应用下的保险精准营销可以更好地满足用户的个性化需求，但大数据往往是通过消费者的互联网使用痕迹、消费或者使用服务时留下的个人信息获取的，个人信息如果没有用于正途，则会对消费者主体造成利益损失。因此发展大数据应用下的精准营销必须保证消费者个人隐私信息不会泄露给第三方或用于违法事项，对个人信息必须安全利用，必须完善我国与个人信息保护相关的法律法规制度。而且，大数据虽然提高了营销的精准程度，使广告可以精准投放到不同的消费者，但过于精准、频率太高的广告投放会造成消费者心中的厌恶感与逆反心理，反而对产品营销不利。如今，消费者对于保险的刻板印象虽然有所转变，但大多数消费者无论广告是否切入其需求，都不会主动购买保险产品，这种情况下基于大数据代表性精准营销会适得其反。

3. 保险精准营销还有较大发展空间

具有海量、多样、高速等特点的大数据正在提升以客户为中心的保险营销的价值内涵。大数据时代将会转变传统保险市场营销领域中包括客户获取、市场竞争、保险服务在内的各种环境条件。未来，在大数据技术的支撑下，对于保险新客户的获取会更加注重对内外部数据的综合应用，收集客户线上的浏览痕迹与线下的活动轨迹等信息，对其进行多方位多维度立体分析，对潜在消费者的需求进行精准定位与透彻分析，将设计的营销方案与消费者需求进行精准对接，实现互联网销售、线下代理全渠道营销的统一全面管理。

（二）政策建议

1. 传统保险公司数字化转型

数字经济已经成为社会发展的重要趋势，在此背景下，传统保险公司数字化转型已刻不容缓。保险业的数字化应用可以进一步优化诸如客户体验的灵活性、独特性等关键特质，同时，这种数字化应用还可以比较顺畅地融入各细分市场之中，不会受到拒绝与反对。但是，在实践中应当注意到，伴随着保险行业的数字化、互联化、场景化、体验化的全方位转型，诸多传统保险公司因为各业务部门和各运营系统数据的不统合、不系统，出现了严重的"数据孤岛"现象，因此难以对保险客户进行完美、精准的客户画像，更难以进行精准的客户洞察和个性化营销。因此传统保险公司数字化转型的进程必须加快速度，解决阻碍保险行业转型的重要因素、产生的痛点问题，尤其是运营思路的过于粗放、单一的营销方式、过高的营销成本、亟待提高的精准营销能力等。传统保险公司更应该依靠全渠道的数据整合能力、多生态圈的数据积累能力以及对人群精准的洞察能力打造数字化精准智能营销的解决方案链条，破解传统保险公司内部数据孤立现状，全方位升级数据管理能力。

2. 保险公司提升保险科技研发能力

在大数据的推动下，保险公司可以扩大对保险科技的资金投入，设计数据时代的智能营销方案，全面洞察客户需求，精准管控营销以打造自有的智能营销闭环生态系统，提升保险公司的精准营销能力。第一，构建新技术的基础架构，充分利用各种科技新技术如遥感技术、GPS定位系统、移动互联网技术等提升公司对于产品及发展方向的前瞻性，打造公司的特色产品服务甚至是发展创新方向，增强保险创新能力。第二，构建创新数据流量分析、处理平台，彻底打通数据孤岛，设计数据连接渠道，通过整合全部的数据分析，实现运营效果的提升以及数据管理能力的提升，并在此基础上将客户需要的数据进行深刻挖掘，实现数据价值最大化，提升精准营销业务方面的指导能力。第三，运用智能营销平台，以多种方式与目标客户进行精准接触。同时通过全链条的结果分析评估，对营销策略方案进行实时的优化调整，全面提高保险公司的营销能力。对于客户标签维度有限和客户画像缺乏精准性的问题，保险公司还可以灵活运用数据管理平台，扩大数据来源提升数据的维度、宽度、广度，并且不断提升消费者画像精确度，以智能个性化的产品以及渠道深度提升精准营销实效。

3. 传统保险积极与保险科技公司开放合作

保险科技公司应当不断提升对于大数据技术的研发以及升级换代，并将大数据技术进行实际应用，以诸如 X-Flow、X-Man 等一类的流量分析平台和智能营销平台，为各保险公司提供最优营销方案以及营销策划服务，进而达到挖掘客户价值、提升服务人员效率和内部运营效率以及提高公司内部运营透明度的目标。在现代保险业中，一部分保险科技公司通过 App、小程序、H5 等方式，运用无痕埋点采集技术，实现了不同场景下的数据采集、资料分析、客户监测工作，以使多维度智能化数据采集成为现实，由此进一步优化了客户开发转化，从而降低了高额开发成本，节约了人工费用。同时，保险行业的适应性较强，大数据技术与保险行业的结合有极大的可能性，因而大数据在保险行业拥有极高的行业价值。大数据技术应用通过多维技术采集，对客户特点进行全面系统的描绘画像，实现了个性化服务，提高了保险产品的再次续期成功概率，保障了营销额度持续性增长。这种智能营销的解决方案提供了以客户需求为核心的智能化服务，将数据作为驱动营销模式创新的推动力，与保险科技公司进行合作节省了本身开发数据平台的资金成本、人力成本，形成资本的良性循环，助力保险业打造精准营销的新场景。

4. 吸纳优秀保险科技人才

由于中国保险行业在人力资源和组织方面面临着数字化人才资源短缺的状况，而且公司高管对新事物即数字化转型的认识不足，对于现有的相关金融保险科技不甚了解，一些保险公司难以紧跟时代发展进程，数字化程度发展缓慢，易于被行业抛弃。因此保险行业需要迅速跟进形势，建立数字化的人才团队。

在对公司内部现有人员进行数字化培训以及将大数据潜移默化用于员工的职业规划绩效等级中的同时，积极从公司的外部挖掘一些具有专业技术的业务能力出众的数字化领域大数据人才，为保险业与大数据技术的结合奠定人才基础。

本章参考文献

［1］包敏. 浅谈大数据时代的保险精准营销［J］. 成功营销, 2018（11）：74；东南大学经济管理学院等. 大数据时代互联网保险营销模式创新研究［J］. 南京财经大学学报, 2016（5）：105－108.

［2］崔静璇. 互联网金融模式下的保险营销［J］. 时代金融, 2018（2）：238.

［3］牛利. 善用大数据做好保险精准营销与风控［N］. 中国保险报, 2017－04－18（5）.

［4］帅玉廷. 数字经济时代互联网保险营销模式创新研究［J］. 数字通信世界, 2018（12）：257.

［5］邬维奇. 大数据营销在保险营销中的应用［J］. 上海保险, 2013（9）：47－51.

［6］杨欣伟. 李睿仙等. 论大数据在精准营销中的应用［J］. 计算机产品与流通, 2018（12）：112.

［7］尹会岩. 陈宝等. 解读平安财险的大数据营销［J］. 中国金融电脑, 2014（4）：73－75.

［8］尹会岩. 论大数据对中国保险业的影响［J］. 保险职业学院学报, 2015（2）：43－46.

［9］张鲁鹍. 微信保险市场营销策略研究［D］. 山东：山东大学, 2018.

［10］张鹏轩. 大数据在保险公司的应用研究［D］. 山东：山东大学, 2018.

［11］张烨平. 人身保险大数据精准营销的前景展望［J］. 中国保险, 2018（7）：16－19.

［12］Cristian Bogdan Onete, Irina Albăstroiu, Răzvan Dina Consumer between Web 2.0 and Web 3.0［A］. 2017.

［13］Tony Boobier, Analytics for insurance（the real business of big data）［A］. 2016.

［14］Yuanya Li, Gail Cook, Oliver Wreford. Online Insurance Consumer Targeting and Lifetime Value Evaluation［A］. 2016.

第八章

区块链改善供应链的合作博弈行为探析 *

一、引言

随着市场竞争的加剧以及人们物质需求的多样化，供应链之间及其内部竞争越来越激烈。由于信息不对称等问题的存在，导致时常出现信用违约等行为。而且，供应链中的信息无法得到充分地共享，无法实现供应链以及企业之间的共赢。区块链在供应链方面的应用，为解决供应链中的痛点提供了重要方案。区块链的去中心化、匿名性、自治性、数据不可篡改性以及开放性等优势，能够很好地解决供应链中存在的问题。区块链的加入使得供应链中的博弈行为发生根本性地转变。基于分布式记账技术的区块链融入供应链中，每一个参与方都能够保存所有交易的完整数据，而且数据是不可篡改的，从而确保了数据的可靠性与真实性，供应链中各方将基于完全信息进行博弈，加上区块链的共识机制以及自动执行智能合约的应用，使得供应链系统中的博弈行为变得更加简单、更加智能。

二、文献综述

供应链为博弈论的研究提供了应用场景，博弈分析的结果同样指导着供应链中参与方的抉择。塔莱扎德和努里·达里安（2016）通过优化定价、存货及产品政策，运用 Stackelberg 博弈分别分析集成供应链与非集成供应链企业间的最优解，得出集成供应链的利润比非集成供应链的利润高 35% 左右。纳古尼等（2017）通过构建供应链网络博弈模型，运用非合作博弈分析方

* ［基金项目］国家社会科学基金项目（编号：19BJY158）"农村金融服务乡村振兴的水平测评、时空分异与改进路径研究"。

［作者简介］许干，1988 年生，男，安徽宿州人，北京联合大学管理学院硕士研究生，研究方向：金融科技、农村金融。张峰，1974 年生，男，山西阳城人，博士，北京联合大学管理学院副院长，教授，硕士生导师，研究方向：农村金融、企业投融资、金融科技。

法，对非线性预算限制下网络安全以及敏感性进行研究，证明了控制纳什均衡条件可以表述为变分不等式问题，并提供了一种新的替代公式和相应的理论。凯万普拉等（2017）通过对汽车制造商绿色实践的研究，提出了一种基于演化博弈和模糊规则相结合的汽车制造商战略行为分析方法。结果显示，当有两类参与者时，包括回收计划的市场领导者和市场解读者，"需求对价格的弹性"和"消费者对市场领导者的忠诚度"等市场要素在决定博弈的稳定策略中起着至关重要的作用。鲍伊和萨尔基斯（2016）通过研究供应商开发投资策略，采用纳什讨价还价博弈、非合作博弈、Stackleberg 博弈、合作博弈等多种不同的博弈模型，对 Cobb-Douglas 生产函数进行分析，结果发现，合作策略在纳什讨价还价模型中无法实现帕累托最优。马兹德和卡拉穆齐安（2014）通过研究供应链中的日程安排以及送货的决策行为，利用合作博弈模型对制造商和供应商进行分析，结果表明，综合决策优于单独行动，共享机制同样重要。张等（2018）在闭环供应链中运用动态博弈理论与委托代理理论研究政府奖惩机制对生产商和回收商的影响，构建了三种决策模型，并依据博弈结果提出建议。高等（2017）通过研究供应链联盟中不确定 Shapley 值的联盟博弈，得出不确定 Shapley 值应用于供应链联盟的利润分配问题是有效的。埃斯马伊里等（2016）通过研究闭环供应链定价分析模型，分别从短期以及长期应用斯塔克尔伯格博弈以及演化博弈角度进行分析，研究发现，年度需求对营销活动和销售价格都很敏感，而销售价格是环保行动的一个函数。不同的政府政策都能激励制造商的环保选择。周曦娇和刘诚（2018）利用斯塔克尔伯格模型分析供应商向零售商提供延期支付的影响，得出商品退化率提高会使供应商和零售商利润减小，一定情况下，延期支付会使双方利润提高。徐鲲等（2017）通过构建电商双边市场供应链融资合作机制，运用演化博弈，对其溢出价值分配进行研究，结果表明，金融机构合作状态下的利差率越高、合作状态下放贷量越多、监督成本越低，双方越倾向于合作；而合作成本对合作概率的影响，取决于溢出价值与投机收益的关系，并结合收益分配模型计算得到收益分配系数的最优解。谭玲玲等（2018）通过构建知识共享模型分析企业公平偏好行为，结果显示，知识溢出效应能够提升零售商的知识共享努力水平。零售商的横向公平偏好和纵向公平偏好对零售商的协同创新效用和制造商的协同创新利润并不总是起到积极作用。高洁

（2018）通过构建三种不同领导者的斯塔克尔伯格博弈模型，分析三种不同渠道权力结构下闭环供应链定价与服务决策，得出三种博弈模型中零售商领导的斯塔克尔伯格博弈模型下的零售价格是最高的。邱国斌（2019）通过构建四种博弈模型对消费者服务损失厌恶心理进行分析，发现斯塔克尔伯格博弈下零售价格最高，而供应链的利润最低，竞合博弈下供应链的利润则最高。鲁馨蔓等（2018）通过竞合博弈分析，采用 Shapley 值分配利润，给出供应链各方的决策依据。程钧谟等（2016）通过构建囚徒困境与重复博弈模型对知识共享成本与收益进行分析，得出企业间知识共享的无限重复博弈发生的条件。汪旭晖和杜航（2017）通过构建三种利润最大化模型对闭环供应链的联合广告投入进行分析，发现联合广告合作能够显著提高闭环供应链渠道运作效率，可实现零供双方的互利共赢。李友东等（2018）通过构建销售返利契约对低碳供应链协调策略进行斯塔克尔伯格博弈分析，研究发现，在一定的条件下，制造商和零售商采用合适的协调契约形式可以获得更多的收益并能提高供应链的整体绩效。李长贵和刘子先（2005）通过对供应链交易成本的信号博弈分析，得出供应链交易成本同时受到风险因素和市场环境的影响。唐喜林和李军（2008）通过对产业集群中供应链跨链联盟的链间合作博弈分析，发现对于联盟或是企业来说，链间合作均比链间竞争收益要大。

在已有的研究基础之上，本章基于区块链技术在供应链中的应用，聚焦于区块链基础架构中共识机制以及智能合约的设计对相关博弈行为的影响，运用合作博弈模型进行博弈分析，优化区块链技术在供应链中的应用。

三、基于区块链的供应链合作博弈

区块链因其具有的去中心化、匿名性、开放性、自治性以及数据不可篡改等优势，与供应链强势结合。传统供应链中由于信息不对称、数据不可靠等风险的存在，使得传统供应链中各参与方无法实现真正的合作博弈，很多学者的研究大多基于合作博弈模型进行传统供应链的分析。区块链的加入能够实现供应链各参与方真正意义上的合作博弈，分布式记账技术确保每一个节点都存有一份完整的交易数据，非对称的密码学技术及授权技术在保证交易透明性的同时，还能实现账户信息的私密性，共识机制的存在成为合作博弈的基础，智能合约的自动执行，极大地简化了交易流程以及降低了交易成本。

（一）场景描述

区块链的出现，能够很好地解决供应链中存在的问题，从而得到广泛地关注。尤其是中小微企业，融资难、融资贵一直阻碍着中小微企业的发展，而作为供应链中重要的参与方，同样遏制着供应链的发展。区块链的加入改变了供应链中各参与方的博弈行为，基于合作博弈模型的分析，生成各类参与方（供应商、生产商、分销商以及零售商）的横向合作博弈的共识机制，以及上下游企业纵向合作博弈的共识机制。在共识机制的设计中，基于当前主流的区块链共识机制使用拜占庭容错（PBFT），能够很好地实现合作博弈的便利化、智能化。

（二）基于区块链的供应链合作博弈——共识机制设计

根据区块链的基础框架结构（见图 8-1），结合供应链的特点，基于横向合作博弈，对其各类参与方（共四类：供应商、生产商、分销商以及零售商）进行分析与设计；依托区块链的基础框架，当供应链的各参与方数据入链，基于共识机制的供应链合作博弈能够在横向企业之间实施更加简单和智能的合作博弈。本章基于行业联盟链，假设某一行业的所有供应商都进入联盟链进行横向合作博弈，以此类推其他下游企业进入相应的横向合作博弈，博弈中的各类参与方每一企业的报价（如供应商的供应价 S 等），都是对其下游企业（如生产商等）报出。当各类参与方进行横向博弈时，在第一轮会产生一个共同知识（报价），只有通过共识机制检验后，才能进入纵向合作博弈，没有通过检验的将重复横向博弈过程，个体报价会做相应的调整，直到生成满足条件的报价。横向合作博弈的结果不仅实现了横向企业之间的均衡，同时也为纵向合作均衡的产生提供了博弈基础。在经过横向合作博弈以及纵向合作博弈后，能够实现供应链中每一个企业以及整个供应链的利润的双赢。本章中假设某一行业所有的供应商、生产商、分销商以及零售商都已上链，所以，供应链中的参与方都将为了存活在这条链中进行合作博弈，实现共赢的目标，一旦某一企业出现不诚实行为，甚至是不合作行为，那么，链上的其他企业不论是基于整个供应链利益，还是自身企业的利益，都会将其挤出供应链。

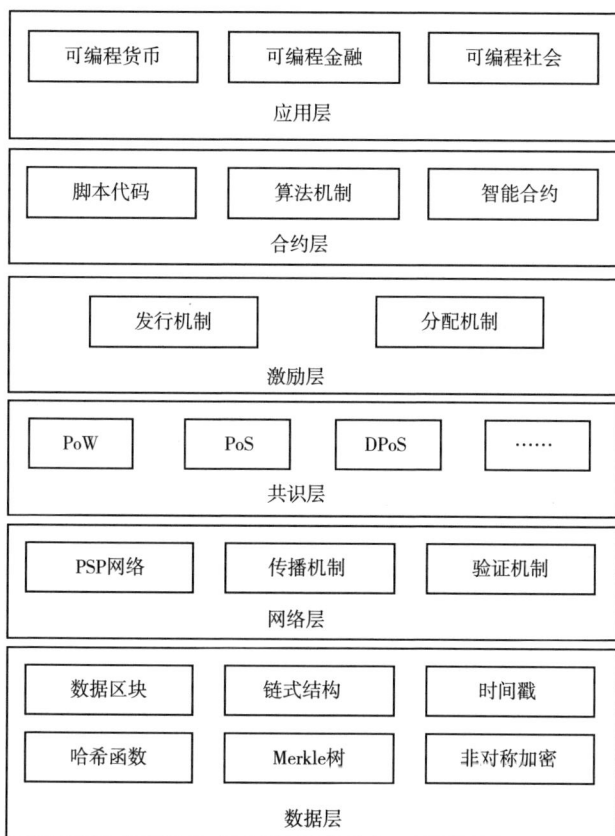

图 8 – 1 区块链的基础框架结构

四、基于区块链的供应链合作博弈模型

根据区块链的特点，结合供应链的结构，本章将基于区块链的供应链合作博弈模型（BSC）定义为一个四元组（主要符号含义见表 8 – 1）：

$$BSC = (S, P, D, R)$$

其中，$S = \{S_1, S_2, \cdots, S_n\}$ 为供应商的报价集，$P = \{P_1, P_2, \cdots, P_m\}$ 为生产商的报价集，$D = \{D_1, D_2, \cdots, D_i\}$，$R = \{R_1, R_2, \cdots, R_j\}$，n 为模型中供应商的个数，m 为模型中生产商的个数，i 为模型中分销商的个数，j 为模型中零售商的数量。

表 8 – 1 　　　　　　　　　　　　　　BSC 中的关键符号含义

符号	含义释义
S	供应商的报价 S = $\{S_1, S_2, \cdots, S_n\}$
$\underline{S}$	供应商报价的下限 $\underline{S}$ = min $\{S_1, S_2, \cdots, S_n\}$
$\overline{S}$	供应商报价的上限 $\overline{S}$ = max $\{S_1, S_2, \cdots, S_n\}$
τ	逆序数
μ	供应商原材料的采购成本 μ = $\{\mu_1, \mu_2, \cdots, \mu_n\}$
$\underline{\mu}$	供应商原材料采购成本的下限 $\underline{\mu}$ = min $\{\mu_1, \mu_2, \cdots, \mu_n\}$
$\overline{\mu}$	供应商原材料采购成本的上限 $\overline{\mu}$ = max $\{\mu_1, \mu_2, \cdots, \mu_n\}$
Median	中位数
P	生产商的报价 P = $\{P_1, P_2, \cdots, P_m\}$
$\underline{P}$	生产商报价的下限 $\underline{P}$ = min $\{P_1, P_2, \cdots, P_m\}$
$\overline{P}$	生产商报价的上限 $\overline{P}$ = max $\{P_1, P_2, \cdots, P_m\}$
D	分销商的报价 D = $\{D_1, D_2, \cdots, D_i\}$
$\underline{D}$	分销商报价的下限 $\underline{D}$ = min $\{D_1, D_2, \cdots, D_i\}$
$\overline{D}$	分销商报价的上限 $\overline{D}$ = max $\{D_1, D_2, \cdots, D_i\}$
Da	分销商的分销量 Da = $\{Da_1, Da_2, \cdots, Da_i\}$
$\underline{Da}$	分销商分销量的下限 $\underline{Da}$ = min $\{Da_1, Da_2, \cdots, Da_i\}$
$\overline{D}a$	分销商分销量的上限 $\overline{D}a$ = max $\{Da_1, Da_2, \cdots, Da_i\}$
R	零售商的零售量 R = $\{R_1, R_2, \cdots, R_j\}$
$\underline{R}$	零售商零售量的下限 $\underline{R}$ = min $\{R_1, R_2, \cdots, R_j\}$
$\overline{R}$	零售商零售量的上限 $\overline{R}$ = max $\{R_1, R_2, \cdots, R_j\}$
Rr	零售商的报价 Rr = $\{Rr_1, Rr_2, \cdots, Rr_j\}$
$\underline{Rr}$	零售商报价的下限 $\underline{Rr}$ = min $\{Rr_1, Rr_2, \cdots, Rr_j\}$
$\overline{R}r$	零售商报价的上限 $\overline{R}r$ = max $\{Rr_1, Rr_2, \cdots, Rr_j\}$
r_w	零售商的销售价格的权重（w = 1, 2, $\cdots$, j）
d_w	分销商的分销渠道估值 D_e 的权重（w, e = 1, 2, $\cdots$, i）
p_w	生产商的技术优势估值 P_t 的权重（w, t = 1, 2, $\cdots$, m）

（一）基于区块链的供应商横向合作博弈模型

供应商的报价集为 S = $\{S_1, S_2, \cdots, S_n\}$，其基于区块链的合作博弈过程如下：通过计算机编程令 $\tau(S_1, S_2, \cdots, S_n)$ = 0，生成一个不存在逆序数的数列 $\{S\}$，则 $\exists S^* = \text{Median}\{S\}$，s. t. $S^* = S_{n/2}$（n = 2k，k ∈ R^+）或 $S^* = S_{(n+1)/2}$（n = 2k，k ∈ R^+），$S^* \in [\underline{S}, \overline{S}]$。另外，供应商的原材料采购成本 μ = $\{\mu_1, \mu_2, \cdots, \mu_n\}$，同样通过计算机编程令 $\tau(\mu_1, \mu_2, \cdots, \mu_n)$ = 0，生成一个不存在逆序数的数列 $\{\mu\}$，则 $\exists \mu^* = \text{Median}\{\mu\}$，s. t. $\mu^* = \mu_{n/2}$（n =

$2k$，$k \in R^+$）或 $\mu^* = \mu_{(n+1)/2}(n = 2k$，$k \in R^+)$，$\mu^* \in [\underline{\mu}, \bar{\mu}]$。

1. 基于区块链的供应商合作博弈报价求解

供应商中的每一个企业都会依据本企业的原材料采购成本，在系统中进行报价（可以设计自动报价机制实现）。基于区块链的共识机制，设定通过协商的阈值为 2/3（实用拜占庭容错算法的系统失败节点数量不得超过全网节点的 1/3，即容错率为 1/3），即只有当 n 个供应商中超过（2n）/3 的接受 S^*，供应商报价才能被通过。此时生成的 S^* 即为供应商报价的均衡解。即所有供应商对第一轮的 S^* 进行投票（通过计算机编程实现智能化），当投票节点数超过（2n）/3 时，就会输出公认的报价，此时为供应商合作博弈的最优解。若是没有通过节点控制，则会重新返回报价阶段，进行第二轮的博弈，直到生成共识的报价结果。

2. 供应商横向博弈的限制条件

供应商在确定 S^* 的同时，还要考虑到原材料采购成本的影响。经过供应商横向合作博弈得到的 μ^*，当 $\mu^* < S^*$ 时，报价结果保持不变。但是，当 $\mu^* > S^*$ 时，供应商将无法通过此轮报价，系统对每一供应商发出报价请求，供应商再次上传报价，共识机制重复第 轮报价程序，直到找出 $S^* - S_{n/2}(n -$ $2k$，$k \in R^+$）或 $S^* = S_{(n+1)/2}(n = 2k$，$k \in R^+)$，$S^* \in [\underline{S}, \bar{S}]$，s. t. $S^* > \mu^*$，且投票通过。基于供应链横向合作博弈模型，在重新报价过程中，一般是上一轮报价低于 S^* 的供应商就会增加报价，因为链上的所有报价高于 S^* 的供应商都知道增加报价对第二轮的结果影响不显著，反而是低于第一轮生成的 S^* 的供应商提高报价会显著提升 S^*。这一行为既有利于第二轮所有的供应商获得较高的报价，同时还激励了上一轮报价较低的供应商增加报价，从而获得更多的利润。

（二）基于区块链的生产商横向合作博弈模型

假设生产商为原材料的价格接受者，即 S^* 为共同知识，因为技术优势的存在，导致供应商生产产品的单位成本有所差异，从而导致生产商的报价不同。生产商的报价集 $P = \{P_1, P_2, \cdots, P_m\}$，通过计算机编程令 $\tau(P_1, P_2, \cdots, P_m) = 0$，生成一个不存在逆序数的数列 $\{P\}$，则 $\exists P^* = \text{Median}$ $\{P\}$，s. t. $P^* = P_{n/2}(n = 2k$，$k \in R^+$）或 $P^* = P_{(n+1)/2}(n = 2k$，$k \in R^+)$，

$P^* \in [\underline{P}, \overline{P}]$。

1. 基于合作博弈的生产商报价求解

生产商在进行报价时，具有技术优势的生产商生产出的产品单位成本相对较低，相应的生产商报价就会偏低（不排除存在高报的现象），没有技术优势或者技术落后的生产商的产品单位成本较高，相应的生产商报价也会偏高。在生产商进行合作博弈时，由于技术优势属于非量化指标，导致链上某一企业并不知道其他企业的报价真实度，对首轮的博弈结果，要么 P^* 被接受，要么 P^* 被拒绝，但是，不论是被接受还是被拒绝都没有伤害到大多数企业的利益，即使是首轮的报价被拒绝，也不会产生负效应，反而会对首轮报价较低的企业产生激励作用。具体的合作博弈流程和供应商的横向合作博弈流程类似，在此就不再赘述。

2. 技术优势上链后的合作博弈

在基于区块链的供应链中加入自动评估机制，对生产商的技术优势进行估值 $P_t(t = 1, 2, \cdots, m)$，从而基于技术优势的估值进行排序，可以找出中位数，然后将此中位数与报价中位数进行比较，前者较大时，生产商报价被拒绝，重新进行协商，若后者较大，则报价被接受，总之，经过数轮博弈后，最终产生出均衡解 P^*。

（三）基于区块链的分销商横向合作博弈模型

假设分销商为生产商报价的价格接受者，即 P^* 为共同知识，但是由于分销商分销渠道优势的存在，每一分销商的分销价格与分销量各不相同。此时，分销商的报价集为 $D = \{D_1, D_2, \cdots, D_i\}$，分销量 $Da = \{Da_1, Da_2, \cdots, Da_i\}$。通过计算机编程令 $\tau(D_1, D_2, \cdots, D_i) = 0$，生成一个没有逆序数的数列 $\{D\}$，则 $\exists D^* = Median\{D\}$，s.t. $D^* = D_i/2(i = 2k, k \in R^+)$ 或 $D^* = D_{(n+1)/2}(n = 2k, k \in R^+)$，$D^* \in [\underline{D}, \overline{D}]$。同样，通过计算机编程令 $\tau(Da_1, Da_2, \cdots, Da_i) = 0$，生成不存在逆序数的数列 $\{Da\}$，则 $\exists Da^* = Median\{Da\}$，s.t. $Da^* = Da_i/2(i = 2k, k \in R^+)$ 或 $Da^* = Da_{(n+1)/2}(n = 2k, k \in R^+)$，$Da^* \in [\underline{Da}, \overline{Da}]$。

1. 基于合作博弈的分销商报价求解

分销商的主要优势就在其分销渠道，分销渠道不同导致分销商报价的差异性，但是，分销渠道依然是非量化指标，无法直接上链，这样就导致分销商的报价在首轮不一定能够达成一致，产生均衡分销报价 D^*。经过多轮的合作博弈，最后产生出均衡的分销商报价 D^*。当然，在此过程中即使出现分销商报价被拒绝，也不会影响到分销商继续进行合作博弈，经过数轮较低报价分销商的加价，实现 D 的均衡解 D^*。

2. 分销渠道上链后的合作博弈模型

分销商的分销渠道上链，在自动评估机制的作用下，系统给出各分销商分销渠道的估值 D_e（$e = 1$，2，…，i），使得分销商的分销渠道成为共同知识，分销商根据其分销渠道的估值进行报价，由于分销渠道的上链，分销商之间可以在基于区块链的供应链系统中进行渠道资源的整合，从而实现多赢的局面。另外，分销渠道上链评估后得到的渠道资源估值，可以作为分销商进行利润分配的依据，每一个分销商依据其分销渠道估值在所有分销渠道估值中所占比重，能够求出自己的均衡利润。

（四）基于区块链的零售商横向合作博弈模型

零售商的优势资源为其客户管理。零售商客户管理的好坏，直接影响整个供应链价值的实现。但是，客户关系管理并不是直接影响价值的实现，同时还是一个非量化指标，所以，零售商的客户管理应当进入自动评估机制模型。这样一来，可以在很大程度上减少报价的次数，也为零售商间利润分配提供了依据。假设零售商为分销商报价的价格接受者，即 D^* 为共同知识。通过计算机编程令 $\tau(R_1, R_2, \cdots, R_j) = 0$，生成不含逆序数的数列 $\{R\}$，则 $\exists R^* \in \text{Median}\{R\}$，s. t. $R^* = R_{i/2}$（$i = 2k$，$k \in R^+$）或 $R^* = R_{(i+1)/2}$（$i = 2k$，$k \in R^+$），$R^* \in [\underline{R}, \overline{R}]$。同理，通过计算机编程令 $\tau(Rr_1, Rr_2, \cdots, Rr_j) = 0$，生成一个没有逆序数的数列 $\{Rr\}$，则 $\exists Rr^* \in \text{Median}\{Rr\}$，s. t. $Rr^* = Rr_{i/2}$（$i = 2k$，$k \in R^+$）或 $Rr^* = Rr_{(n+1)/2}$（$i = 2k$，$k \in R^+$），$Rr^* \in [\underline{Rr}, \overline{Rr}]$。博弈过程如同以上任意一类参与方的合作博弈过程，经过数轮的合作博弈，可以得到零售商的均衡零售量与均衡销售价格。

五、基于区块链的整个供应链系统的合作博弈模型

供应链系统中既存在横向合作博弈，同时还存在纵向合作博弈（见

图 8－2）。往往是横向合作博弈与纵向合作博弈之间是一种相辅相成的关系。横向合作博弈的结果影响着纵向合作博弈的行为，反过来，纵向合作博弈的结果同样影响着横向合作博弈的行为。基于区块链的整个供应链系统的合作博弈是建立在整个供应链利益最大化的基础之上，基于区块链的去中心化、匿名性、开放性、自治性以及数据不可篡改等优势，运用分布式记账技术和智能合约，能够在很大程度上解决传统供应链中存在的信息不对称、货物安全、信用风险以及经营风险等问题，为供应链健康发展提供了强有力的技术支撑。

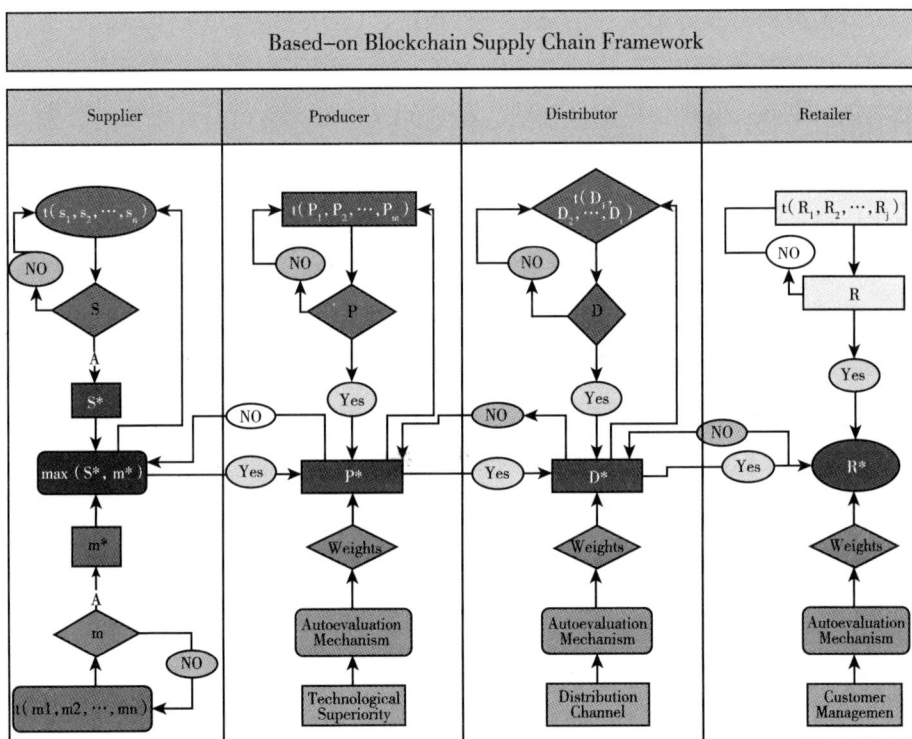

图 8－2　基于区块链的供应链框架

在横向合作博弈模型中，供应商得到了均衡供应商报价，以及均衡原材料采购成本；生产商得到了均衡生产商报价；分销商得到了均衡分销商报价和均衡分销量；最后，零售商得到了均衡零售价格以及均衡零售量。而它们得到的均衡解并没有考虑上下游企业的影响，恰恰上下游企业的博弈行为能够改变当前的均衡状况。供应链的价值实现是由零售商来直接完成的，所以零售商的销售数据才是上游三方博弈的基础，离开这一基础，博弈结果就会出现偏差，无法实现整个供应链以及每一参与方的利润双赢的局面。基于区块链的供应链系统中交易数据是公开透明的，其无法被篡改（51% 攻击现象除外），为供应链中的各参与方提供了真实可靠且实时的交易数据，确保各参与方能够实时更新策略，但是有一个大前提是不会变的，那就是合作博弈的基础地位。

模型中的共同知识为最终零售商的零售量，基于这一数据进行合作博弈分析。均衡状态下，当零售商接受分销商报价 D^* 时，$R^* = Da^*$，每一个零售商的权重为：

$$r_j = \frac{Rr_j}{\sum\limits_{k=1}^{j} Rr_k} \quad (j = 1, 2, \cdots, \sum\limits_{q=1}^{j} r_q = 1)$$

从而每一个零售商的均衡零售量为：

$$R_j^* = r_j \times Da^*$$

进而得到每一个零售商的均衡利润为：

$$\pi_j^* = (Rr_j - D^*) \times R_j^* \quad (j = 1, 2, \cdots)$$

若此时分销商同样接受生产商报价 P^* 时，每一个分销商的权重为：

$$d_i = \frac{De_i}{\sum\limits_{k=1}^{i} De_k} \quad (i = 1, 2, \cdots, \sum\limits_{f=1}^{i} d_f = 1)$$

从而得到每一分销商的均衡利润为：

$$\pi_i = (D^* - P^*) \times d_i^* \quad (i = 1, 2, \cdots)$$

生产商接受供应商报价 S^* 时，根据技术优势的估值 P_t 可以得到每一生产商的权重为：

$$p_w = \frac{P_t}{\sum\limits_{t=1}^{m} P_{tl}} \quad (w, t = 1, 2, \cdots, m, w = t, \sum\limits_{b=1}^{m} p_w = 1)$$

此时，每一生产商的均衡利润为：

$$\pi_m = (P^* - S^*) \times p_m \quad (m = 1, 2, \cdots)$$

从而可得每一供应商的均衡利润为：

$$\pi_n = (S^* - u_n) \times R^* \quad (n = 1, 2, \cdots)$$

而当分销商报价没有得到零售商的认可，即 $D^* \geqslant Rr^*$，系统就会反馈给分销商，分销商重新进入报价的横向合作博弈循环，此时拥有三个控制条件，除了生产商报价和分销渠道估值外，增加一个零售商报价，最终产生 D^* 以及 Da^* 的结果应当满足 $D^* = \text{Median} \{D\}$，$Da^* = \text{Median} \{Da\}$，$P^* < D^* < Rr^*$，并且新生成的纵向合作博弈均衡解都通过了共识机制的检验。

六、结论

区块链技术的自身优势必然被越来越多的行业所采用，区块链天然地匹配供应链，能够完美地解决供应链中存在的诸多问题，尤以信息不对称引发的一系列问题。区块链的去中心化、数据不可篡改以及其共识机制为供应链中各参与方提供了不依赖任何人的信任机制，把信任交予极低误差率的计算机协议。通过上文的分析可以看出，区块链的加入能够明显地简化供应链中各方的合作博弈行为。不论是横向合作，还是纵向合作，基于区块链的共识机制可以在整体利益最大化的前提下，根据供应链上下游企业按照其自身在整个供应链价值实现中所作贡献大小以及利益诉求，实现利益的合理分配。同时，供应链上下游企业利用区块链自身优势，通过了解其他企业的运营情况，适时调整智能合约相关协议，激励特定环节的经营行为，实现供应链整体的利益增加，进而达成每一方利益的增加。

当然，作为一项新技术，区块链必然存在一些弊端，比如吞吐量、效率等问题，以及监管问题，都给政府和企业带来了挑战，对此，可以从以下几个方面解决：一是，在技术层面上，加强我国区块链技术人才的培养，研发更加成熟的区块链应用；二是，在应用层面上，积极进行"区块链+"的场景设计以及加速区块链应用场景的落地；三是，加强行业应用于区块链专业服务机构的合作，实现问题导向的个性化定制区块链应用。

本章基于区块链技术设计了供应链基本框架，但仅从理论层面对其进行了博弈分析的论证，并未涉及具体的应用场景，也未进行相应的数值分析，或是仿真分析，这将是作者下一步需要解决的问题。

本章参考文献

［1］程钧谟，王琪琪，宋美玲等. 基于成本收益的供应链企业间知识共享重复博弈分析［J］. 统计与决策，2016（1）.

［2］高洁. 不同渠道权利结构下闭环供应链定价与服务决策［J］. 统计与决策，2018（18）.

［3］李长贵，刘子先. 基于信号博弈的供应链交易成本研究［J］. 科学学与科学技术管理，2005（9）.

［4］李友东，夏良杰，王锋正. 基于销售返利契约的低碳供应链协调策略研究［J］. 管理评论，2018，30（9）.

［5］鲁馨蔓，王君，姚松等. 基于竞合博弈的云服务供应链合作与技术创新［J］. 软科学，2018，32（11）.

［6］邱国斌. 基于服务损失厌恶消费者的多渠道供应链博弈研究［J］. 系统科学学报，2019，27（1）.

［7］谭玲玲，李倩，喻冬冬. 公平关切下供应链协同创新中的知识共享行为博弈［J］. 工业技术经济，2018（10）.

［8］唐喜林，李军. 集群中供应链跨链联盟的链间合作博弈分析［J］. 科技进步与对策，2008，25（5）.

［9］汪旭晖，杜航. 基于联合广告投入的闭环供应链博弈策略［J］. 系统工程，2017，35（5）.

［10］徐鲲，丁慧平，鲍新中. 电商双边市场供应链融资的合作机制构建与溢出价值分配［J］. 系统管理学报，2017，26（5）.

［11］周曦娇，刘诚. 延期支付下的供应链博弈模型［J］. 统计与决策，2018（1）.

［12］Bai C. and Sarkis J. "Supplier development investment strategies：a. game theoretic evaluation"［J］. Ann Oper Res，2016（240）：583－615.

［13］Esmaeili M.，et al. "Using game theory for analysing pricing models in closedloop supply chain from short-and long-term perspectives"［J］. International Journal of Production Research，2016，54（7）：2152－2169.

［14］Gao J.，et al. "Uncertain Shapley value of coalitional game with application to supply chain alliance" [J]. Applied Soft Computing, 2017, 56: 551 – 556.

[15] Keivanpoura S. , et al. "Automobile manufacturers' strategic choice in applying green practices: joint application of evolutionary game theory and fuzzy rule-based approach" [J]. International Journal of Production Research, 2017, 55 (5): 1312 – 1335.

[16] Mazdeh M. and Karamouzian A. "Evaluating strategic issues in supply chain scheduling using game theory" [J]. International Journal of Production Research, 2014, 52 (23): 7100 – 7113.

[17] Nagurney A. and Daniele P. "Shukla S. A supply chain network game theory model of cybersecurity investments with nonlinear budget constraints" [J]. Ann Oper Res, 2017, 248: 405 – 427.

[18] Taleizadeh A. and Noori-daryan M. "Pricing, inventory and production policies in a supply chain of pharmacological products with rework process: a game theoretic approach" [J]. Oper Res Int J, 2016, 16: 89 – 115.

[19] Zhang X. , et al. , "Government Reward-Penalty Mechanism in Closed-Loop Supply Chain Based on Dynamics Game Theory" [J]. Discrete Dynamics in Nature and Society, Volume 2018, Article ID 3541823, 10 pages.

|第九章|
科技金融影响制造业自主
创新能力的实证研究 *

一、引言和文献综述

科技金融即"科技 + 金融",是将传统的金融企业用技术进行改造,其理念是将第三方支付、人工智能、ABS 云、大数据、网络贷款、电子银行、区块链、置投顾问等科技创新全面运用于金融业的发展当中,从涵盖面上来看,科技金融是互联网金融的延伸(刘园等,2018)。经济的发展需要科技作为推动力,而科技产业的发展更是需要金融业作为平台。我国经济已经步入新常态,要素和投资驱动经济发展的时代已成为过去,创新驱动经济发展的时代已来临。我国的制造业转型升级正处于关键时期,制造业创新的核心是企业创新,然而企业创新往往与高风险相伴而行,将企业创新与金融进行有效的融合有助于降低企业风险,助推企业创新。我国制造业在生产设备、核心基础配件等方面与制造业强国还存在着很大的差距,大多数中国工厂仍然集中在组装加工阶段,并没有掌握核心材料、工艺以及设备的制造,这就是尽管中国制造业的增加值占世界比重在逐步加大,但是中国制造业仍被认为"大而不强"的原因。因此"技术与创新"成了中国制造业转型升级过程中最需要注入的元素。科技金融作为我国社会发展到特定阶段的产物,具有我国的民族特色,在当今新一轮科技革命来袭,国际形势竞争激烈的背景下,逐渐成了我国建设创新型国家的重要战略举措。在这样的背景下研究科技金融对制造业自主创新能力的影响,可为制造业提升自身的自主创新能力提供新的思路和视角,也可为国家和地方政府支持制造业的转型升级提供新的视角和思路。

---

* [作者简介]路启梅,女,1996 年 2 月生,安徽阜阳人,安徽财经大学 18 级硕士研究生,主要研究方向:金融科技、科技金融。

技术与金融结合进而提高企业主体的创新能力的相关研究一直都是国内外学者的研究热点。通过对相关文献进行整理发现国内外学者的侧重点有所不同。国外学者们对金融与技术创新的相关研究出现与国内相比较早，熊彼特早在1911年他的《经济发展理论》一书中就提出了金融体系可通过一些渠道影响科技创新，这些渠道包括提供资金、选择合作项目、分散风险等方式。有学者通过对金融市场与科技创新的关系进行研究发现：金融体系中的风险投资对科技创新起正向推动作用（King Robert，1993），研究结果为科技创新与金融体系之间的联系奠定了理论基础。此后，越来越多的学者开始从金融角度研究企业的创新。多位学者均通过研究得到：金融市场的发展和科技与金融的结合有助于企业的创新（Janes B. Ang，2009；Reza H. Chowdhury，2012；Amore M. D.，2013；Po-Hsuan Hsu，2014）。

国内学者们对科技金融与制造业创新的相关研究大多集中在"科技金融与科技创新"与"科技金融与高技术产业或中小企业"两个方面。在"科技金融与科技创新"方面，赵稚薇（2012）最早研究得到政策性科技投入对科技创新有着正向显著影响。和瑞亚（2014）等进一步提出：证券市场与信贷市场在长期内对科技创新的成果转化与阶段转化均存在正向影响。而在"科技金融与高技术产业或中小企业"方面，黄继忠（2017）等以高技术产业为研究对象，运用面板数据对科技金融与创新绩效的影响进行实证研究，得出科技金融的发展能够提高高技术产业的创新效率的结论。李瑞晶（2017）则以中小企业为研究对象，研究得到科技金融投入力度越大的城市，其中小企业的创新发展能力越强。范修礼（2018）在前人研究的基础上提出：产业结构合理化时期与产业结构高级化时期，科技金融投入对产业结构升级的影响程度不同，前者科技金融的投入中，政府投入与企业自有投入占主导地位，而后者，企业自有投入与金融市场融资占主导地位。

综观上述文献，不难发现国内外学者一方面证实了金融可促进企业主体的科技创新，另一方面从理论和实证层面研究得出科技金融可提升中小企业和高新技术企业的创新发展。但是从科技金融角度，在长期和短期层面探究科技金融的投入对制造业自主创新的支持研究几乎为空白。然而，科技金融服务于实体经济的覆盖面越来越广，实体经济对于互联网科技金融的依托越来越普遍，对于制造业正处于转型升级关键时期的我国，探究科技金融是否能够影响制造业自主创新能力，受到怎样的影响，长期和短期有何不同？这些问题能够帮助经济更好地"脱虚向实"，使得虚拟经济能更好地服务于实体经济。本章基于此目的，运用实证分析与理论分析相结合的方法，从长期和短期两个层面分别探究各项科技金融的投入对制造业自主创新能力的短期影响和长期影响，研究结果可为提升制造业自主创新能力、大力助推中国制造业的转型升级提供理论支持，为实现"中国制造2025"、成为制造业强国的计划添砖加瓦。

二、科技金融影响制造业自主创新能力的机制研究

（一）科技金融通过影响科技创新进而影响制造业自主创新能力

通过本章第二部分可知，科技金融的发展能够正向促进各主体进行技术创新，而已有研究表明技术创新能够正向促进制造业转型升级，引领制造业高质量发展。赵玉林等（2018）实证研究了制度和技术对制造业创新增长的作用效果，研究发现技术创新没有门槛效应，对于一般性行业和高技术行业，技术对制造业创新增长的贡献较大。季良玉（2018）将融资约束考虑其中，运用多种计量方法研究得出：科技创新的确能够加快制造业向结构高度化发展。赵玉林等（2019）通过理论结合实证进一步研究得出：技术创新可直接正向促进制造业进行转型升级。制造业的转型升级是指制造业由劳动密集型企业转向技术密集型企业，即由原来的要素和投资驱动，转变为技术驱动，这些是建立在制造业具有自主创新的基础上，因此可以得出结论：科技金融通过影响技术创新进而影响制造业自主创新能力。

（二）科技金融的发展使得制造业与信息业有效融合，为制造业自主创新提供机会和思路

科技金融即将大数据、云计算、人工智能等技术运用于金融行业，其以金融作为主体，逐渐改变了制造业的生产和发展模式。一方面，随着互联网科技的发展，制造业与信息业的融合越来越紧密，大数据、物联网、人工智能等技术也越来越能全面地为实体经济服务，如生产加工一体化、数据处理分析信息化等大大节约了制造业的生产加工和交易成本，提高了制造业的产品质量，为制造业自主创新带来实质性的突破。另一方面，大多数企业尤其

是中小创新型企业有着较强的自主创新意识，但是缺乏融资渠道，互联网科技平台的发展和成熟为这些企业提供了新型融资模式，比如订单和项目融资、企业网络平台小额贷款等，为资本密集型和技术密集型制造业带来了发展资金，为其自主创新创造了条件。

三、变量的选取和模型的构建

（一）指标的选取及数据来源

1. 科技金融指标的选取及数据来源

为了更全面地描述科技金融投入的本质，本章从科技金融的资源、经费、融资、产出四个方面分别选取指标来描述科技金融投入（张芷若等，2018）。其中科技金融资源用"各省 R&D 人员全时当量"来衡量；科技金融经费用"地方财政科技支出""企业自有资金""各省 R&D 经费内部支出总额"三者综合来衡量；科技金融融资用"各省科技金融贷款"来衡量；科技金融产出用"技术市场成交额"与"国内发明专利受理数"两者综合来衡量。

由于科技金融的投入与产出之间存在着滞后问题，因此本章选用中国 30 个省、自治区、直辖市（不含西藏、新疆以及港澳台地区）2008～2016 年的面板数据，对科技金融的各项投入如何影响中国制造业自主创新进行实证分析。相关数据来自中国科技统计年鉴和国家统计局官网。其中，由于各省份科技金融贷款数自 2008 年之后就不再公布，本章利用"R&D 经费内部支出中其他资金"代替，企业自有资金用"R&D 经费内部支出中企业部分资金"代替，数据来自中国科技统计年鉴。本章个别缺失的数据，酌情选用均值替换法、热卡填充法进行插补。

2. 制造业自主创新能力指标的选取及数据来源

制造业创新能力可分为两个方面，一是对外来技术引进吸收而进行的模仿创新，二是有自己的研发基金和研发团队的自主创新，已有研究表明：与模仿创新能力相比，制造业大力推进自身的自主创新能力更能激发制造业的创新能力，是制造业结构升级的必然趋势。因此，本章只对制造业的自主创新能力进行研究。

李兵等（2016）认为，专利数虽然并不能等同于创新，但是专利制度本身是可以激发企业的创新能力的，在此研究的基础上，本章借鉴孙伍琴等（2013）的做法，制造业自主创新能力指标采用各地区规上企业的有效发明专利数来衡量，相关数据来源于中国科技统计年鉴。

（二）模型构建

（1）本章首先建立静态面板数据模型，对制造业创新与科技金融投入之间的短期关系进行实证研究。建立模型如下式：

$$\ln q_{it} = C + A_1 \ln a_{it} + A_2 \ln b_{it} + A_3 \ln c_{it} + A_4 \ln d_{it} + A_5 \ln e_{it} + A_6 \ln f_{it} + A_7 \ln g_{it} + \mu_{it}$$

模型中，q 为规上企业的有效发明专利数，表示制造业自主创新能力；a 为各省 R&D 人员全时当量，代表科技资源；b 为地方财政科技支出，c 为各省 R&D 经费支出总额、d 为企业自有资金，b、c、d 代表科技经费；f 为各省科技金融贷款数，代表科技融资；e 为技术市场成交额，g 为国内发明专利受理数，e、g 代表科技产出。i 代表不同的个体数，即省份，t 表示不同的时间点，即年份，其中 i = 1，2，3，…，30，t = 1，2，3，…，9，u_{it} 表示不同截面之间个体的随机扰动项，具有相互独立的特征。

（2）静态面板模型只能描述解释变量与被解释变量之间的短期相关关系，而从实践可知，制造业自主创新能力受自身惯性的影响，科技金融的投入对制造业自主创新是否存在长期的影响有待考究。因此本章在建立静态面板模型的研究基础上，将原始的解释变量都保留，然后再引入被解释变量的前一期滞后值，重新建立动态面板模型如下式：

$$\ln q_{it} = C' + A_0' \ln q_{it-1} + A_1' \ln a_{it} + A_2' \ln b_{it} + A_3' \ln c_{it} + A_4' \ln d_{it}$$
$$+ A_5' \ln e_{it} + A_6' \ln f_{it} + A_7' \ln g_{it} + \mu_{it}'$$

模型中各符号的意义与静态面板数据相同，q_{it-1} 表示被解释变量的前一期滞后值。

四、实证检验

（一）面板数据的单位检验及结果分析

所有的变量均在 1% 的水平下通过了显著性检验，检验结果如表 9 - 1 所示。

表 9 – 1 各变量的单位根检验

变量	LLC 检验（含截距和趋势项）	ADF 检验（含截距项和趋势项）
lnq	– 17. 7398 ***	33. 7361 ***
lna	– 27. 3927 ***	10. 9840 ***
lnb	– 11. 4575 ***	7. 9234 ***
lnc	– 6. 4130 ***	20. 0783 ***
lnd	– 6. 0215 ***	19. 9834 ***
lne	– 16. 7581 ***	3. 5049 ***
lnf	– 8. 0273 ***	39. 1941 ***
lng	– 10. 9493 ***	16. 6079 ***

注：*** 表示在 1% 的水平上显著。

（二）面板数据模型选择

本章第一步对模型进行 F 检验，由检验结果确定真实模型应选择建立变截距模型。第二步用豪斯曼检验，确定真实模型应选用变截距效应模型。检验结果如表 9 – 2 所示。

表 9 – 2 面板模型类型选择检验

检验方法	假设条件	统计量	P 值
F 检验	原假设：真实模型为混合面板模型 备择假设：真实模型为变截距模型	15. 98	0. 0000
豪斯曼检验	原假设：真实模型为随机效应模型 备择假设：真实模型为固定效应模型	28. 65	0. 0000

（三）静态面板模型估计及结果分析

由以上模型选择方法确定了本章面板数据模型应建立固定效应模型，为得到最准确的估计结果，本章分别建立个体固定效应模型（变个体截距）、时点固定效应模型（变时间截距）、与个体时点双固定效应模型（个体、时间截距都变），由回归结果确定最优模型。得到回归结果如表 9 – 3 所示。

表9-3　　　　　　　　　　静态面板模型参数回归结果

变量	时点固定效应模型			个体固定效应模型			个体时点固定效应模型		
	系数	z值	概率	系数	z值	概率	系数	t值	概率
lna	0.5584452	3.25	0.001	1.200289	4.74	0.000	0.2719616	0.86	0.397
lnb	0.1562428	1.77	0.077	0.1347724	1.31	0.190	0.2062687	2.22	0.035
lnc	0.3364711	4.21	0.000	0.3391581	4.08	0.000	0.2669998	4.15	0.000
lnd	-0.0683982	-1.66	0.096	-0.063123	-4.42	0.000	-0.061342	-1.67	0.105
lne	0.0109158	0.27	0.784	-0.034420	-0.50	0.616	-0.025961	-0.62	0.540
lnf	0.0934253	1.73	0.084	0.0779258	1.17	0.243	0.0338659	0.55	0.586
lng	0.1938663	2.91	0.004	0.2132302	2.56	0.011	0.0556122	0.91	0.373
R-sq　Within	0.9198			0.8897			0.9257		
between	0.9221			1.0000			0.9018		
overall	0.9194			0.9756			0.8120		
整体检验P值	0.0000			0.0000			0.0000		

由以上结果可知，三个模型总体的拟合优度R-sq都在0.9以上，说明本章选用固定面板模型是合适的，选择的解释变量都可以很好地诠释被解释变量。再比较二个模型的变量显著性与变量总体显著个数可知：在时点固定效应模型中，除金融科技成交额（0.784）外，其余各变量均在10%的显著性水平下显著，选择时点固定效应模型为最优模型。因此，本章以下部分均针对时点固定效应模型来分析。

由时点固定效应的回归结果可知：除企业自有资金外，其余所有变量的系数均为正，说明总体上来说，科技金融对制造业自主创新存在正向的影响。再比较每个变量的系数发现：R&D人员全时当量、R&D经费内部支出总额系数较大，分别为0.5584452、0.3364711，政府资金、国内有效发明专利数系数大小次之，分别为0.1562428、0.1938663，而金融科技贷款的系数最小，仅为0.0934253，这说明科技金融投入对制造业自主创新的影响主要集中在科技金融资源与科技金融产出两个方面，国家可通过加大科技金融资源与产出的力度来支持制造业自主创新。科技金融经费与融资对中国制造业自主创新能力的影响较小，这进一步体现出国家在促进制造业转型升级的路径中，科技金融融资与资金支持方面存在着很大的进步空间。因此，如何进一步加大对科技金融方面的资金支持与如何减小科技金融融资的难度，从而进一步助推制造业自主创新的发展，是政府需要解决的难题之一。

（四）动态面板模型估计及结果分析

由于本章使用的是时点固定效应模型，即被解释变量是随着时间的变化而变化的，这就说明需要建立动态面板数据模型来验证被解释变量与解释变量之间的动态变化的关系以及变化的调整过程。动态面板数据模型具有估计内生性的特征，原因在于随机误差项中的部分项与被解释变量的滞后项之间可能存在相关性，动态面板 GMM 模型选择被解释变量的滞后项作为工具变量，可有效消除以上所说的内生性问题。本章在静态面板数据模型中，引入被解释变量 q 的前一期滞后值 q_{it-1}，采用一阶差分 GMM 法，估计所得结果如表 9 - 4 所示。

表 9 - 4　　　　　　　　　　动态面板回归结果

变量	回系数	z 值	P
lnq_{t-1}	0. 4325929	4. 67	0. 000
lna	0. 1395938	0. 60	0. 549
lnb	- 0. 0103958	- 0. 14	0. 885
lnc	0. 1035468	2. 23	0. 026
lnd	- 0. 0844566	- 5. 43	0. 000
lne	0. 0731421	1. 99	0. 046
lnf	0. 1195991	2. 97	0. 003
lng	0. 2081593	3. 02	0. 003
Wald 检验值		3632. 56	
P 值		0. 0000	

由以上结果可知，模型在1%的显著性水平下通过了总体显著性检验，说明本章建立动态面板数据模型是合理的。

从被解释变量的角度来看，制造业自主创新的滞后期回归结果显著为正，说明将制造业自主创新的前一期滞后项引入模型建立动态面板回归模型的做法是合理的，其系数为 0. 4325929，在所有变量中占主导值，说明制造业自主创新能力自身存在的惯性远大于其他因素对其的影响，即自主创新基础较强的制造业，其自主创新能力会更强，自主创新基础较弱的制造业，其自主创新能力会越弱，这是因为，创新能力较强的企业，其科技成果转化能力和产业化能力越强，公司发展更有前景，能够吸引更多的投融资，这种正向的结果又会反过来进一步促进制造业自主创新的能力。而自主创新能力不强的制造业会错失很多研发人员和资金，造成其发展受限，自主创新能力发展受限（张玉喜等，2015）。

从解释变量的角度来看，在长期，各省份 R&D 人员全时当量、地方财政科技支出系数不显著，说明在长期，两变量对制造业自主创新的能力没有显著影响，两者在支持制造业自主创新的发展上还有很大的空间。而其余变量均在 5% 的显著性水平下通过了显著性检验，其中，技术市场成交额与国内发明专利受理数系数相对大一些，分别为 0.1195991、0.2081593，其他变量系数都非常小，说明技术市场成交额与国内发明专利数在长期对制造业自主创新能力有着正向促进作用。动态回归结果可总结为：长期水平下，制造业自主创新能力主要受其自身惯性的影响，科技金融对制造业自主创新能力的影响较弱，且主要体现在科技金融产出方面，而科技金融融资、经费、资源的影响微乎其微，这是因为在长期，制造业自主创新的能力受地区经济发展水平、文化水平等多个方面的影响。结果可为国家长期支持制造业自主创新的能力提供思路和启示。

（五）稳健性检验

为证明本章的实证结果是稳定的，不是偶然出现的现象，本章从如下两个角度对全样本（表 9 - 3 和表 9 - 4 中的结果）进行稳健性检验。

1. 稳健性检验 I：数据替换角度

本章将变量 a："R&D 人员全时当量"替换为"互联网上网人数"，进行静态面板数据回归（与表 9 - 3 一致，采用时点固定效应模型），观察各变量的显著性和回归系数的符号，检验计量数据的稳健性，得到结果如表 9 - 5 第（1）列所示。由表中结果可知，新的回归结果在变量的显著性、变量系数的符号上与表 9 - 3 基本一致，模型整体的拟合优度也相差不多，说明本章的估计结果是稳定的。

2. 稳健性检验 II：更换计量方法角度

对短面板数据进行动态面板包括差分 GMM 估计方法和系统 GMM 估计方法，本章采用一阶系统 GMM 估计方法对动态面板模型再次进行回归，得到结果如表 9 - 5 第（2）列所示。由表中结果可知，回归结果是稳健的。

表 9 – 5 稳健性检验的结果

变量	数据替换（替换变量 a）	更换计量方法（一阶系统 GMM）
	模型（1）	模型（2）
lnq_{t-1}	—	0.5004937 ***
		(5.84)
lna	0.0738257 *	0.5721807 ***
	(1.91)	(2.85)
lnb	0.3209656 ***	− 0.0745049
	(3.22)	(− 1.23)
lnc	0.3774041 ***	0.0867651 **
	(3.70)	(2.02)
lnd	− 0.0279443 ***	− 0.0670314 ***
	(− 2.78)	(− 5.05)
lne	0.0073304	0.0004177
	(0.10)	(0.01)
lnf	0.1012995 *	0.1059741 ***
	(1.55)	(2.60)
lng	0.4549782 ***	0.1560398 ***
	(7.05)	(2.22)
R-squared	0.9706	—
Wald	—	5811.50 ***

注：①第（1）、（2）列回归系数中（　）内数字为对应的参数标准误差值。②＊、＊＊、＊＊＊分别对应在 10%、5%、1% 的水平上显著。

五、结论和政策建议

（一）结论

本章运用 2008～2017 年的面板数据，首先建立静态面板数据模型，分析变量间的短期关系，再建立动态面板数据模型，分析变量间的长期相关关系，运用计量方法实证分析科技金融投入对中国制造业自主创新能力的影响，得到结论如下：

（1）在短期，总体上看，科技金融的各项投入与制造业自主创新能力之间存在显著的正向相关关系，即科技金融的投入能够正向促进制造业自主创新的能力。从各变量具体来看，科技金融投入对制造业自主创新的影响主要集中在科技金融资源与科技金融产出方面，科技金融经费与融资对制造业自主创新能力的影响较小。

（2）在长期，制造业自主创新能力受科技金融的影响比较弱，且主要是受到科技金融产出的影响，影响系数总共为 0.3277584，科技金融资源、经费、融资的影响微乎其微。而长期制造业自主创新能力主要是受自身惯性的影响，影响系数达 0.4325929，比科技金融各项投入总和还要高。这是因为在长期，制造业自主创新的能力不仅受科技金融投入的影响，还受到地区经济发展水平、文化水平等多个方面的影响。

（二）政策建议

本章针对以上研究结果，对提高我国制造业自主创新能力，助推我国制造业转型升级提出以下相关建议。

1. 加大对科技金融资金的投入

本章研究结果表明在制造业自主创新能力的提升上，科技金融融资和经费领域存在着很大的进步空间，因此应加大对科技金融资金的投入在政府层面，一方面可以加大在 R&D 资金上的投资力度，另一方面可以降低制造业税收，建立多种税收优惠制度，比如税收的比例与企业的创新绩效成反比等，鼓励制造业积极营造产学研相结合的外部环境；在企业层面，不仅要注重技术创新，更要注重制度创新，找到研发资金与其他资金的最优比例，充分利用有限的资源，创新运行模式，拓展新型融资渠道，吸引民间投资对科技企业的青睐。

2. 完善科技银行金融融资的制度与体系，大力推进科技银行的成立和发展

不能因为本章结果中科技金融贷款对制造业自主创新能力的影响系数较小，就忽视其重要性，而是要向美国学习，发挥科技银行在企业融资方面的重要作用。一方面要大力推进科技银行的成立和发展，尝试在各省建立科技银行营业网点；另一方面可鼓励商业银行开发与科技相关的金融产品，建立多种多样的以科技金融为主体的金融体系。

3. 鼓励并支持企业实现科技成果产业化

由本章研究结果可知，无论在长期还是在短期，科技产出对制造业自主创新的影响效果都是比较显著的，因此政府应加大政策和财政支持，鼓励和

支持科技研发成果进行后续的研究、实验和制作，最后投入市场转化为有效的生产力，营造健康有序的市场环境，提高企业主体科技成果产业化的转化率。

本章参考文献

［1］刘园，郑忱阳，江萍，刘超. 金融科技有助于提高实体经济的投资效率吗？［J］. 首都经济贸易大学学报，2018，20（6）：22－33.

［2］赵稚薇. 科技金融对技术创新的作用效率研究［J］. 金融经济，2012（20）：67－69.

［3］和瑞亚，张玉喜. 中国科技金融对科技创新贡献的动态综合估计研究——基于自向量回归模型的实证分析［J］. 科技管理研究，2014，34（8）：60－64.

［4］黄继忠，黎明. 科技金融对创新效率影响的实证研究——基于中国高技术产业省级面板数据［J］. 工业技术经济，2017，36（9）：17－23.

［5］李瑞晶，李媛媛，金浩. 区域科技金融投入与中小企业创新能力研究——来自中小板和创业板127家上市公司数据的经验证据［J］. 技术经济与管理研究，2017（2）：124－128.

［6］范修礼，蔡正旺. 科技金融投入对产业结构升级的影响研究——基于中部六省的实证分析［J］. 金融经济，2018（22）：75－78.

［7］赵玉林，谷军健. 制造业创新增长的源泉是技术还是制度？［J］. 科学学研究，2018，36（5）：800－812＋912.

［8］赵玉林，裴承晨. 技术创新、产业融合与制造业转型升级［J/OL］. 科技进步与策：1－6［2019－05－07］. http：//kns. cnki. net/kcms/detail/42. 1224. G3. 20190506. 1409. 020. html.

［9］季良玉. 技术创新对中国制造业产业结构升级的影响——基于融资约束的调节作用［J］. 技术经济，2018，37（11）：30－36.

［10］张芷若，谷国锋. 科技金融发展对中国经济增长的影响研究——基于空间计量模型的实证检验［J］. 财经理论与实践，2018，39（4）：112－118.

［11］李兵，岳云嵩，陈婷. 2016. 出口与企业自主技术创新：来自企业专利数据的经验研究［J］. 世界经济（12）：72－94.

［12］孙伍琴，王培. 2013. 中国金融发展促进技术创新研究［J］. 管理世界（6）：172－173.

［13］张玉喜，赵丽丽. 中国科技金融投入对科技创新的作用效果——基于静态和动

态面板数据模型的实证研究［J］. 科学学研究，2015，33（2）：177 – 184 + 214.

［14］King R. , Levine R. Finance, Entrepreneurship and Growth：The-ory and Evidence［J］. Journal of Monetary Economics, 1993（3）：523 – 542.

［15］James B. Ang. Research, technological change and financial liberalization in South Korea［J］. Journal of Macroeconomics, 2009, 32（1）.

［16］Reza H. Chowdhury, Min Maung. Financial market development and the effectiveness of R&D investment：Evidence from developed and emerging countries［J］. Research in International Business and Finance, 2012, 26（2）.

［17］Mario Daniele Amore, Cédric Schneider, Alminas Žaldokas. Credit supply and corporate innovation［J］. Journal of Financial Economics, 2013, 109（3）.

［18］Murat Atalay, Nilgün Anafarta, Fulya Sarvan. The Relationship between Innovation and Firm Performance：An Empirical Evidence from Turkish Automotive Supplier Industry［J］. Procedia-Social and Behavioral Sciences, 2013, 75.

［19］Po-Hsuan Hsu, Xuan Tian, Yan Xu. Financial development and innovation：Cross-country evidence［J］. Journal of Financial Economics, 2014, 112（1）.

第三篇

绿色金融发展研究

第十章
绿色金融对产业结构升级的影响*

一、引言

改革开放以来，我国的经济建设发生了举世瞩目的惊人变化，各个行业犹如雨后春笋一般，给我国的市场带来无限生机。后来，随着我国的发展进入中国特色社会主义新时代以及现代化进程的加快，我国的产业结构，也正发生着日新月异的变化。经济的飞速发展，其结果不可避免地会是一系列的生态环境问题。目前，我国的经济发展面临着清洁生产和结构转型的双重压力。首先，我国的经济发展主要靠要素驱动，高投入和高消耗是其主要特征，从而致使大量资源被浪费和消耗，随之而来的是污染严重、雾霾频发以及生态系统的退化；其次，由于对 GDP 增长速度的盲目追求，很多地区采取了对可以增加 GDP 的企业及项目都予以支持的政策，这使得一些高污染、高能耗的企业有了可乘之机，导致这部分企业造成的环境污染成本没有内部化。

面对越来越严重的环境问题以及自主创新能力薄弱、科技等新兴产业发展后劲不足的现状，产业结构升级开始被业界广泛提及。我们的经济发展不能仅仅以追求 GDP 为目标，还应该结合我国的环境现状，针对一些实际问题，采取各种有效的手段来实现产业结构优化和升级，这也是落实和贯彻"绿水青山就是金山银山"的发展理念。而产业结构升级的关键，便是引导传统产业升级、培育新型绿色环保产业。而金融作为经济发展的核心要素，在很大程度上决定着经济发展的方向，为了更好地实现绿色发展战略，绿色金融的发展被提上日程。

2015 年，中共中央、国务院印发的《生态文明体制改革总体方案》首次明确了要建立中国绿色金融体系的顶层设计；2016 年全国人大通过的《"十

* ［作者简介］马建春，1970 年生，女，山东临朐人，山东财经大学金融学院教授，经济学博士，主要研究方向为金融理论。周晗，1997 年生，男，山东财经大学金融学院硕士研究生，主要研究方向为金融理论。黄浩，1995 年生，男，山东财经大学金融学院硕士研究生，主要研究方向为金融理论。

三五"规划纲要》明确提出要"建立绿色金融体系，发展绿色信贷、绿色债券，设立绿色发展基金"，构建绿色金融体系已经上升为国家战略；随后，七部委联合印发《关于构建绿色金融体系的指导意见》（以下简称《指导意见》），随着《指导意见》的出台，我国已建立了比较完整的绿色金融政策体系。本章在总结概述绿色金融的研究成果以及分析了我国产业结构现状后，根据我国 30 个省（自治区、直辖市）的面板数据，运用 OLS 线性回归进行实证分析以探究绿色金融与产业结构升级的关系，并且提出了一些绿色金融支持产业结构升级的可行性建议。

二、绿色金融的发展及在我国的应用

（一）绿色金融

吕宝林（2014）提出，关于绿色金融内涵的代表性表述主要有四种：第一，《美国传统词典》将其解释为"环境金融"，主要研究如何采用多样化的金融工具来保护生态环境，保护生物多样性；第二，金融业在贷款对象、贷款政策、贷款种类、贷款条件和方式上，把与绿色金融相关的产业作为重点扶持的对象，从信贷投放、投量、利率及期限等方面给予优先和倾斜的政策；第三，金融部门把保护环境作为一项基本国策，通过对金融业务的运作来体现可持续发展的战略，进而促进生态资源保护和经济相协调发展，并以此来实现金融可持续发展的一种金融营运战略；第四，把绿色金融作为环境经济政策中金融和资本市场手段，如绿色证券、绿色保险、绿色信贷。邹靖（2018）认为，绿色金融是指在政府的有效推动下，金融部门将环境保护纳入其综合发展战略中来，在投融资决策中将经济行为对环境的潜在影响考虑在内，把与一切与环境有关的潜在的回报、风险和成本都要融合进金融机构的日常业务中，在金融经营活动中注重对生态环境的保护、人口增长的控制、传统行业的改造、环境污染的治理以及绿色产业的发展，通过对社会经济资源的有效引导，促进社会的可持续发展和经济结构的优化。

总之，国内学者对绿色金融的研究起步较晚，普遍对其的认知是绿色金融是指金融部门把环境保护作为一项基本原则，在贷款政策、贷款对象、贷款条件、贷款种类与方式等层面上，采取措施扶持绿色产业发展，以此促进环境保护与经济协调发展。

（二）绿色金融的应用工具及在我国的发展现状

1. 绿色信贷

绿色信贷是基于银行信用发展起来的。目前，我国的绿色信贷发展已经初具规模。一直到 2019 年第一季度末，我国的本外币绿色贷款余额为 9.23 万亿元，比年初增长 4.3%，整体实现平稳增长；细分为不同用途看，绿色交通运输项目和可再生能源及清洁能源项目贷款余额分别为 4.1 万亿元和 2.28 万亿元，比年初分别增长 4.8% 和 1.7%。在不同的行业中，绿色信贷前景依然可观；交通运输、仓储和邮政业绿色贷款余额 3.91 万亿元，比年初增长 4.9%；电力、热力、燃气及水生产和供应业绿色贷款余额 2.87 万亿元，比年初增长 2.9%。

2. 绿色债券

绿色债券作为一种再融资的债券工具，相比于普通债券，绿色债券主要在四个方面具有特殊性：债券募集资金的用途、绿色项目的评估与选择程序、募集资金的跟踪管理以及要求出具相关年度报告等。

图 10-1 显示的是 2016~2017 年我国绿色债券的发行规模。可以清楚地看出，随着我国发展绿色金融步伐的加快，目前我国的绿色债券市场十分可观。气候债券倡议组织（CBI）数据显示，2017 年中国绿色债券发行规模位居全球第二位，美国、中国和法国的绿色债券发行规模占据全球总量的 56%。自 2016 年中国绿色债券市场启动以来，截至 2017 年末，中国境内和境外累计发行绿色债券 184 只，发行总量达到 4799.107 亿元，约占同期全球绿色债券发行规模的 30%。其中，境内发行 167 只，发行总量达到 4097.107 亿元。

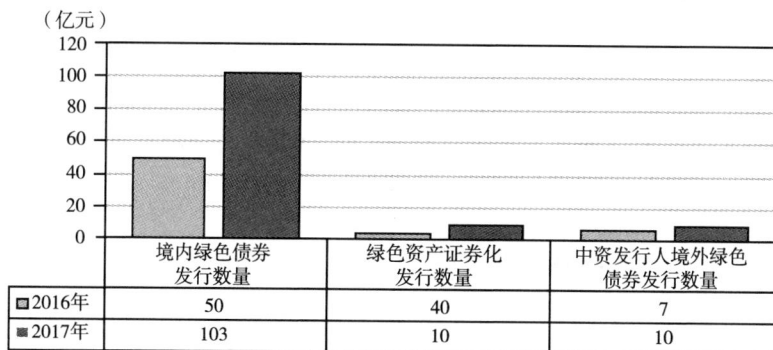

（亿元）

	境内绿色债券 发行数量	绿色资产证券化 发行数量	中资发行人境外绿色 债券发行数量
2016年	50	40	7
2017年	103	10	10

图 10-1　2016~2017 年中国绿色债券发行规模

资料来源：中国金融信息网绿色债券数据库。

3. 绿色保险

绿色保险是在市场经济条件下进行环境风险管理的一项基本手段。其中，由保险公司对污染受害者进行赔偿的环境污染责任保险最具代表性，我们称其为环境污染责任保险，它是以企业发生污染事故对第三者造成的损害依法应承担的赔偿责任为标的的保险。有效运用这种保险工具，对于促使企业加强环境风险管理，减少污染事故发生，迅速应对污染事故，及时补偿、有效保护受损害者权益方面，都可以产生积极的效果。

2008 年颁布的《关于环境污染责任保险工作的指导意见》，明确了在保险业中融入生态环境保护理念，标志着我国环境污染绿色保险的基本建立。2015 年新修订的《环保法》也明确了企业要加强对环境污染责任险的投保。这些政策法规的实施及进一步的完善，填补了我国绿色保险立法领域的空白，对于实现经济绿色转型具有较大推动作用。但同时必须认识到，我国绿色保险范围较窄，对气候保险的涉足尚处于起步阶段。同时，尽管政府颁布了针对保险的相关法律法规，但相关法律没有对绿色保险的具体细节进行详细规定，绿色保险立法还亟待进一步完善。

4. 绿色基金

绿色基金是专门针对节能减排战略，低碳经济发展，环境优化改造项目而建立的专项投资基金，其目的旨在通过资本投入促进节能减排事业的发展。

绿色基金有很多种不同形式，如绿色产业基金、SRI 基金和 PPP 环保产业基金等。其中绿色产业基金是目前我国应用最广、相对成熟的绿色基金运作模式，其60%以上资产必须投向生态环保领域。目前，与绿色基金发展和实践较早的发达国家相比，我国的绿色基金发展理念、市场规模和法规建设等还相对滞后。党的十八大以来，政府加大了对生态环保的重视，市场对环保概念加大了相关投资，与环保题材相关的企业吸引各路资本竞相追逐，绿色基金成为推动经济绿色、可持续发展的重要资金来源。

三、我国产业结构转型的现状及问题分析

（一）现状

伴随着我国经济的快速增长，我国面临的国内外形势也在逐步发生变化，在产业结构调整方面，中国企业还面临着各种机遇和挑战，产业结构升级与

转型是该过程中的重要问题。产业结构层次是衡量一个国家经济发展程度的重要指标，同时也是我的宏观经济目标之一。《"十三五"国家战略性新兴产业发展规划》中提出"要把战略性新兴产业摆在经济社会发展更加突出的位置，大力构建现代产业新体系，推动经济社会持续健康发展"，合理、有效、系统地进行产业结构调整是我国对产业发展的整体规划。

通过搜集国家统计局 2008~2017 年国家统计年鉴的数据，计算三次产业贡献率如图 10-2 所示。

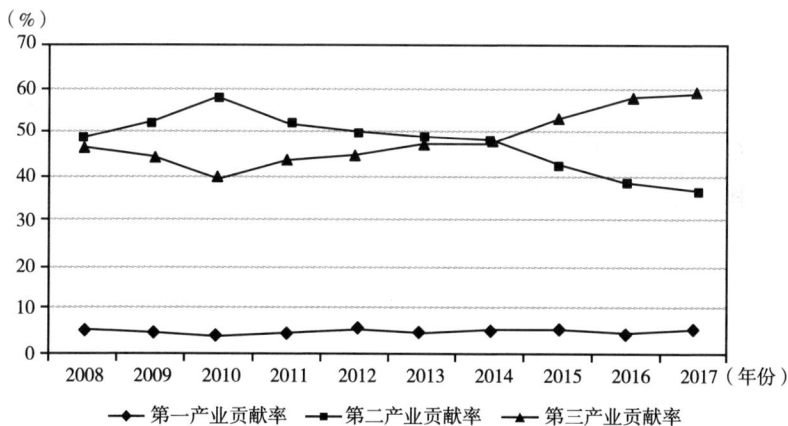

图 10-2 我国三次产业对产业结构升级的贡献率

资料来源：国家统计局。

从三次产业贡献率来看，以 2014 年为分界，第二产业的主导地位正在被第三产业取代。我国自 2008 年以来第一产业贡献率小幅下降，且趋于平稳，2008 年第一产业的贡献率为 5.2%；截至 2017 年末第一产业对我国 GDP 的贡献率仅为 4.9%。现阶段我国仍然是工业大国，第二产业占主导的特点决定了制造加工业的增加值对经济增长的拉动作用大。2008~2017 年，第二产业对我国 GDP 的贡献有较大变化，2010 年第二产业对 GDP 的贡献率为 57.4%，第二产业的主导地位明显。但 2010 年以后，第二产业对经济的拉动作用下降，2017 年，第二产业对经济增长的拉动作用为 36.3%，同比下降 21.1%；而 2017 年第三产业对经济增长的贡献率上升为 58.8%，高于第二产业贡献率 22.5 个百分点。近几年，第三产业对我国 GDP 的贡献率整体呈上升趋势，第三产业贡献率从 2008 年的 46.2% 增长为 2017 年的 58.8%。可以说 2008 年以后，我国第三产业对 GDP 的贡献率平稳增长，第二产业的主导地位正在被第三产业取代。

（二）我国产业结构发展过程中存在的问题

现阶段我国产业结构现状改变了以第一产业为主的局面，第二产业、第三产业占比增加，且出现了"产能过剩、低人力、低物力"等的现象，产业结构合理化有待提高，因此，我国跨国企业努力改变低附加值的地位，形成核心竞争力，进而在全球价值链中谋求高附加值。然而，我国三次产业发展与发达国家存在一定差距，产业结构调整主要存在以下问题。

1. 产业结构层次低，现代服务业发展水平低

我国是农业大国，但农业生产技术水平、农业高科技领域仍落后于发达国家，在农业方面还没有实现现代化和机械化，且生产率水平有待提高。然而我国的制造业仍是处于"高消耗、高污染、低产出、低附加值"的发展阶段。因为我国人口众多，劳动力市场的供过于求使得廉价劳动力优势明显，导致我国代加工和初级品制造行业得到显著发展，不利于我国制造业向全球价值链的高端发展，所以劳动密集型制造业急需升级。同时，我国服务业的整体发展质量不高，传统服务业是我国第三产业的主力，现代服务业发展落后，与发达国家相比我国第三产业发展不成熟，未能发挥服务业的优势，这也限制了我国产业结构层次的提高。现代服务业发展水平低主要体现在分行业增加值构成比例有待提高。我国服务业结构不合理，从现状分析可以发现，目前我国现代服务业在服务业增加值的占比为 65% 左右，但发达国家高达 80% 以上。知识密集型服务业与发达国家有差距，劳动者素质和技术水平不高，这说明我国的第三产业发展与其他国家存在差距。深入分析三次产业分行业增加值构成比例，2018 年末占比最高是工业增加值，达到 31.9%；农、林、牧、渔业增加值占 GDP 的比重为 8% 左右。而第三产业增加值中，传统服务业所占的比重依然很大，如批发零售业、交通运输业和住宿餐饮业占比共计 15% 左右，达到第三产业增加值的一半以上；金融业增加值如软件技术、通信、信息咨询等技术密集型服务业的比重更低，这不利于我国产业结构的升级。

2. 就业结构分布不合理

国内产业结构的优化与就业结构的调整之间存在相互推进的动态演变趋势，在产业结构变化的过程中，生产要素也可以自由地流动，从而推动就业

结构的调整，根据国家统计局 2008～2017 年的数据，整理出我国三次产业就业占比如图 10－3 所示。

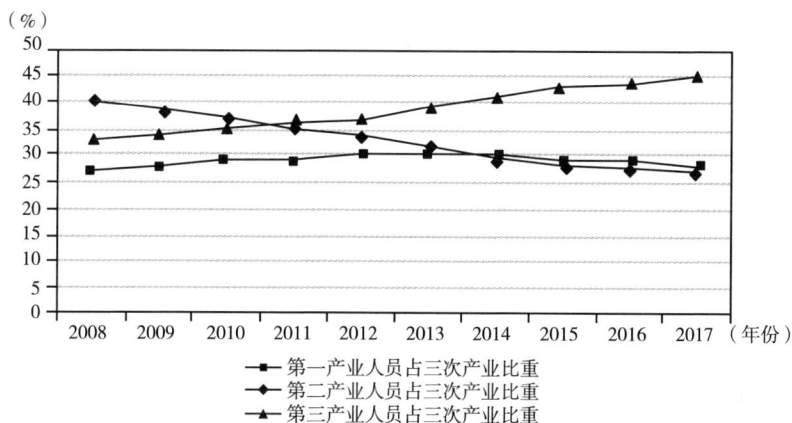

图 10－3　我国三次产业就业占比

资料来源：国家统计局。

图 10－3 呈现了产业就业结构演变图。2008 年我国第一产业、第二产业、第三产业就业人员数分别为 29923 万人、20553 万人和 25087 万人，占比分别为 39.6%，27.2% 和 33.2%。2008 年以后，第一产业整体呈现下降趋势，第二产业和第三产业就业规模稳步上升，并保持良好势头，第三产业就业人员增长率明显高于第二产业就业人员增长率。随着工业和服务业逐渐发展成熟，2011 年第三产业就业人员占比超过农业在岗人员数占比，三次产业结构占比分别为 34.8%，29.5% 和 35.7%，呈现"三一二"局面。截至 2017 年末，第三产业就业规模占比 44.91%，第一产业就业人数与第二产业就业人数基本持平，2016 年占比分别为 26.98% 和 28.11%。然而其他国家第一产业就业人数占比小于 10%，说明我国就业结构中农业在岗人数占比大，第三产业在岗人数占比较低，存在就业结构不合理的问题。

3. 创新能力较低，产业结构升级缺乏动力

目前，我国产业结构优化进程缓慢，在核心技术领域与欧美等技术先进国家有着较大的差距。主要体现在政府对创新创业的支持力度不够、企业的自主研发意识不强和创新人才的缺失。造成这种差距的原因一是在于我国产业各领域的创新能力较低，且在研发经费方面投入不足、研发资源有待完善，

二是因教育制度对创新的注重程度不高、知识产权和专利权的保护意识不强等，导致创新人才的缺失，阻碍技术水平的提高。

四、绿色金融与产业结构升级的实证分析

（一）计量模型

为了探究绿色金融与产业结构升级之间的关系，我们将各个变量放入如下的回归方程中：

$$\text{industry}_{i,t} = \beta_0 + \beta_1 \times \text{green}_{i,t} + \sum_{i=2}^{7} \beta_i C_{i,t} + \varepsilon_{i,t}$$

其中，i，t 分别表示省份和时间；industry 表示产业结构升级，green 表示绿色金融发展；β 为系数，C 指的是控制变量，ε 为随机扰动项。

（二）指标的选取

1. 产业结构升级指数

我们将该变量记为 industry。配第一克拉克定理曾说，产业结构的转变规律表现为从第一产业逐渐向第二产业和第三产业演进。我们利用第三产业增加值与第二产业增加值的比重（原毅军和谢荣辉，2014）作为衡量产业结构升级的指标。

2. 绿色金融指数

我们将解释变量记为 green。上文中我们提到绿色金融的四大产品，其中占主要分量的便是绿色信贷和绿色保险，而绿色基金和绿色债券的数据不具有代表性且搜集起来相当困难，因此，我们构造的绿色金融指数是由绿色信贷和绿色保险两类数据分析而成。由于全国各省每年的绿色信贷和绿色保险数据有所缺失，因此我们采用间接计算的方法。

对于绿色信贷指数，我们依照李晓西（2014）的方法进行分析，即选取各省六大高耗能产业利息支出占工业产业利息总支出的比率来衡量；根据发改委的规定，六大高耗能产业分别是化学原料及化学制品制造业、非金属矿物制品业、黑色金属冶炼及压延加工业、有色金属冶炼及压延加工业、石油加工炼焦及核燃料加工业、电力热力的生产和供应业。因此，本章采用（1－六大高耗能产业利息支出占工业产业利息总支出）表示绿色信贷指数。

对于绿色保险指数，我们用环境污染责任保险收入占财产保险收入的比重衡量，但由于目前中国的环境污染责任保险正处于起步阶段，国内权威统计资料尚未有相关的统计数据，为此，本章依然采用李晓西等的研究方法，用农业保险予以替代。因为农业保险不仅是目前与自然环境保护相关性最高的险种，而且农业保险也具有较高的公共属性。

尝试用 SPSS 主成分分析法进行权重计算，得出的结果如表 10－1 所示。

表 10－1 　　　　　　　　　　**KMO 和 Bartlett 的检验**

取样足够度的 Kaiser-Meyer-Olkin 度量		0.500
Bartlett 的球形度检验	近似卡方	0.028
	df	1
	Sig.	0.868

Kaiser 给出了常用的 KMO 度量标准：0.9 以上表示非常适合；0.8 表示适合；0.7 表示一般；0.6 表示不太适合；0.5 以下表示极不适合。KMO 统计量是取值在 0 和 1 之间。

可以从此表中看出 KMO 统计量为 0.5，说明极不适合做因子分析，Bartlet 球形检验，$p > 0.001$，不适合做因子分析。

由于借助主成分分析法不能得出二者的比例关系，因此我们采用专家评分法（方建国等 2019）得到二者的权重分别为 90%，10%。

3. 控制变量

（1）投资水平（ginvest）：投资水平的衡量是用各个省每年的固定资产投资总额比上当年各省的生产总值。

（2）政府影响（government）：该变量代表政府每年的财政支出占当年各省的生产总值的比重。

（3）开放程度（open）：各省每年的进出口总额占当年各省的生产总值的比重。

（4）城镇化率（urban）：该指标是用每个省当年的城市人口比上总人口。

（5）技术水平（zhuanli）：对各个省每年的专利授权数取对数。

（6）人力资本（employee）：采用科研技术从业人员与金融从业人员的总数来衡量（杨丹萍、杨丽华，2016）。

（三）实证分析

1. 数据处理和变量描述性统计

本章以全国 30 个省份（不含西藏、新疆以及港澳台地区）作为研究对象，收集和整理了 2007～2016 年这 10 年间 30 个省份的相关指标，共获得了 300 个有效样本观测值。收集的数据从 2007 年开始基于以下考虑：一是 2007 年是我国倡导发展绿色信贷的重要年份，而且绿色信贷是作为绿色金融核心的部分。"绿色信贷"概念在我国于 2007 年被首次正式提出，自 2007 年以后，国家大力倡导发展绿色信贷；二是与我国绿色信息披露时点相一致。2008 年以来，在监管部门的推动下，我国金融机构关于绿色信贷的披露逐步规范化，为测度我国绿色信贷发展提供了有力的支撑和保障。

产业结构优化指标和各控制变量的数据主要来源于《中国统计年鉴》和各省份统计年鉴，绿色信贷指标的数据主要来源于《中国工业统计年鉴》，其他指标的数据来源于 EPS 数据平台。在实证过程中，本章用 Excel 软件进行相关数据的记录和预处理（对个别异常值进行平滑处理），用 Stata14.0 软件对数据进行相关性分析和回归检验。表 10 - 2 给出了主要变量的描述性统计。从描述性统计中，我们能够发现一些变量的变化规律。

表 10 - 2　　　　　　　　　　　变量描述性统计

Variable	Obs	Mean	Std. Dev.	Min	Max
area	300	15.5	8.669903	1	30
year	300	2011.5	2.87708	2007	2016
industry1	300	0.97536	0.546468	0.499599	4.165265
industry2	300	0.871962	0.535377	0.429111	4.144204
green	300	0.411713	0.132381	0.093284	1.076297
ginvest	300	0.712326	0.22455	0.239752	1.371455
gover	300	0.224656	0.096423	0.087435	0.626863
open	300	0.310788	0.369065	0.032426	1.637735
urban	300	0.535375	0.1356	0.2824	0.896
Employee	300	65.99018	70.89197	2.6842	507.1883
zhuanli	300	4.053683	0.670998	2.346353	5.431273

从表 10 - 2 中可以看出，衡量产业结构优化指标的平均水平在 0.98 左右，其中最坏的情况为 0.50，最好的情况为 4.17，标准差为 0.55，表明我国各省份间的产业结构优化水平差距较大，经济发展差距较大。绿色金融发展的平均水平为 0.41，最大值为 1.08，说明六大高耗能工业产业利息支出水平和非农业保险比重还是处于较高水平，绿色信贷以及绿色保险有待进一步发展。技术进步方面，技术授权数不高，表明我国高技术产业的技术研发投入有待进一步加强。我国对外开放程度总体比较低，各省进出口额占 GDP 的平均水平为 0.31。科研技术从业人员与金融从业人员的总数平均值为 66.00，最小值 70.90，最大值为 507.19，说明我国金融与高科技行业发展极其不平衡。我国城市化水平发展迅速，最小的城镇人口和总人口的比值达 0.28，而最大的 0.896。而我国政府公共财政支出占 GDP 的比例较高，平均水平为 0.2247，而最大值达到 0.6269。

2. 回归结果

表 10 - 3 显示了全国以及东中西部的实证结果。我们可以明显看出，从全国整体而言，得到的数据是显著的，这说明绿色金融和我国的产业结构升级有着正相关的关系；对于我国的东部和西部地区，得到的数据是相对显著的，这说明绿色金融对它们的产业结构升级有一定的影响，但是影响微乎其微；而反观我国的中部地区，结果是不显著的，这说明绿色金融对我国中部地区的产业结构升级几乎没有多大的影响。

绿色金融（green finance）的回归系数在全国、东部和西部地区的表现都显著为正，这说明绿色金融对产业结构升级有明显的促进作用；但是反观我国西部地区，这种关系就没有显现出来，说明绿色金融对我国西部地区产业结构升级的作用并不显著，甚至在 10% 的显著性水平上显著为负。就我国目前情况而言，银行贷款仍旧是大中小企业资金的主要来源和渠道。我国政府大力推行绿色金融，其中银行大力发展绿色信贷能够有效控制或阻断高耗能污染企业的融资度，从而达到污染企业进行绿色转型改革或退出市场的效果。同时，绿色保险加大对环保节能产业的支持，支持绿色企业的进一步发展，从而促进产业结构优化。因此，绿色金融对全国产业结构的优化作用是颇为有效的。

表 10 - 3 全国及分区域回归结果

变量	(1) 全国	(2) 东部	(3) 中部	(4) 西部
green	0.407 ***	0.459 *	0.256	− 0.532 *
	− 0.156	− 0.266	− 0.237	− 0.272
ginvest	0.00209	− 0.659 ***	0.162	0.426 ***
	− 0.115	− 0.159	− 0.302	− 0.147
gover	1.365 ***	6.845 ***	6.564 ***	− 0.179
	− 0.42	− 1.128	− 1.82	− 0.376
open	− 0.825 ***	− 0.547 ***	− 2.065 **	− 0.417
	− 0.122	− 0.121	− 0.805	− 0.261
urban	− 0.199	0.511	1.062	− 0.538
	− 0.683	− 0.968	− 1.71	− 0.983
employee	0.000613 *	− 0.000147	0.000729	0.00423 ***
	− 0.000366	− 0.000341	− 0.00188	− 0.00139
zhuanli	0.13	0.0368	− 0.476 ***	0.0139
	− 0.0861	− 0.153	− 0.16	− 0.134
_cons	0.294	0.126	0.861 *	0.844 ***
	− 0.19	− 0.364	− 0.442	− 0.238
N	300	110	80	110
R^2	0.479	0.768	0.522	0.456

注：*、**、*** 分别表示在 10%、5%、1% 的水平上显著。

开放程度（open）的回归系数一致地显著为负，显著性水平在不同区域范围中有略微差异，说明进出口额并没有促进我国的产业结构调整。这一结果与中国人民银行太原中心支行课题组（2015）的研究成果一致，造成这一现象的可能原因如下：一是 2007～2016 年我国出口产品的大多数还是以低端制造品为主，且进口的高端产品并不多；二是外国不会把核心技术产品出口到我国，不会把最先进的技术引入到其他国家。

政府影响（gover）的回归系数一致地显著为正，说明政府公共财政支出对产业结构影响显著。政府在推进产业结构优化中起着重要作用，政府支出是国家产业结构调整的导向。这一结果表明，近年来，我国政府倡导产业结构转型升级收效颇丰。

人力资本（employee）的回归系数一致地显著为正，且系数较小，对产业结构优化的影响较小。人力资本指标增长1%，对产业结构升级的贡献为0.06%。

3. 稳健性检验

此部分为稳健性检验，我们采用的产业结构升级指标为第二产业与第三产业的和与 GDP 的比值和第三产业增加值与第二产业增加值比值的乘积（朱远超，2014）。表10-4为稳健性检验结果。

表10-4   稳健性检验结果

变量	（1） 全国	（2） 东部	（3） 中部	（4） 西部
green	0.404 ***	0.468 *	0.176	- 0.488 **
	- 0.141	- 0.261	- 0.193	- 0.243
ginvest	- 0.0626	- 0.650 ***	0.224	0.302 **
	- 0.104	- 0.156	- 0.246	- 0.131
gover	1.402 ***	6.277 ***	5.542 ***	- 0.0065
	- 0.381	- 1.108	- 1.484	- 0.335
open	- 0.804 ***	- 0.581 ***	- 1.622 **	- 0.247
	- 0.111	- 0.119	- 0.657	- 0.232
urban	- 0.227	- 0.234	1.17	- 0.156
	- 0.62	- 0.95	- 1.394	- 0.876
employee	0.000582 *	- 0.000116	0.000636	0.00358 ***
	- 0.000332	- 0.000335	- 0.00153	- 0.00124
zhuanli	0.173 **	0.155	- 0.419 ***	0.0411
	- 0.0781	- 0.15	- 0.13	- 0.12
_cons	0.0647	0.0957	0.620 *	0.491 **
	- 0.173	- 0.357	- 0.36	- 0.212
N	300	110	80	110
R^2	0.535	0.78	0.581	0.504

注：*、**、***分别表示在10%、5%、1%的水平上显著。

我们可以发现，改变指标后的回归结果依然是显著的。这就可以科学性的印证我们的理论分析，说明绿色金融对于产业结构升级有着积极的推动作用。基本与之前的分析一致，专利对产业结构的升级变得更加显著，说明了专利对产业结构升级时有显著促进作用的，可能是由于指标选取的不同产生了不同的结果。

4. 结果分析

从上述的结果我们看出，在全国范围内的回归结果是相当显著的，而分地区回归的结果是东西部地区显著水平较差，为什么会出现这种现象呢？

首先，对于西部地区而言，一些地区的金融发展水平还比较落后，金融机构数量还远远达不到全国的平均水平；绿色金融的普及率不够，而且西部地区较其他两地区而言经济实力弱，多余的资金会倾向于发展投资回报率高的产业，也就是说，西部地区对绿色金融的重视程度和支持力度不够，绿色金融专项政策导向不够明确，使得投资者对绿色项目投资抱观望态度，对绿色项目的投资热情不足，绿色项目和绿色产业发展还存在着较大的融资缺口，因此在产业结构升级的过程中它也不会带来更大的推动作用。

其次，对于东部地区来说，一方面，由于其经济发达程度较高，且产业发展偏向于多元化，在产业结构调整的过程中，大部分的驱动作用来源于政策的支持和第三产业（多为服务业）的大力发展，加上部分省份对外贸易的巨大贡献，使得在该过程中，绿色金融难以有发挥作用的空间；另一方面，绿色金融人才的不足也使得其在促进产业结构调整的过程中心有余而力不足；对于政府、金融机构来说，绿色金融还属于新兴行业，且具有很大的交叉性质，能够充分理解绿色金融概念、正确评价绿色项目和产业的专家较少，从而导致其在对绿色项目的认识只停留在表面上。

总之，我国绿色金融的发展还存在着一些明显的问题，但这也说明它有着极大的发展潜力。

五、绿色金融推动产业结构升级的建议

（一）明确绿色金融及产业标准，扩大绿色金融的实施范围

首先，商业银行及相关金融机构应当明确绿色金融工具的具体标准与实施差别，不能将绿色金融工具与普通金融工具进行概念性和参与经济活动的具体方式的混淆，还要对绿色债券、信贷、保险、股票等绿色金融产品的具体实施细节、认定标准和差异进行明确，以防在具体的投融资决策中无法构成对于社会资源的绿色化引导；其次，还要对绿色产业的定义加以明确和扩

展，完善环保产业链，在加大对于绿色农业，新能源开发及制造行业，传统制造业的绿色化改造的支持力度的同时，还要对互联网信息产业、文化、教育、金融、交通、旅游以及田园综合体等市政基础建设方面的延伸。从而为我国的产业结构优化创造更大的绿色金融环境。

（二）加大绿色金融产品创新力度

我国应不断加强对绿色金融产品的创新力度，在结合了市场需求和现有绿色金融产品的基础上，加大对金融衍生品的创新。第一，绿色信贷类产品的创新重点放在绿色运输、绿色住宅、绿色消费等方面，强化个人及家庭消费者的环保意识。第二，鼓励绿色企业的上市和证券发行，在企业申请上市和进行融资时，把企业拥有绿色技术和设备作为一项审核标准，优先满足绿色企业的上市及融资需求，加快绿色企业的债券和股票流通，并积极开发长期投资型创新产品。第三，加快开发气候、火灾、虫害及其他危害相结合的保险创新产品，进一步扩大绿色保险的覆盖度。不断加大绿色金融的创新力度，合理引导企业的绿色发展及个人的绿色消费，全面推动我国产业结构的调整。

（三）完善绿色金融体系

绿色金融包括绿色信贷、绿色证券、绿色保险，我国想要发展绿色金融，促进产业结构的调整，就应当建立一个以绿色信贷、绿色证券、绿色保险这三部分为主体的绿色金融体系，不断完善我国的绿色金融体系，最后达到我国产业调整的目的。针对企业、个人分别推出多样化的绿色信贷产品，不断促进企业发展绿色产业，同时带动个人绿色消费，通过对社会经济资源的引导，促进社会的可持续发展。在绿色证券方面，我国应严格执行高污染、高能耗企业的证券市场环保准入审核标准和环境绩效评估方法。完善绿色市场准入制度、绿色增发和配股制度以及环境绩效披露制度。在绿色保险方面，我国应继续扩大绿色保险的承保对象和范围，使绿色保险在我国得到进一步的完善。

（四）加强人才引进及人才的培养

建设绿色金融人才中心绿色金融业务的开展需要结合环境评估、技术达标、经济可行性等因素进行综合分析，相较于普通的金融业务，其程序和要求都比较复杂，对相关从业人员的要求较高。西部发展绿色金融过程应重视人才集聚问题，培育和建设西部绿色金融人才中心。一是金融机构要有针对性地对绿色金融从业人员进行理论教育和业务实际操作培训，培养从业人员的专业技能，引导从业人员养成专业的分析思路。二是制定绿色金融高级工程人才引进计划，完善人才引进的支持政策，重点吸引国内外有环境经济学、金融学、资源经济学等学科背景且具有较强研究能力的优秀人才来西部发展，建设包含环境、金融和资源等交叉领域的人才中心。三是借鉴东部地区建设和发展金融产业园的成功经验，引进绿色金融智库，这不仅有利于西部地区建设国内外绿色金融的交流平台，实现人才集聚和思想碰撞，也有利于西部地区绿色金融的持续创新发展。四是积极与国内外知名高校、科研院所等机构共同合作，开展绿色金融项目研究，研讨绿色金融理论，创新绿色金融产品；同时，要积极利用西部地区的高校研发资源，促进绿色金融协同创新研究和加快研究成果的落地转化。五是要积极开展绿色金融行业的讲座和沙龙，为绿色金融方面的高端会议提供场所和行政支持，打造活跃的绿色金融发展氛围，吸引国内外绿色金融研究机构和绿色项目落地西部，进而实现绿色金融人才集聚的目的。

本章参考文献

[1] 曾学文，刘永强，满明俊，沈启浪. 中国绿色金融发展程度的测度分析 [J]. 中国延安干部学院学报，2014，7（6）：112 – 121 + 105.

[2] 陈毓佳. 绿色信贷、技术进步与产业结构优化 [D]. 杭州：浙江工商大学，2018.

[3] 邵科. 我国绿色信贷发展现状、问题及政策建议 [J]. 中国银行业，2018（6）：102 – 105.

[4] 陈智莲，高辉，张志勇. 绿色金融发展与区域产业结构优化升级——以西部地区为例 [J]. 西南金融，2018（11）：70 – 76.

[5] 杜莉，郑立纯. 我国绿色金融政策体系的效应评价——基于试点运行数据的分析 [J]. 清华大学学报（哲学社会科学版），2019，34（1）：173 – 182 + 199.

[6] 董莉，刘蓓，井蕾，周利栋，张健. 新疆绿色金融发展与产业结构优化升级——基于灰色关联模型 [J]. 金融发展评论，2018（9）：115 – 128.

[7] 钱水土，王文中，方海光. 绿色信贷对我国产业结构优化效应的实证分析 [J]. 金融理论与实践，2019（1）：1 – 8.

［8］兴业银行《赤道原则与银行可持续发展》课题组. 赤道原则与企业绿色发展［J］. 中国银行业，2018（6）：101.

［9］杨丹萍，杨丽华. 对外贸易、技术进步与产业结构升级：经验、机理与实证［J］. 管理世界，2016（11）：172－173.

第十一章

京津冀地区绿色金融发展效率测度 *

一、引言

近年来，绿色金融受到国内外诸多关注与追捧，上至国家政策部门，下至金融机构微观主体，都将绿色金融视为发展的着重点。较之于传统金融，绿色金融更加强调在实现既定经济效益目标的同时注重生态环境效益，是更为可持续的金融业态发展模式。

京津冀地区是我国经济转型升级的重要引擎之一，在京津冀一体化和京津冀协同发展战略指导下，绿色发展则是响应国家对新常态下新旧动能转换的有效方式，而绿色金融在其中起到了中流砥柱的作用。

根据银保监会的公开数据，截至 2019 年上半年，京津冀区域的绿色信贷的规模超过了 1.8 万亿元人民币，占全部信贷的比重达到 19%，高于全国平均水平；绿色债券的发行规模在区域经济范围内位于全国首位。截至 2018 年底，京津冀区域内的主要中资银行的绿色信贷领域贷款余额比年初增长 8.25%，其中支持节能环保项目及服务贷款余额 9076.35 亿元，支持节能环保、新能源、新能源汽车等三大战略性新兴产业生产制造端贷款余额 1847.49 亿元。贷款资金重点投向了绿色出行、污染防治、节能节水、可再生能源等项目。

在存量绿色金融供给方面，京津冀地区绿色金融总量占比高于全国平均水平，但绝对占比偏低。截至 2018 年末，全国绿色信贷存量、绿色债券发行量、绿色 PPP 投资额及碳交易成交额合计为 16.83 万亿元，其中京津冀地区合计为 2.96 万亿元，占比为 17.58%；以信贷余额、债券发行量、PPP 投资额计，全国金融供给总量为 163.59 万亿元，其中京津冀地区为 18.09 万亿元，占比为 11.06%。

---

* ［作者简介］高晓翠，1994 年生，女，山东人，河北金融学院金融硕士，研究方向：科技金融。

经历了大量人力、物力、财力的投入建设，京津冀地区的绿色金融发展是否高效，与其他经济区相比是否具有优势以及在哪些方面可以进行借鉴，未来在哪些方面可以进行相应完善以提高效率，这些问题的探究及解决是非常有必要的。因此，本章基于现阶段京津冀区域绿色金融发展效率进行测度研究，以期为相关部门和企业主体提供行之有效的参考对策建议。

二、文献综述

目前有关绿色金融的相关研究主要涉及的是绿色金融的内涵、绿色金融体系的构建、对各国绿色金融的实施模式和相关产品开发的经验借鉴以及对绿色金融发展程度的衡量与测度等方面。

首先是对绿色金融的概念界定研究。莱伯特等（2002）认为绿色金融的核心是为绿色经济的发展提供金融方面的支持，并且可以提供多种具有创新性的绿色金融工具以促进社会的可持续发展。曼肯（2006）在研究金融机构的可持续发展时提出，绿色金融应用了绿色经济与金融学的交叉学科知识，对金融机构的绿色化发展给予高度重视。文同爱等（2010）认为绿色金融的实质表现在金融业的投融资活动要体现出对生态环境的保护、促进经济社会的可持续发展，同时提出绿色金融机构的建立可以有效促进绿色经济的健康发展。和秀星（1998）认为绿色金融是指金融业在贷款对象与条件上要向绿色产业倾斜，重点支持绿色环保产业的发展，促进人口、环境与资源的协调发展，从而促进产业结构的调整和资源配置的优化。汤伯虹（2009）基于近年我国绿色金融理论和实践的发展，认为绿色金融的关键是通过以绿色信贷、基金、证券等金融工具的科学合理使用，牢牢把握市场经济发展规律，促进生态文明建设和环境的可持续发展。

其次是对绿色金融体系构建的相关研究。凯尔（2014）认为碳金融作为绿色金融发展的重要组成部分，其中碳债券销售发展可以通过构建网络平台实现资金的有效融通。马骏（2015）认为要想实现绿色金融的可持续发展，首先要构建绿色金融体系，在梳理国际其他国家的绿色金融体系之后，结合中国实际，提出了我国绿色金融体系的理论框架和相关政策建议。李玫等（2016）从绿色金融在国际舞台上发展的视角分析了中国绿色金融发展要牢牢抓住"一带一路"的契机，并提出了"一带一路"框架下绿色金融体系的构建路径和模式。卜永祥（2017）认为绿色金融在我国产业结构升级过程中发挥着重要作用，并指出我国正在大力推进绿色金融发展的顶层设计，在梳理我国绿色金融发展现状和借鉴国际上发达国家绿色金融体系建设后，提出了我国绿色金融发展的相关思考。

再次是对各国绿色金融的实施模式和相关产品开发的经验借鉴研究。马塞尔以全球34家知名银行为样本，考察了欧洲、北美及亚太地区银行的绿色金融发展阶段。较之于这些学者，一些国际组织，如国际金融公司、世界自然基金会、经济合作与发展组织等则更为关注绿色金融评价，旨在通过评判金融机构落实绿色责任的效果，以引导金融机构提供更好的绿色金融服务，它们在评价时采用的方法主要有问卷调查法和定性分析法。李若愚和刘金石则从定性的角度分别考察了全国和省际层面绿色金融的运行状况及存在的问题。还有学者和机构关注绿色信贷、碳金融和绿色股票等绿色金融细分领域的评价。如评价中国绿色信贷的实施状况、利用专家打分法评判中资银行绿色信贷的实施效果，考察省际层面的碳金融发展水平以及评判证券市场是否存在绿色激励等。

最后还有绿色金融发展程度的衡量与测度研究。帕尼等（2001）选择了银行绿色服务渠道与绿色金融的相关指标，对银行绿色服务渠道进行了评价分析。曼肯（2001）首先提出绿色金融的四阶段论，分别为抗拒阶段、规避阶段、积极阶段和可持续发展阶段，并对亚太、北美、欧洲等地区的大银行绿色金融水平进行了评价，结果表明欧洲地区的绿色金融发展最好、北美次之，最后是亚太地区。曾学文（2014）在梳理国内外对绿色金融发展评价研究后，结合我国实际情况，分别从绿色信贷、绿色证券、碳金融、绿色投资、绿色保险五个维度构建了2010～2012年中国绿色金融发展测度指标体系。评价结果表明：我国绿色金融虽然在总体上呈现逐渐发展趋势，但是增速偏低。杨阳等（2017）借鉴曾学文对绿色金融评价研究的五个指标维度，测度了上海市绿色金融的发展程度，结果表明上海市的绿色金融发展具有后发优势，但是由于起步较晚，仍然存在一定的问题，后针对相关问题提出了相应的加快上海市绿色金融发展建议。张玉（2016）结合《京津冀协调发展规划纲要》，从绿色保险、绿色信贷、绿色证券和碳金融四个维度，采用主客观赋权方法对京津冀地区的绿色金融发展水平进行测评，测评结果显示，2011～

2015 年，京津冀地区绿色金融水平呈现先下降后上升的趋势，后对该地区绿色金融的发展进行了展望。

综上所述，在绿色金融的定义方面，纵然国内外的学者们有不同的认知，但是其核心理解并没有偏离节约资源、保护环境以及持续性发展的理念；国内外学者有关绿色金融发展测度问题的研究主要集中在定性与定量的关系检验方面；基于现有的文献资源，缺乏对区域绿色金融发展效率与测度的深入分析，国内学术圈暂时还未形成关于区域绿色金融发展效率与测度的系统性理论框架。基于合理的逻辑架构和科学的数学模型，对区域绿色金融发展效率与测度进行深入研究，是未来研究工作的重要方向之一。因此，本章通过相关文献的研究成果，在分析绿色金融的发展水平评价与测度之后，通过构建 DEA 对京津冀地区 2009~2018 年绿色金融发展效率进行实证研究。

三、模型选择与设计

(一) 模型选择

已有研究在对绿色金融发展水平进行测度时多以指数反映，而指数确定的关键则在于权重的选择。目前的主流方法主要有数据包络分析法、熵值法、主成分分析法、层次分析法、专家咨询法等。本章采用数据包络分析法 (data envelopment analysis，DEA) 来分析京津冀地区的绿色金融发展效率。

数据包络分析法是建立在相对效率概念和数学规划模型基础上的，用于分析和评价研究目标的绩效。DEA 模型适用于多输入多输出的决策单元，每个决策单元称为 DMU (decision making units)，通过运行 DEA 软件，对每个 DMU 的决策结果进行相对效率分析，从而得出 DEA 有效的 DMU，并对 DEA 无效的 DMU 进行分析找出 DEA 无效的原因，为决策者提供管理信息和改进方向。

与其他评价绩效的方法相比较，DEA 方法有许多独特的优势。DEA 方法不需要主观赋予各指标对应的权重，对决策单元的评价总是选在最有利的角度；与其他的数学模型需要建立一定的量化关系式相比，DEA 方法只需要确定输入和产出数据，从而避免大量的人工计算，保证结果的客观性。因而 DEA 方法适用于多项投入与多项产出问题的处理与分析，利用线性规划对具有可比性的同类型项目进行相对效率的测评。DEA 方法中的基础模型之一为

CCR 模型，该模型可以测度绿色金融产业的综合效率。模型具体公式如下：

$$
\begin{cases}
\min\left[\theta - \varepsilon(e'^{T}P^{-} + e^{T}P^{+})\right] \\
\text{s. t. } \sum_{i=1}^{k} x_{il}\mu_{i} + P^{-} = \theta x_{1}^{n} \\
\sum_{i=1}^{k} y_{im}\mu_{i} - P^{+} = y_{m}^{n} \\
\mu_{i}, P^{-}, P^{+} \geqslant 0, n = 1, 2, \cdots, k
\end{cases}
$$

其中，$\theta(0 < \theta \leqslant 1)$ 代表综合技术效率，θ 值越大，效率越高；当 $\theta = 1$ 时，表明 DMU 位于有效前沿面上，说明综合效率达到最优。ε 为非阿基米德无穷小量，e'^{T} 和 e^{T} 均表示单位向量空间，p^{-} 表示产出不足，p^{+} 表示投入冗余，μ_{i} 为权重变量。

（二）指标选取与数据来源

绿色金融发展效率的评价指标一般分为两大部分，即金融资金投入和绿色产出，笔者借鉴相关学者的研究，并根据京津冀区域的实际情况，将资金投入的指标界定为绿色信贷、绿色债券、绿色股票、绿色保险、绿色发展基金、碳交易。一般而言，绿色产出较资金投入具有滞后性，本章借鉴相关学者的研究，将绿色产出和资金投入的时间差设为 2 年，在运用 DEA 模型时，输出数据较之输入数据滞后 2 年。

另外，由于研究的时间年限偏长，为了剔除价格因素的影响，本章对绿色信贷、绿色债券、绿色股票、绿色保险、绿色发展基金、碳交易用京津冀区域历年 GDP 平减指数进行平减，以确保研究结果的准确性。本章的样本数据期间为 2009 ~ 2018 年。其中，绿色信贷数据来源于中国银监会官网以及国研网工业统计数据库，绿色债券和绿色股票的数据以及京津冀三地区的金融机构贷款余额数据来源于 Wind 数据库和锐思数据库，绿色保险数据来源于中国保险年鉴中的各地方财产保险分公司业务统计表以及 Chioce 数据库。

（三）模型求解结果

基于 2009 ~ 2018 年的数据进行整理并运用 DEAP 2.1 软件求得模型结果如表 11 - 1 所示。

表 11 -1 京津冀区域绿色金融结合效率结果

年份	技术效率	规模效率	整体效率	技术有效性	规模有效性
2009	0.372	0.335	0.463	无效	无效
2010	0.557	0.381	0.504	无效	无效
2011	0.664	0.593	0.642	相对有效	相对有效
2012	0.630	0.502	0.609	相对有效	相对有效
2013	0.775	0.648	0.712	相对有效	相对有效
2014	0.682	0.627	0.654	相对有效	相对有效
2015	1.000	1.000	1.000	高效	高效
2016	1.000	1.000	1.000	高效	高效
2017	0.877	0.743	0.832	相对有效	相对有效
2018	1.000	1.000	1.000	高效	高效

由表 11 -1 可见：京津冀区域在 2015 年、2016 年、2018 年，在不考虑规模收益时的技术效率即整体效率为 1.000，说明在这三年里，京津冀区域的绿色金融发展效率良好，一定的资金投入能够得到既定的绿色产出；在其他年份，整体效率值处于 0.100 ~ 0.900，表明京津冀区域在这些年份的绿色金融发展效率处于 DEA 非高效状态，绿色金融的投入产出效率匹配不佳，无论是在资金投入还是在绿色产出方面，都需要较长时间的调整和协调才能改善其绿色金融发展效率水平。

2011 ~ 2014 年、2017 年，技术效率和规模效率均小于 1.000，所以整体效率小于 1.000，技术效率处于相对有效状态，对其进行微调即可达到绿色金融发展效率为高效的状态；其他年份的技术效率则为 0.100 ~ 0.900，是为无效状态。技术的低效导致在既定金融资金投入下得不到相应的绿色产出或是在一定的产出水平下金融资金投入不足。由 DEAP 2.1 分析软件可以得出京津冀区域绿色金融投入产出的冗余情况，见表 11 -2。

由表 11 -2 可知京津冀区域在 2011 ~ 2014 年以及 2017 年均存在金融资金投入多、绿色产出不足的情况，在既定金融资源投入水平下，金融资源得不到充分利用以使绿色产出达到最大化，为了达到技术和规模有效，应适当减少金融资金投入进而提高整体效率，积极进行科技创新，使绿色产出最大化。2009 年和 2010 年存在产出严重不足、远低于各项金融工具融资额的情况，因

表 11 - 2　　　　　京津冀区域绿色金融投入产出冗余情况　　　　单位：亿元

年份	绿色信贷	绿色债券	绿色股票	绿色保险	绿色发展基金	碳交易
2009	- 33.07	—	—	—	—	—
2010	- 40.19	—	—	—	—	—
2011	- 25.04	—	—	—	—	—
2012	10.52	—	—	—	—	—
2013	11.68	—	—	—	—	0.38
2014	23.05	—	—	19.68	—	- 0.29
2015	12.93	—	—	33.24	6.74	0.85
2016	43.66	126.98	1103.15	25.75	5.45	0.46
2017	400.81	137.17	768.39	18.94	3.71	- 0.13
2018	29.79	93.18	1086.48	21.97	4.16	- 0.62

而其技术有效性与规模有效性均为无效状态。2015 年、2016 年和 2018 年产出效果较为理想，在一定的资金投入条件下获得了较高的产出回报。

四、结果分析与对比

（一）京津冀区域绿色金融效率测度评价

总体来看，京津冀区域在 2009 ~ 2018 年 10 年间，有 3 年绿色金融发展的整体效率都达到了 1.000，其余的 7 年整体效率均小于 1.000，在整体效率小于 1.000 的这 7 年，技术效率为 1.000 的有 3 年，剩余 4 年技术处于低效状态，而规模效率大多处于相对高效或高效状态，表明京津冀区域在此期间的金融资金投入和绿色产出的比例没有达到最佳状态，产生了投资冗余和产出不足的问题，应进一步扩大绿色金融规模，充分利用现有金融资源，加大金融科技创新，在既定金融资金投入下达到绿色产出的最大化。

（二）域际绿色金融发展效率比较

本章借鉴其他学者对于长三角和珠三角区域的绿色金融发展效率，以此作为参照对比京津冀区域绿色金融发展效率，见表 11 - 3。

表 11 - 3　　　　　　　　　　　域际绿色金融发展效率对比

项目	京津冀区域	长三角区域	珠三角区域
绿色金融技术效率	0.75	0.87	0.94
绿色金融规模效率	0.68	0.79	0.82
绿色金融整体效率	0.74	0.86	0.91

五、结论与建议

本章基于京津冀区域绿色金融的发展现状，构建一个绿色金融发展效率测度模型，并将模型运算结果与长三角和珠三角区域的绿色金融发展效率进行对比分析，得出如下结论。

（一）主要结论

1. 京津冀区域绿色金融发展效率失衡

总体而言，京津冀区域绿色金融发展效率较低，但却处在不断改进和完善之中。其中绿色信贷对绿色金融发展效率的贡献最大，而京津冀区域绿色金融效率较低主要源于技术效率较低。但从动态趋势看，绿色金融发展效率在考察期内均在提升和改进，其中绿色证券对绿色金融发展水平变动的影响最为明显，而技术进步则是影响绿色金融效率变动的主导因素。从静态水平比较看，在京津冀三地，北京的绿色金融在资源和政策上享有更多的优势，而天津和河北则较为逊色。在整个区域的绿色金融发展效率测度中，北京对其贡献最大，河北绿色金融发展则较为落后，呈现出域内发展失衡且程度较大的局面。

2. 京津冀区域绿色金融一体化程度较低

京津冀区域绿色金融产业呈现严重同质化现象，这主要是由于京津冀地区涉及三个省份，其中两个是直辖市，各自为政，这种行政划分的壁垒就导致了市场划分。相对而言，长三角、珠三角域内的城市合作氛围良好且分工协作效应已经呈现。而珠三角经济圈由广东省级层面统调配资源，容易形成集群效应。

京津冀市场化程度不高导致其绿色金融的推行及发展大多源自行政力量，而非市场驱动。相对而言，珠三角是最早对外开放的区域，也意味着是最早实行市场化，区域内行政分割力量小。资源要素自由流动。而长三角作为外向型经济的另一代表，金融市场化程度也非常高。

（二）主要建议

本章运用 DEA 模型对京津冀区域绿色金融发展效率进行了分析，模型结果显示导致京津冀区域绿色金融发展效率不佳的原因主要是规模的低效性，其直接原因是对金融资源的低效利用。近年来，伴随着京津冀一体化政策的落实以及大量金融资源的涌入，建议做到以下几方面。

（1）在目前以政府和风险投资机构为主导的融资模式下，应采取相关措施积极引导诸如绿色信贷、绿色证券等资金入场。由于绿色证券对绿色金融发展水平的提升影响更为明显，且新三板市场的发展也可带来这一水平的提升，因此应积极发展以绿色股票和绿色债券为代表的直接融资市场，尤其是新三板市场。

（2）就绿色金融效率而言，部分省份因规模效率低导致综合效率不高，而更多地区（主要是那些经济发展水平较低的省份）则是由于纯技术效率低下而导致其综合效率较低。因此，对于规模效率低的省份，应在扩大规模的同时努力提升自身的管理水平和技术水平，准确把握市场需求，做精做专自己的主打产品以解决规模效率低下的问题。对纯技术效率较低的省份，则应采取相关措施以吸引资本和人才，以提升其技术水平和创新能力。

（3）根据动态比较结果可以发现，政府通过出台促进绿色金融发展的有关政策，可能会带来绿色金融发展水平和效率的提升，因此在国家总体政策框架下，京津冀三省可以根据自身情况出台相应的扶持政策，以此促进其绿色金融发展水平和效率。考虑到省域及区域绿色金融发展水平与绿色金融效率的不协调特征，可以在不断加大绿色金融投入的同时，采取相应的配套措施提高绿色金融效率，避免造成资源浪费。而对于区域内绿色金融发展水平和效率差异较大的事实，区域内的相关省市应采取促进区际绿色金融协同发展的相关政策，缩小区域内差异，最终实现区域绿色协调发展。

本章参考文献

[1] 刘金石. 我国区域绿色金融发展政策的省际分析 [J]. 改革与战略，2017，33 (2).

［2］张宇，钱水土. 绿色金融理论：一个文献综述［J］. 金融理论与实践，2017（9）.

［3］董晓红，富勇. 绿色金融和绿色经济耦合发展空间动态演变分析［J］. 工业技术经济，2018，37（12）.

［4］胡金焱，王梦晴. 我国金融发展与二氧化碳排放——基于1998－2015年省级面板数据的研究［J］. 山东社会科学，2018（4）.

［5］裴育，徐炜锋，杨国桥. 绿色信贷投入、绿色产业发展与地区经济增长——以浙江省湖州市为例［J］. 浙江社会科学，2018（3）.

［6］李苏，贾妍妍，达潭枫. 绿色信贷对商业银行绩效与风险的影响——基于16家上市商业银行面板数据分析［J］. 金融发展研究，2017（9）.

［7］马勇，曾兰兰. 江西省绿色信贷发展的影响因素研究——基于SEM模型［J］. 金融与经济，2017（6）.

［8］杜艳春，葛察忠，何理，等. 京津冀传统产业绿色转型升级的瓶颈与政策建议［J］. 中国人口·资源与环境，2017，27（S2）：107－110.

［9］刘宏海，魏红刚. 绿色金融：问题和建议——以京津冀协同发展为案例［J］. 银行家，2016（12）：44－46.

［10］张玉. 京津冀地区绿色金融发展水平测度探究［J］. 中国市场，2016（21）：31－32.

［11］周月秋. 京津冀一体化中的绿色金融［J］. 中国金融，2015（16）：30－32.

［12］王海，叶元煦. 科技金融结合效益的评价研究［J］. 管理科学，2003，16（2）：67－72.

［13］崔毅，赵韵琪，杨丽萍，等. 基于DEA方法的广东科技与金融结合效益评价［J］. 华南理工大学学报（社会科学版），2010，12（2）：10－13.

［14］华玉燕，赵纳. 基于DEA方法的科技金融结合效率研究：以安徽省为例［D］. 金融教育研究，2013，26（3）：46－49.

［15］Sanghyo Lee, Baekrae Lee, Juhyung Kim, et al. A Financing Model to Solve Financial Barriers for Implementing Green Building Projects［J］. The Scientific World Journal, 2013.

第十二章

绿色信贷对中国绿色经济增长的影响研究 *

一、引言

2017 年中国 GDP 总量首次破 80 万亿元，取得了"改革开放 40 年中国 GDP 增长 33.5 倍"的成绩。伴随着经济的快速增长，大量生态空间被挤占、生态环境持续恶化，尤其是粗放式发展模式下环境问题的集中爆发，更是将经济的可持续发展问题摆在政府和公众面前。对于中国这样一个人口大国，解决近十四亿人口的生存就业问题仍然需要经济的快速增长。而如何在实现经济增长的同时兼顾环境保护与资源节约，推动中国经济高质量发展成为政府必须面对的一道难题。当前，中国经济正面临着传统产业经济下的环境问题突出、人口增长和城镇化压力增大，资源对外依赖度高的问题。因此，发展绿色经济，促使经济增长模式进行根本转变是我国实现可持续发展的必然选择。而如何有效地推动生产生活方式的绿色转型，促进传统产业绿色化改造，构建环境污染少、资源消耗低的产业结构，推动中国经济质量和效率变革（习近平，2017），是中国经济绿色发展亟须解决的关键问题。

已有研究表明，节能减排、对外开放、资源丰裕程度等都是影响中国绿色经济增长的重要因素（王兵，2015；孙瑾，2014）。遗憾的是，虽然有多数学者注意到了绿色信贷投入对地区经济增长的影响，并验证了绿色信贷投入能够直接促进地区经济增长（裴育，2018）。然而鲜有学者就绿色信贷对绿色经济增长的影响进行深入探讨。一方面，绿色信贷有助于"调结构"。

* ［基金项目］兵团社科基金项目"兵团全面深化改革下金融风险识别、测度与防范研究"（批准号：18YB15）；新疆维吾尔自治区人文社会科学重点研究基地兵团屯垦经济研究中心项目"新疆绿色经济可持续发展与政府行为研究"（批准号：XJEDU020217C05）；石河子大学兵团金融发展研究中心资助项目：新疆普惠金融发展测度及收入效应研究（批准号：ZZZC201844A）。

［作者简介］谢婷婷，1980 年 4 月生，女，新疆财经大学金融学院，教授，硕士，研究生导师，研究方向：农村金融与绿色金融。刘锦华，1993 年 4 月生，男，石河子大学经济与管理学院，硕士研究生，研究方向：农村金融与绿色金融。

通过引导资金流动，可以在短期内实现资金在绿色项目的大规模集中，来推动绿色项目的发展，包括支持节能减排、先进环保技术推广、新能源开发等绿色项目的发展（Lingyun He & Lihong Zhang，2019）；同时，根据绿色信贷政策，银行会严格限制对"两高一剩"企业的贷款，对于信贷全流程中不符合要求的坚决实行"绿色信贷一票否决"制（Peiyuan Guo，2014）。此外，绿色信贷通过资本形成、资金导向、信息传导、产业整合等多种机制推动产业结构向绿色化、合理化、高级化方向发展，实现产业结构调整与经济结构的优化（JY Liu & Y Xia，2017）。另一方面，绿色信贷有助于"稳增长"。绿色信贷通过动员储蓄形成绿色投资，而投资作为拉动经济增长的"三驾马车"之一，将直接贡献于经济的增长（Mielke & Steudle，2018），绿色信贷还可以通过培育新能源、节能环保等绿色产业和相关新产业的发展，有助于形成新的经济增长点（Susan，2017）。新经济增长理论明确指出，技术进步是保持一国经济增长的长期动力。绿色信贷不仅能直接为企业绿色技术创新提供所需研发资金，鼓励企业在绿色创新领域开展创新活动，还可以通过绿色信贷风险补偿机制、贴息机制和担保制度，降低企业的绿色研发风险（Lavrov，2013）。

本章的创新点主要可分为以下三个方面：第一，在测算绿色经济增长率时不仅考虑到经济增长因素，还兼顾了资源消耗与环境保护，代替了传统的绿色 GDP 的衡量方式。第二，研究视角比较独特，学者们对于绿色经济增长的研究多是从节能减排、对外开放、创新、金融发展等视角展开，而绿色金融的核心绿色信贷作为推动生态文明建设和绿色发展转型的主力军究竟如何影响绿色经济增长，影响机制与作用路径如何，鲜有学者进行探索。第三，本章不仅就绿色信贷对绿色经济增长的影响机制进行分析，还就绿色信贷促进绿色经济增长的作用路径进行探索，并通过计量模型进行验证。这为绿色信贷的经济增长效应的研究提供了一定的研究基础。本章拟从以下步骤展开：首先就绿色信贷影响绿色经济增长影响机制与作用路径进行理论分析；其次，采用序列 DEA 的方向性距离函数及 Malmqulist-Luenberger 指数测度了 2006 ~ 2017 年我国 30 个省（区、市）的绿色经济增长率及其分解变量；再次，选取恰当的计量模型并考虑内生性后就绿色信贷对绿色经济增长的影响机制与传导路径进行验证；最后，总结本章的主要结论并提出政策建议。

二、理论分析

本章核心论题围绕绿色信贷作用于绿色经济增长的影响机制和传导途径展开。本章将绿色全要素生产率分解为技术效率（EFFCH）和技术进步（TECH）两种影响机制，一方面，绿色信贷可能通过作用于技术效率与技术进步，对绿色经济增长率产生影响。另一方面，本章也考虑了绿色信贷通过促进产业结构升级、改善以煤炭消费占比的能源消费结构的方式提升绿色经济增长率。然而，也不能忽视绿色信贷对绿色经济增长的直接影响，本章聚焦于近年来较新的研究成果，理论分析拟从以下三个方面展开。

（一）绿色信贷影响绿色经济增长的理论分析

近年来，绿色信贷对于实现区域绿色经济增长日益受到学术界的关注。当前绿色信贷对于绿色经济增长究竟起到何种影响，学术界已有的研究成果主要集中在以下两个方面。

一是基于宏观视角，首先，绿色信贷通过差别化的货币金融政策以信贷倾斜、利率浮动的方式将居民手中的储蓄在短时间内向银行集聚，形成绿色投资，为经济增长提供资本要素（Soundarrajan & Vivek，2016）。其次，绿色信贷政策要求商业银行在贷款时要充分考虑贷款项目的环境风险（MZ Hu & W Li，2015），对于高污染、高耗能项目将不予贷款，对于节能环保型绿色项目将给予低利率的贷款支持。绿色项目的筹资成本降低使得资金倾向于向高效、节能、低污染等绿色项目流动，这将促进经济结构优化，提升经济增长的质量。最后，绿色信贷通过动员储蓄形成绿色投资，将直接推动经济增长，同时，绿色信贷有助于撬动资本流入绿色产业，培育绿色产业及相关新产业发展，形成新的经济增长点。

二是基于微观视角，绿色信贷能够降低交易成本、分散或降低企业的创新风险、对投资的企业与项目进行监督等方式实现对经济微观效率的提高。首先，包括碳金融在内的绿色金融交易可以利用期货交易所、产权交易所等金融机构提供标准、严格的市场监管机制，进行排碳交易可以降低绿色金融交易成本，提高交易透明度和流动性（Mark，2015）。其次，企业在进行绿色技术创新时需要资金的持续投入，往往面临较大的风险，绿色信贷能够为绿色技术创新提供外源融资，帮助企业将风险分散至外部。最后，为确保资金安全回收与自身利益，开展绿色金融的金融机构通过其环境风险识别与评估机制对发放贷款前的企业及项目进行严格审核，贷款后对企业资金的运用情况，节能减排的效果及时跟进，对于减排效果较好的企业可以适当追加贷款，对于整改不力的企业停止信贷。

（二）绿色信贷影响绿色经济增长的影响机制

绿色经济增长可以分解为技术进步和技术效率，因此需要进一步讨论绿色信贷对技术进步与技术效率的影响。

就绿色信贷影响技术进步方面，绿色信贷主要通过为绿色环保型企业提供资金、缓解企业融资约束、分散创新风险等方式促进技术进步。一是，绿色信贷不仅能够优化商业银行信贷结构，还能为企业提供研发创新所需资金，鼓励企业对绿色、低碳、环保等领域科技创新的稳定投入，从而促进绿色技术进步（Tadesse，2002）。二是，绿色信贷能为高资金投入的创新型、环保型企业提供更多的外部融资渠道，通过缓解企业内部融资约束的方式，促进创新企业对研发资金的持续投入。三是，绿色信贷可以充分利用金融创新的分散风险、重新配置资源等机制满足风险较高但生产率也高的技术创新活动的资金需求，进而促进技术进步。

目前，国内外学者就绿色信贷影响绿色经济增长的技术效率路径研究得较少，学者们更多的是从金融发展对技术效率的影响展开。王小腾等（2018）从三个维度衡量金融发展，就金融发展对技术效率的影响进行了有益的探索。研究结果表明，长期来看，金融发展的三个维度对技术效率的影响不尽相同，金融效率的改善对技术效率的影响为负，金融深化与金融结构的优化对技术效率的影响为正。盛雯雯（2017）运用随机前沿分析方法来研究金融发展对中国生产技术效率的影响，研究结果表明，金融发展对生产技术效率的影响并不显著，主要表现在私人部门信贷与国有部门信贷对生产技术效率的影响差异较大。孙康等（2017）从金融集聚的视角出发，验证了金融集聚对海洋经济技术效率并没有显著的正向影响，并将其归因于中国"金融抑制"的存在。金融抑制使得具有较低生产效率和创新效率的国有企业优先以较低的利率获得银行信贷资金（戴静，2013），制约了金融机构将有限的金融资源配置到技术效率更高的生产领域和投资领域中去，这显然不利于技术效率的提高。

(三) 绿色信贷影响绿色经济增长的作用路径

下面本章从绿色信贷影响绿色经济增长的两条作用路径展开理论分析。

第一，绿色信贷对产业结构升级与能源消费结构的影响。

绿色信贷通过资本形成、资金导向、信息传导等机制推动产业结构优化升级。一是，金融能够将社会上闲置资金通过储蓄形式聚集起来形成产业资本，为绿色产业发展提供资本要素。二是，通过对信贷投放总量和方向的把控，绿色信贷将引导资金向新能源、节能环保等绿色产业流动，淘汰排斥高能耗、高污染企业和项目，最终实现产业结构向绿色化、高端化转型 (陈伟光等，2011)。三是，金融通过专业的信息收集、分析与评估能力，对潜在的投资项目进行甄别与选择，并将兼具投资价值与环境效益的绿色项目与企业，展现传导给广大的社会公众和投资者，带动社会资源与资本优化配置。

绿色信贷政策不仅要严格信贷审批，对不符合产业政策和环境违法企业进行信贷限制，同时还要监督企业的环保建设情况，未通过环保评审的企业将不予再次贷款。这将促使资金向资源节约型、环境友好型企业或项目转移，鼓励企业使用清洁能源，引导产业及能源结构升级。从替代效应的角度来看，能源消费结构的变动就是传统能源消费与新能源消费之间的博弈。在绿色信贷政策导向和能源相关产业供给及价格变动的影响下，能源消耗部门会更倾向于使用可再生能源或清洁能源，并且通过金融手段大力支持清洁能源发展，降低化石能源消费比例，有利于优化能源消费结构 (冯梦骐，2018)。长期来看，绿色信贷政策导向下，消费者出于对自身健康、环境保护、可持续发展方面的考虑，会增加对新能源的消费需求，进而影响能源消费结构 (Zhao & Luo，2018)。

第二，产业结构升级与能源消费结构对绿色经济增长的影响。

产业结构升级对绿色经济增长的影响从产业合理化与高级化两个方面展开。首先，产业结构合理化意味着产业之间协调聚合的程度，随着劳动、资本等生产要素的快速流动，产业结构从不合理向合理化调整，资源得到有效利用，实现各产业协调发展，进而推动绿色经济增长；其次，产业结构高级化会促进产业结构向资源节约化发展，这将带动产品质量与产品附加值的不断增加和经济效益的提高。与此同时，"产业结构工业化"向"产业结构服务化"转变意味着产业结构由劳动密集型向资金和技术密集型转变，改变了以往粗放式发展模式，使得资源得到充分利用，减少了资源浪费，降低了环境污染（Ford，2017）。

能源消费结构对绿色经济增长的影响，需要从两方面来考虑。一方面，经济体以煤炭消费量为主的能源作为一种投入要素来增加经济产出水平，此时的以煤炭消费量为主的能源消费对经济增长有促进作用；另一方面，谌莹等（2016）研究表明，煤炭消费量的增加最终会导致生态环境恶化并会降低经济体的期望产出，此时煤炭消费量的增加会对绿色经济增长形成抑制作用。

绿色信贷影响绿色经济增长的影响机制和作用路径如图 12-1 所示。

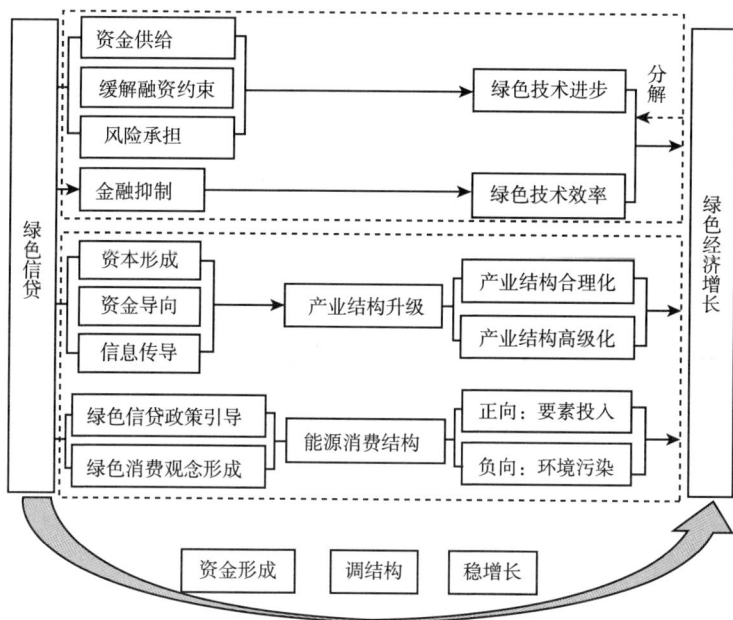

图 12-1　绿色信贷影响绿色经济增长的影响机制和作用路径

三、数据来源与变量定义

（一）数据来源

本章以 2006~2017 年的中国 30 个省（自治区、直辖市）为研究样本。西藏部分数据缺失，不包括港澳台地区。使用的数据来自《中国统计年鉴》

《中国工业统计年鉴》《中国能源统计年鉴》《中国环境统计年鉴》和各省区市统计年鉴。对于少量缺失数据，使用插值进行补充。

（二）变量定义

1. 被解释变量：绿色经济增长

借鉴李江龙（2018）等人的做法，采用绿色全要素生产率作为绿色经济增长的替代变量进行衡量。需要运用 Chung 等（1997）提出的方向性距离函数（DDF），并采用 ML 生产率指数来测度非期望产出下的全要素生产率。

首先，构建环境技术模型，主要包括三个部分，投入变量 x，期望产出变量 y，非期望产出变量 b，其产出集合如式（12-1）所示。

$$p(x) = \{(y,b) : x \text{ 能生产出的}(y,b)\}, x \in R_+^N \qquad (12-1)$$

式（12-1）中，p(x) 表示投入，$x \in R_+^N$ 表示为生产的"好"产出和"坏"产出的生产可能性集合。每一个省份视为一个生产决策单元，通过 DDF 可以测算出每个省份的相对效率，如式（12-2）。

$$\overrightarrow{D_0}(x,y,b;g) = \sup\{\beta : (y,b) + \beta_g \in p(x)\} \qquad (12-2)$$

$$\overrightarrow{D_0}(x,y,b;g_y - g_b) = \sup\{\beta : (y + \beta_{g_y}, b - \beta_{g_b}) \in p(x)\} \qquad (12-3)$$

式（12-3）中 $g = g(g_y, -g_b)$ 为产出扩张的方向向量，β 为距离函数值。按照方向 $g = g(g_y - g_b)$ 运动到生产前沿面时，意味着经济产值提高和环境污染同比例降低的最大倍数。当存在经济产值与环境污染两种产出时，可将可以式（12-3）转化为如下线性规划问题：

$$\overrightarrow{D_0}(x^t, y^t, b^t; y^t, -b^t) = \max\beta$$

$$\text{s.t.} \sum_{k=1}^{K} \lambda_k^t y_{ks}^t \geq (1+\beta) y_{ks}^t, \sum_{k=1}^{K} \lambda_k^t y_{km}^t \geq (1+\beta) b_{ks}^t, \sum_{k=1}^{K} \lambda_k^t x_{kn}^t \geq x_{kn}^t, \lambda_k^t \geq 0$$

$$s = 1,2,\cdots,S; m = 1,2,\cdots,M; n = 1,2,\cdots,N; k = 1,2,\cdots,K$$

$$(12-4)$$

式（12-4）中，N、S、M 分别表示投入要素、期望产出与非期望产出的种类，且 $x = (x_1, x_2, \cdots, x_N) \in R_N^+$，$y = (y_1, y_2, \cdots, y_S) \in R_S^+$，$b = (b_1, b_2, \cdots, b_M)$ $\in R_M^+$。K 为第 $k = 1,2,\cdots,K$ 个决策单位，$t = 1,2,\cdots,T$ 表示时期，λ_t^k 表示每

一横截面观测值的权重。

在方向距离函数基础上，采用 ML 生产率指数来测度非期望产出下的全要素生产率。基于产出角度，t 到 t+1 期间的 ML 生产率指数为式（12-5）。

$$ML_t^{t+1} = \left\{ \frac{[1 + D_0^t(x^t, y^t, b^t; g^t)]}{[1 + D_0^t(x^{t+1}, y^{t+1}, b^{t+1}; g^{t+1})]} \times \frac{[1 + D_0^{t+1}(x^t, y^t, b^t; g^t)]}{[1 + D_0^{t+1}(x^{t+1}, y^{t+1}, b^{t+1}; g^{t+1})]} \right\}^{\frac{1}{2}}$$

$$(12-5)$$

可将 ML 生产率指数分为技术进步指数（TECH）和技术效率指数（EFFCH）。见式（12-6）和式（12-7）。

$$EFFCH_t^{t+1} = \frac{[1 + D_0^{t+1}(x^t, y^t, b^t; g^t)]}{[1 + D_0^{t+1}(x^{t+1}, y^{t+1}, b^{t+1}; g^{t+1})]}$$

$$(12-6)$$

$$TECH_t^{t+1} = \left\{ \frac{[1 + D_0^{t+1}(x^t, y^t, b^t; g^t)]}{[1 + D_0^t(x^t, y^t, b^t; g^t)]} \times \frac{[1 + D_0^{t+1}(x^{t+1}, y^{t+1}, b^{t+1}; g^{t+1})]}{[1 + D_0^t(x^{t+1}, y^{t+1}, b^{t+1}; g^{t+1})]} \right\}^{\frac{1}{2}}$$

$$(12-7)$$

第 t 期与 t+1 期距离函数为$D_0^t(x^t, y^t, b^t; g^t)$与$D_0^{t+1}(x^{t+1}, y^{t+1}, b^{t+1}; g^{t+1})$。$D_0^t(x^{t+1}, y^{t+1}, b^{t+1}; g^{t+1})$为基于 t 期技术的 t+1 期混合距离函数；$D_0^{t+1}(x^t, y^t, b^t; g^t)$为基于 t+1 期技术的 t 期混合距离函数。当 ML 值大于 1 时，认为生产率增长，ML 小于 1 时，则表示生产率下降。另外，本章借鉴邱斌（2008）的调整方法，绿色全要素生产率是根据测算的 ML 生产率指数进行相乘获得的。

在张帆等（2017）的研究基础上，构建如表 12-1 所示绿色全要素生产率评价指标体系。

表 12-1　　　　　　　　　　　　**绿色全要素生产率评价指标体系**

类别	变量	数据及说明	单位
投入	劳动（L）	各地区当年就业人数	万人
	资本存量（K）	资本存量采用"永续盘存法"进行估算。根据靖学青（2013）的估算方法：$K_{it} = K_{it-1}(1-\delta) + I_{it}$，并将价格指数平减到 2005 年不变价。	亿元
	能源（E）	能源投入用折算成标准煤后的能源消耗总量来衡量	万吨标准煤

类别	变量	数据及说明	单位
期望产出	GDP（Y）	2005 年不变价的各省份实际 GDP	亿元
非期望产出	固体废物（S）	各地区工业固体废物产生量	万吨
	二氧化硫（G）	各地区二氧化硫排放量	万吨
	废水（W）	各地区废水排放量总量	万吨

2. 核心解释变量：绿色信贷

目前，学术界对绿色信贷的衡量主要有绿色信贷占比、节能环保项目贷款占比、工业污染治理投资中的"银行贷款"、反向指标六大高耗能产业利息支出占比四种衡量方法。绿色信贷占比与节能环保项目贷款占比数据来源于中国五家大型商业银行和部分股份制银行的《社会责任报告》，学者们运用此数据也是基于全国为样本。而本章的研究样本是基于中国 30 个省（市、自治区），很明显这种方法不适合采用；工业污染治理投资中的"银行贷款"数据自 2010 年起不再统计。因此，出于数据的连续型和可得性，本章选取各省六大高耗能产业利息支出占工业产业利息总支出的比率作为反向指标来衡量绿色信贷。

3. 控制变量

控制变量的选取来源于学者们认为可能影响绿色经济增长的各因素。第一，市场化进程（MARKET）。改革时期我国全要素生产率的提高，很大程度上来源于市场化改革（樊纲等，2011）。本章采用私有部门就业人员占该省份从业人员总数的占比来衡量市场化进程。第二，环境规制（ER）。适当的环境规制不仅有利于保护环境，还可以激发企业进行技术创新，从而提升企业的绿色全要素生产效率（李斌等，2013），但是也有学者认为环境规制增加了企业在环境保护上的资金投入，挤占了科研资金的投入，这在一定程度上抑制了企业创新，短期内会对绿色经济增长有负向影响（Guo et al.，2017）。本章采用污染治理完成投资额占 GDP 的比重来度量环境规制强度。第三，财政支出（GOV）规模。当财政支出用在科学技术与教育、医疗、社会保障等方面，将促进区域技术进步，而在行政管理过程中过多地使用财政资金将导致资金配置的扭曲，造成财政支出效率的低下。本章采用财政支出占 GDP 的比重衡量财政支出规模。

四、模型设定与实证分析结果

（一）模型设定

为了检验绿色信贷是否对绿色经济增长造成了正向影响，本章建立如下面板数据模型：

$$GTFP_{it} = \alpha + \beta\, GTFP_{i(t-1)} + \delta\, LOAN_{it} + \gamma\, X_{it} + \mu_{it} + \gamma t + \gamma\, t^2 + \varepsilon_{it}$$

$$(12-8)$$

其中，式（12−8）中$GTFP_{it}$是被解释变量绿色经济增长率，$GTFP_{i(t-1)}$为绿色经济增长率滞后一期，反映上一期对本期的影响。$LOAN_{it}$是核心解释变量，为各省（区、市）工业企业六大高耗能行业的利息支出占比作为绿色信贷的反向指标。X_{it}为控制变量，μ_{it}为控制不随时间变化的个体异质性。时间项 t 及其平方t^2是为了控制因变量的时间趋势及非线性变化。ε_{it}为随机扰动项。$GTFP_{it}$是以劳动、资本、能源为投入变量，以地区生产总值为产出变量，以固体废物产生量等为非期望产出变量，可能与式（12−8）中的解释变量相关而存在内生性问题，本章借鉴李江龙（2018）等人的做法，采用系统 GMM 对方程（12−8）进行估计。

（二）基本估计结果

为考察绿色信贷对绿色经济增长的影响，本章采用系统 GMM 对式(12−8)进行估计。估计结果如表 12−2 所示，同时，本章也采用固定效应、随机效应与二阶段最小二乘法作为参照。表 12−2 中第 1 列 F 检验拒绝原假设，说明固定效应模型优于混合估计。第 2 列 LM 检验同样拒绝原假设，说明随机效应模型也优于混合估计。第 2 列豪斯曼检验未通过显著性水平的检验。因此，本章认为应该使用随机效应模型而非固定效应模型。然而，模型设定可能存在影响回归估计准确性的内生解释变量。第 3 列豪斯曼检验拒绝原假设，说明应该使用工具变量法而非 OLS 模型。以上静态面板回归估计结果表明，无论是固定效应（FE）、随机效应（RE），抑或是二阶段最小二乘法（IV），都表明绿色信贷对绿色经济增长率有正向的影响。考虑到静态模型的缺陷，本章采用动态面板数据的 GMM 模型对式（12−8）进行估计，表 12−2 中第（4）列、第（5）列 AR 检验与 Sargan 检验结果也进一步证实了本章模型选取的准确性与合理性。

表 12 - 2   绿色信贷对绿色经济增长的影响：基本结果

变量	静态面板			动态面板	
	(1) FE	(2) RE	(3) IV	(4) 系统 GMM	(5) 系统 GMM
LOAN	-1.936 *** (-5.144)	-1.891 *** (-3.046)	-7.105 *** (-4.313)	-0.492 *** (-2.808)	-0.740 *** (-4.169)
MARKET	0.627 *** (4.044)	0.603 *** (3.380)	0.856 *** (2.660)	0.0310 ** (2.302)	0.0718 *** (3.149)
ER	-0.305 *** (-3.580)	-0.322 * (-1.852)	-0.201 * (-1.700)	-0.0347 *** (-4.461)	-0.0366 *** (-3.417)
GOV	2.810 *** (4.987)	2.614 *** (2.684)	6.090 *** (4.081)	0.161 ** (2.116)	0.440 *** (2.774)
常数项	1.876 *** (7.319)	1.912 *** (5.192)	4.617 *** (6.350)	0.155 *** (4.665)	0.239 *** (3.553)
L. GTFP				0.703 *** (57.42)	0.646 *** (11.11)
L2. GTFP					-0.230 *** (-3.773)
L5. GTFP					0.0736 (1.361)
F 检验	28.61 *** [0.000]				
LM 检验		758.42 *** [0.000]			
Hausman 检验		6.73 [0.241]	44.46 *** [0.000]		
AR (1)				-3.52 *** [0.000]	-3.61 *** [0.000]
AR (2)				-0.46 [0.643]	0.85 [0.397]
Sargan 检验				19.48 [1.000]	19.40 [1.000]

注：L. 为滞后算子，表示对应变量滞后 1 期，L2. 则表示滞后 2 期，L5. 则表示滞后 5 期，限于篇幅原因，其余滞后期未列出。回归系数下方括号内为 Z 统计量；模型设定检验下方括号内为相应 P 值。*、**、*** 分别表示在 10%、5%、1% 的水平上显著。

根据系统 GMM 的回归结果，得到以下结论。表 12－2 中第（4）列采用系统 GMM 估计了式（12－8）中的参数。结果表明，绿色信贷对绿色经济增长的影响系数为 0.492，且在 1% 水平下显著。这说明，在中国金融监管逐步放松和绿色金融蓬勃发展的背景下，绿色信贷对经济发展方式转变的促进作用得以发挥，从而提升绿色经济增长率。市场化进程（MARKET）对绿色经济增长的影响显著为正。区域市场化程度意味着该区域经济体的市场活力，市场化程度越高的区域其经济资源的配置也更为合理，交流也更为密切。市场化进程通过技术溢出的方式对绿色经济发展产生正向影响（韩晶等，2017）。政府财政支出（GOV）对绿色经济增长的影响显著为正，这表明财政支出规模的扩大有助于提升中国绿色经济增长。这与曾淑婉（2013）的研究结论契合。财政支出通过对基础设施建设、公共教育等方面的资金投入能够直接推动绿色经济增长，是中国绿色经济增长和技术进步的一个重要原因。环境规制（ER）变量的回归系数显著为负。这表明目前中国不合理的环境规制不仅没有改善绿色经济增长，反而抑制了绿色经济增长。可能现阶段我国环境规制的机会成本超出中国产业所能承受的最大极限时，致使中国在经济方面的承受着巨大的代价（李鑫等，2014）。

此外，考虑到我国节能减排工作面临着前松后紧，不能很好地持续下去的问题。本章将绿色经济增长率滞后 5 期发现，其滞后项系数呈正负交替（二阶与四阶滞后项系数为负，一阶、三阶与五阶滞后项系数为正）。这表明绿色经济增长率处于波动状态，上一期绿色经济增长率的提升可能带来本期绿色经济增长的下降，又会在下一期得到提升。

五、影响机制与传导路径

（一）影响机制

理论上绿色信贷对绿色经济增长的影响分为绿色信贷带来要素配置效率的改善或恶化以及绿色信贷促使科技进步的提升或停滞。上文得到绿色信贷对绿色经济增长有正向作用；但需要进一步分析，是配置效率起主导作用还是技术进步起主导作用。对于不同的促进路径，其应对策略也存在差异。将绿色全要素生产率分解为技术效率和技术进步，并分别进行回归（见表 12－3）。在式（12－8）的基础上，将绿色经济增长率替换为技术效率与技术进步，实证模型变换如式（12-9）所示：

$$Z_{it} = \alpha + \beta_1 Z_{i(t-1)} + \beta_2 Z_{i(t-5)} + \delta\, LOAN_{it} + \gamma\, X_{it} + \mu_{it} + \lambda t + \lambda\, t^2 + \varepsilon_{it}$$

$$(12-9)$$

其中 Z 为技术效率（EFFE）或者技术进步（TECH），其他变量的设定和方程（12-8）一致，这里不再重述。为了检验中国绿色经济的增长率是否存在"一年紧一年松"的现象，本部分将被解释变量绿色经济增长率滞后 5 期。同样，模型设定可能存在影响回归估计准确性的内生解释变量，和上文保持一致，本章也采用动态面板数据的系统 GMM 模型对式（12-9）进行估计。

表 12-3　　　　　　　　绿色信贷对绿色经济增长的影响机制

变量	EFFCH		TECH	
	(1) 静态面板	(2) 系统 GMM	(3) 静态面板	(4) 系统 GMM
LOAN	-0.00968 (-0.250)	-0.0333 (-1.349)	-1.904 *** (-3.057)	-1.007 *** (-4.384)
MARKET	0.0227 (1.299)	0.00554 (0.623)	0.643 *** (3.412)	0.0727 ** (2.225)
ER	0.00912 (0.882)	-0.00961 * (-1.805)	-0.338 * (-1.940)	-0.0228 ** (-2.433)
GOV	0.157 *** (3.030)	0.163 *** (4.550)	2.419 ** (2.480)	0.315 ** (2.091)
常数项	0.974 *** (42.26)	0.848 *** (7.845)	1.957 *** (5.332)	0.285 *** (3.570)
L. GTFP		0.588 *** (4.344)		0.415 *** (11.40)
L2. GTFP		-0.173 (-1.138)		-0.125 (-0.742)
L5. GTFP		0.496 * (1.696)		0.0847 ** (2.125)
Hausman 检验	8.50 [0.1306]		7.58 [0.1809]	
AR（1）		-2.25 ** [0.025]		-4.00 *** [0.000]

变量	EFFCH		TECH	
	（1） 静态面板	（2） 系统 GMM	（3） 静态面板	（4） 系统 GMM
AR（2）		-0.89 [0.376]		0.20 [0.841]
Sargan 检验		14.28 [1.000]		25.05 [0.998]

注：与公式（12-9）对应，Z 分别为 EFFCH 和 TECH。

*、**、*** 分别表示在 10%、5%、1% 的水平上显著。

同时本章也采用了静态面板数据模型作为对照组，而对于静态面板模型，究竟是选择固定效应还是随机效应要根据豪斯曼检验结果。表 12-3 中第（1）和（2）列是绿色信贷对技术效率影响的回归结果；第（3）和（4）列为绿色信贷对技术进步影响的估计结果。可以看出绿色经济增长率"一年松一年紧"的现象在技术效率与技术进步两种影响机制中均表现出来了。绿色信贷与技术效率呈正相关性，但是并不显著；绿色信贷与技术进步在 1% 水平下显著为正。也就是说，绿色信贷对绿色经济增长的促进作用，主要是通过技术进步的提升实现的。

（二）传导途径

上述结果表明绿色信贷通过促进技术进步，进而对绿色经济增长产生影响。现有文献中研究了绿色信贷对经济增长的传导途径（裴育等，2018）。因此，本章会产生这样的疑问：绿色信贷对经济增长的影响除了技术进步的影响机制，是否还存在其他的传导路径？本章根据前文的理论分析，需要对产业结构升级与能源消费结构的传导路径进行验证。具体模型设定如式（12-10）、式（12-11）所示。

$$C_{it} = \alpha + \beta C_{i(t-1)} + \delta \text{LOAN}_{it} + \gamma X_{it} + \mu_{it} + \lambda_1 t + \lambda_1 t^2 + \varepsilon_{it} \quad (12-10)$$

$$\text{GTFP}_{it} = \alpha + \beta \text{GTFP}_{i(t-1)} + \phi C_{it} + \gamma X_{it} + \mu_{it} + \lambda_1 t + \lambda_1 t^2 + \varepsilon_{it}$$
$$(12-11)$$

式（12-10）中 C_{it} 为绿色信贷影响绿色经济增长的可能传导路径，系数 δ 为绿色信贷对各种传导路径是否存在正向的促进影响，与系数 δ 类似，式

（12 - 11）中系数 φ 为各种传导路径是否会对绿色经济增长率产生影响。根据前文的理论分析，本章传导路径指标选取如下：

第一，产业结构高级化（INDU）。本章借鉴干春晖等人（2011）的做法，采用第三产业产值与第二产业产值的比值衡量产业结构高级化。

第二，产业结构合理化（TL）。本章采用泰尔指数来衡量产业结构合理性，其中泰尔指数越接近 0，表明产业结构愈加区域合理化。其计算公式如下：

$$TL = \sum_{i=1}^{n} \left(\frac{Y_i}{Y}\right) \ln\left(\frac{Y_i}{L_i} \Big/ \frac{Y}{L}\right) \tag{12 - 12}$$

根据前面的分析，绿色信贷主要通过资金形成、资金导向、信用催化等机制促进产业结构的优化升级。

第三，能源消费结构（STRU）。鉴于数据的可得性，本章借鉴陈超凡（2016）的研究，采用折合为标准煤的煤炭消费量占能源消费量的比重表示能源消费结构。该值越大，表示能源消费结构越不合理。本章也采用动态面板数据的系统 GMM 模型来分析绿色信贷影响绿色经济增长的传导途径，结果见表 12 - 4 第（1）~（6）列。

表 12 - 4　　　　　　　　绿色信贷对绿色经济增长的传导途径

变量	(1) INDU	(2) GTFP (INDU)	(3) TL	(4) GTFP (TL)	(5) ENERGY	(6) GTFP (ENERGY)
LOAN	- 0.316 *** (- 12.65)		0.0447 *** (3.376)		0.0482 * (1.891)	
C		0.0741 *** (4.469)		- 0.300 *** (- 2.919)		- 0.129 *** (- 3.034)
MARKET	0.00575 (0.968)	- 0.0612 *** (- 4.727)	- 0.00976 *** (- 2.676)	- 0.0511 *** (- 4.580)	- 0.00843 (- 1.017)	- 0.0672 *** (- 6.576)
ER	- 0.0145 *** (- 3.589)	- 0.0469 *** (- 5.274)	0.00375 *** (3.303)	- 0.0108 (- 1.110)	- 0.00495 (- 1.185)	0.0142 (1.000)
GOV	0.401 *** (13.71)	- 0.167 ** (- 2.412)	- 0.0182 (- 1.047)	- 0.0179 (- 0.465)	- 0.0392 * (- 1.762)	- 0.185 *** (- 7.190)

变量	(1)	(2)	(3)	(4)	(5)	(6)
	INDU	GTFP (INDU)	TL	GTFP (TL)	ENERGY	GTFP (ENERGY)
常数项	0.0824 *** (4.484)	0.0691 *** (6.223)	0.00611 * (1.664)	0.139 *** (3.194)	- 0.0365 * (- 1.792)	0.174 *** (4.989)
L. Z	1.045 *** (137.4)	1.329 *** (80.58)	0.891 *** (70.08)	1.399 *** (42.71)	1.028 *** (61.72)	1.361 *** (48.13)
AR (1)	- 3.02 *** [0.003]	- 2.97 *** [0.003]	- 2.33 ** [0.020]	- 3.09 *** [0.002]	- 3.50 *** [0.0007]	- 2.90 *** [0.004]
AR (2)	- 0.28 [0.777]	- 0.70 [0.481]	0.64 [0.520]	- 0.46 [0.645]	- 0.26979 [0.7873]	- 0.53 [0.593]
Sargan 检验	27.51 [1.000]	27.12 [1.000]	25.41 [1.000]	24.50 [1.000]	23.72957 [1.000]	27.15 [1.000]

注：与公式（10）、（11）对应，C 分别为 INDU、TL 和 ENERGY。

*、**、*** 分别表示在 10%、5%、1% 的水平上显著。

回归结果表明，（1）绿色信贷对产业结构高级化的影响系数为 0.316，且在 1% 水平下显著。产业结构高级化具有高附加值化、高技术化、高集约化等特点，绿色信贷通过产业资本的商业竞争机制与政策性导向机制来改变信贷资金配置，引导资金向节能环保产业、新能源产业、传统产业技术改造等领域流入，以此来推动产业结构高级化发展，实现产业结构调整的目的。（2）绿色信贷对产业结构合理化反向指标产生显著的负面影响，即绿色信贷能够促进产业结构合理化水平的提高。绿色信贷不仅能够支持节能减排和发展循环经济，还能在去产能过程中发挥"杠杆作用"，限制对产能严重过剩行业的授信额度，对"僵尸企业"停止放贷，从而稳步化解产能过剩行业风险。此外，绿色信贷政策通过资本形成与信用催化等机制合理配置信贷资源，提升了信贷资金的配置效率，并对不合理的产业结构进行调整，促使各产业协调发展。（3）绿色信贷对煤炭消费量占比的能源消费结构影响显著为负。一方面，绿色信贷通过对清洁低碳企业的信贷倾斜，对污染企业的信贷限制，有利于引导企业低碳经济发展，主动淘汰落后产能，推进传统产业的绿色化改造，从而降低单位 GDP 的二氧化碳排放量。另一方面，绿色信贷通过为企业绿色技术创新研发提供所需资金，有助于革新技术、改进工艺，壮大环保产业发展，降低能源消耗，减少碳排放。

绿色信贷能否通过上述三种传导路径对绿色经济增长产生影响，需要分为两个环节来讨论。第一，探讨绿色信贷是否对三种传导路径产生显著影响；第二，探讨以上三种传导途径如何影响绿色经济增长。上文的分析结果表明，绿色信贷能够显著地促进产业结构高级化与合理化水平，并且能显著降低煤炭占比的能源消费结构。为了证明传导路径的完整性，本章还要验证三种传导路径是否对绿色经济增长产生显著影响。根据表 12 - 4 中估计结果，产业结构高级化对绿色经济增长的影响显著为正，且在 1% 水平上显著。尤其是由"产业结构工业化"向"产业结构服务化"转变所释放的"结构红利"有效支撑了中国的绿色经济增长。而产业结构合理化同产业结构高级化一样，对绿色经济增长有显著的正向作用影响。煤炭消费量占比的能源消费结构对绿色经济增长有显著的负向影响，即煤炭消费比重的增加不利于中国绿色经济增长。

六、结论和政策建议

绿色信贷作为绿色经济发展的重要推动力已经被国内外大多数学者所接受。然而绿色信贷如何影响绿色经济增长已经成为国内外学者研究的热点问题。现有研究更多强调的是绿色信贷与地区经济增长的关系，忽视了绿色信贷对生态文明建设和绿色经济转型的影响。绿色信贷作为绿色金融的主体，不仅通过信贷资金的调节作用，使得资金盈余方与资金需求方合理匹配，而且作为国家宏观调控的工具能够主动适应供给侧结构性改革的要求，引导资金向绿色、循环、节能等项目流入，推动经济绿色化转型。现有研究往往忽略了绿色信贷对绿色经济发展、产业结构优化升级、节能减排等方面的影响，而这正是本章研究绿色信贷对绿色经济增长的切入点。

本章基于方向性距离函数和 Malmquist-Luenberger 指数，利用 2006～2017 年中国 30 个省（区、市）的面板数据，在测算省级层面的中国绿色经济增长率基础上，实证考察了绿色信贷对绿色经济增长的影响，并对其影响机制和传导途径进行了探讨。结果表明：绿色信贷对绿色经济增长的影响显著为正。在影响机制上，将绿色经济增长率分解为技术效率与技术进步后发现，绿色信贷主要通过促进技术进步推动绿色经济增长。在传导途径上，绿色信贷主要是通过提升产业结构高级化与合理化水平，降低煤炭消费量在能源消费量中的比重，进而对绿色经济增长产生正向影响。

本章的研究结论具有如下启示：第一，提升绿色经济增长率需要多方考虑，这就需要地方政府根据本地区经济增长、环境保护与资源节约的实际情况制定科学合理的发展规划，并力争三者协调发展，这就需要地方政府首先要摆脱以往"重经济、轻环境"的做法，适当降低经济增长速度，推动产业向绿色化、集约化、高效化方向发展，加强绿色产业的支持力度，化解产能过剩行业风险，推动传统产业绿色化改造，形成生产与生活方式绿色化。第二，中国绿色经济增长出现"一年松一年紧"的现象，这就需要地方政府加强生态文明建设的顶层设计，将地方生态文明建设与政府官员的业绩相挂钩，在地方重大环境决策方面要实行监督机制与官员责任追究制度，确保"绿色"政策实施的可持续性。第三，绿色信贷会对绿色经济增长产生显著的正向影响，这说明我国自绿色信贷政策实施以来，绿色信贷对绿色经济的推动作用效果显著。但是，我国绿色信贷在发展中也存在信息沟通机制不健全、缺乏相应的政策标准和执行措施、缺乏长效管理机制等问题。这就要求在绿色信贷政策推进的过程中，要从以下几个方面展开。首先要建立绿色信贷长效管理机制，严控绿色信贷准入机制，实行贷款客户实名制、绿色等级制等规范化制度。其次，绿色信贷可通过"区别对待"的原则，以投融资的金融工具和手段，引导资金向新能源、节能环保型等绿色产业流动。扶持资源节约型与环境友好型产业的发展，限制"两高一剩"行业发展，推动产业结构向绿色化、高端化转型。最后，绿色信贷可以向环境效益较好的绿色项目，传统工艺改造与技术革新的创新项目提供资金支持，支持绿色项目发展与缓解企业创新风险，有助于推动产业结构升级与技术进步。

本章参考文献

［1］习近平. 决胜全面建成小康社会，夺取新时代中国特色社会主义伟大胜利——在中国共产党第十九次全国代表大会上的报告，2017.

［2］王兵，刘光天．节能减排与中国绿色经济增长——基于全要素生产率的视角［J］．中国工业经济，2015（5）：57－69．

［3］孙瑾，刘文革，周钰迪．中国对外开放、产业结构与绿色经济增长——基于省际面板数据的实证检验［J］．管理世界，2014（6）：172－173．

［4］裴育，徐炜锋，杨国桥．绿色信贷投入、绿色产业发展与地区经济增长——以浙江省湖州市为例［J］．浙江社会科学，2018（3）：45－53＋157．

［5］王小腾，徐璋勇，刘潭．金融发展是否促进了"一带一路"国家绿色全要素生产率增长？［J］．经济经纬，2018，35（5）：17－22．

［6］盛雯雯．金融发展有利于中国生产技术效率的提升吗？——基于随机前沿分析方法的检验［J］．中央财经大学学报，2017（12）：83－97．

［7］孙康，张超，刘峻峰．金融集聚提升了海洋经济技术效率吗？——基于 IV－2SLS 和门槛回归的实证研究［J］．资源开发与市场，2017，33（5）：584－590．

［8］戴静，张建华．金融所有制歧视、所有制结构与创新产出——来自中国地区工业部门的证据［J］．金融研究，2013（5）：86－98．

［9］陈伟光，胡当．绿色信贷对产业升级的作用机理与效应分析［J］．江西财经大学学报，2011（4）：12－20．

［10］冯梦骐，邢珺．金融发展对能源消费影响的研究——基于对能源消费结构变化指数的构建与分析［J］．价格理论与实践，2018（11）：107－110．

［11］谌莹，张捷．碳排放、绿色全要素生产率和经济增长［J］．数量经济技术经济研究，2016，33（8）：47－63．

［12］邱斌，杨帅，辛培江．FDI 技术溢出渠道与中国制造业生产率增长研究：基于面板数据的分析［J］．世界经济，2008（8）：20－31．

［13］张帆．金融发展影响绿色全要素生产率的理论和实证研究［J］．中国软科学，2017（9）：154－167．

［14］靖学青．中国省际物质资本存量估计：1952～2010［J］．广东社会科学，2013（2）：46－55．

［15］樊纲，王小鲁，马光荣．中国市场化进程对经济增长的贡献［J］．经济研究，2011，46（9）：4－16．

［16］李斌，彭星，欧阳铭珂．环境规制、绿色全要素生产率与中国工业发展方式转变——基于 36 个工业行业数据的实证研究［J］．中国工业经济，2013（4）：56－68．

［17］李江龙，徐斌．"诅咒"还是"福音"：资源丰裕程度如何影响中国绿色经济增长？［J］．经济研究，2018，53（9）：151－167．

［18］韩晶，刘远，张新闻. 市场化、环境规制与中国经济绿色增长［J］. 经济社会体制比较，2017（5）：105 – 115.

［19］曾淑婉. 财政支出对全要素生产率的空间溢出效应研究——基于中国省际数据的静态与动态空间计量分析［J］. 财经理论与实践，2013，34（1）：72 – 76.

［20］李鑫，杜建国，金帅. 环境规制对中国工业全要素生产率影响的实证［J］. 统计与决策，2014（13）：124 – 127.

［21］干春晖，郑若谷，余典范. 中国产业结构变迁对经济增长和波动的影响［J］. 经济研究，2011，46（5）：4 – 16 + 31.

［22］陈超凡. 中国工业绿色全要素生产率及其影响因素——基于 ML 生产率指数及动态面板模型的实证研究［J］. 统计研究，2016，33（3）：53 – 62.

［23］Lingyun He, Lihong Zhang. Green credit, renewable energy investment and green economy development：Empirical analysis based on 150 listed companies of China［J］. Journal of Cleaner Production, 2019, 208：363 – 372.

［24］Peiyuan Guo. Financial policy innovation for social change：a case study of China's green credit policy［J］. International Review of Sociology, 2014, 24（1）：69 – 76.

［25］JY Liu, Y Xia. Assessment of a green credit policy aimed at energy-intensive industries in China based on a financial CGE model［J］. Journal of Cleaner Production, 2017, 163：293 – 302.

［26］Jahel Mielke, Gesine A. Steudle. Green investment and coordination failure：an investors´perspective［J］. Ecological Economics, 2018, 150：88 – 95.

［27］Martin, Susan. Cultivating the next generation of horticultural leaders, the Perennial Plant Association Foundation supports up-and-coming professionals in their pursuit of a career in the green industry.［J］. American Nurseryman, 2017, 217（7）：18 – 19.

［28］R. V. Lavrov. The development strategy of financial and innovative technologies［J］. Marketing i Menedzment Innovacij, 2013, 4（3）：92 – 99.

［29］P. Soundarrajan, N. Vivek. Green finance for sustainable green economic growth in India［J］. Agricultural Economics-zemedelska Ekonomika, 2016, 62（1）：35 – 44.

［30］M. Z. , Hu, W, Li. A comparative study on environment credit risk management of commercial banks in the asia-pacific region［J］. Business Strategy and the Environment, 2015, 24（3）：159 – 174.

［31］Purdon, Mark. Opening the Black Box of Carbon Finance "Additionality"：The Political Economy of Carbon Finance Effectiveness across Tanzania, Uganda, and Moldova［J］.

World Development, 2015: 462 - 478.

[32] Solomon Tadesse. Financial Architecture and Economic Performance: International Evidence [J]. Journal of Financial Intermediation, 2002, 11 (4): 429 - 454.

[33] Xu Zhao, Dongkun Luo. Forecasting fossil energy consumption structure toward low-carbon and sustainable economy in China: Evidence and policy responses [J]. Energy Strategy Reviews, 2018, 22: 303 - 312.

[34] Laura R. Ford. Intellectual property and industrialization: legalizing hope in economic growth [J]. Theory and Society, 2017, 46 (1): 57 - 93.

[35] Chung, Y. H. , Fare, R. , Grosskopf, S. Productivity and Undesirable Outputs: A Directional Distance Function Approach [J]. Journal of Environmental Management, 1997, 51 (3): 229 - 240.

[36] Ling Guo, Ying Qu, Ming-Lang Tseng. The interaction effects of environmental regulation and technological innovation on regional green growth performance [J]. Journal of Cleaner Production, 2017, 162: 894 - 902.

金融监管与风险防范研究

第十三章

金融市场开放对货币国际化的影响

——基于跨国面板数据的实证分析 *

 历史研究发现，无论美国霸权地位的确立，还是欧元的诞生与欧洲的崛起，或是日元成为国际货币，都离不开实体经济的发展，伴随着其经济实力不断增强，各国必然会在世界格局中，谋求与其经济实力相对应的货币地位。而随着作为本国流通和计价单位的货币在世界范围内流通和扩大，对货币的需求也从贸易结算、国际储备逐步拓展到资本交易。一国金融市场的开放程度关系到资本流动的速度和规模，如果一国存在着严格的资本管制，将导致其资本在各国流通困难，不容易被外国所接受，从而严重制约了该国货币的国际化。

 此外，一方面欧美国家在 2008 年金融危机之后经历了很长一段的恢复期，经济实力和影响力都有所下降，巨额负债和信任危机以及美元的贬值风险，对其作为世界主要储备货币的地位造成冲击；另一方面在经济长期较快的增长基础上，中国金融逐渐达到历史性的新高度，人民币逐渐成长为具有国际影响力的重要货币。在此背景下，研究一国金融市场开放对其货币国际化的影响具有重大的理论和现实意义。

 诸多文献通过对货币国际化的影响因素研究发现，金融市场的开放程度是影响货币国际化的一个关键因素，但是受国际化币种种类的制约，样本数量少，一方面不能展开大范围的研究，而且这种研究也仅仅止步于基于不同币种之间的金融市场开放对货币国际化的影响程度，另一方面也没有深入探

　＊［基金项目］吴婷婷主持的国家社会科学基金青年项目"全球金融危机视角下的金融国际化与国家金融安全研究"（16CGJ006）。
　［作者简介］吴婷婷，1981 年 4 月生，女，重庆人，金融学博士，上海对外经贸大学金融管理学院、金融发展研究所副教授，研究方向：金融开放与金融安全。肖晓，1992 年 6 月生，女，山东菏泽人，上海对外经贸大学金融学硕士，供职于中国农业银行上海分行，研究方向：国际金融。

讨不同国家的金融市场开放对货币国际化影响程度的差异。同时，也没有指出金融市场开放度存在法定测度和实际测度的差异，不同测度方法对货币国际化的影响也不同。鉴于上述两点，本章研究思路如下：首先基于国际货币三大基本职能对不同国家的货币国际化程度进行测度，其次分别采用法定金融市场开放度和实际金融市场开放度这两种指标研究金融市场开放对货币国际化的影响，最后以金融市场开放的视角探讨对人民币国际化的启示。

一、金融市场开放与货币国际化：理论分析

（一）货币国际化：内涵与理论模型

货币国际化是指一国货币作为充分的、完全的、可高度自由兑换的货币被各国政府和居民持有，充当储备货币、支付货币，在国际市场交易中发挥媒介作用。哈特曼（2002）[①]将货币职能的国际化分为计价单位、交易媒介和价值储藏三个方面。现有文献主要通过两个方面来测算货币的国际化程度，一是根据国际货币的三大职能对货币国际化程度进行测度，如艾肯格林（1998）[②]、凯南（2002）[③]、戈德伯格（2005）[④]、金和弗兰克尔（2008）[⑤]、李海峰（2011）[⑥]、杨荣海（2014）[⑦]；二是采用一系列指标加权来构建货币的国际化指数，如蒂曼（2010）[⑧]、童振源、王国臣和叶峤生（2012）[⑨]，中

① Hartmann P. , Issing O. The international role of the euro [J]. Journal of Policy Modeling, 2002, 24 (4): 315 – 345.

② Eichengreen B. , Mussa M. Capital account liberalization and the IMF [J]. Finance & Development, 1998.

③ Peter B. Kenen. The euro versus the dollar: will there be a struggle for dominance? [J]. Journal of Policy Modeling, 2002, 24 (4): 347 – 354.

④ Campa J. M. , Goldberg L. S. Exchange Rate Pass-through into Import Prices [J]. Review of Economics & Statistics, 2005, 87 (4): 679 – 690.

⑤ Chinn M. D. , Frankel J. A. The Euro May over the Next 15 Years Surpass the Dollar as Leading International Currency [J]. Ssrn Electronic Journal, 2008.

⑥ 李海峰, 王林. 货币国际化影响因素实证研究 [J]. 金融与经济, 2011 (12): 13 – 18.

⑦ 杨荣海. 当前货币国际化进程中的资本账户开放路径效应分析 [J]. 国际金融研究, 2014 (4): 50 – 61.

⑧ Thimann C. , Bracke T. , Chinn M. , et al. Global Roles of Currencies [J]. Social Science Electronic Publishing, 2010, 11 (3): 211 – 245.

⑨ Tung C. Y. , Wang G. C. , Yeh J. Renminbi Internationalization: Progress, Prospect and Comparison [J]. China & World Economy, 2012, 20 (5): 63 – 82.

国人民大学国际货币研究所（2012）[①]。以国际货币其中一个职能作为货币国际化的代理变量虽然能够很好地反映影响货币国际化的各因素对货币国际化的影响，但选择较为片面，主观性较强，不能很好地反映货币的国际化程度。而利用综合指标加权构造的货币国际化指数能够很好地反映一国货币国际化的程度及变化趋势，但是其运算过程较为复杂，通过模型进行估算所得出的因变量容易造成最终回归结果的不精确。所以本章通过构建一个较为简单的货币国际化综合加权指标对其进行测度，既能涵盖货币国际化的内涵，又能扩展到多数国家。

对一国货币国际化程度的测度与货币的国际职能是分不开的，衡量一国货币国际化程度就是衡量货币职能在国际范围内发挥的程度，即衡量交易媒介、计价单位和价值储藏三大国际化指标在国际市场上按照各自的权重进行加权平均。将上述国际货币三大职能指标按照各自的权重线性相加，则一国货币的国际化程度即为货币国际化指数。

$$Y = \lambda_1 x_1 + \lambda_2 x_2 + \lambda_3 x_3$$

其中，Y 为被解释变量，表示一国货币的国际化程度，λ_1、λ_2、λ_3 表示国际货币各职能指标的权重，x_1 表示国际货币作为交易媒介职能的衡量指标，x_2 表示国际货币作为计价单位职能的衡量指标，x_3 表示国际货币作为价值储藏职能的衡量指标。

对于国际货币职能的权重的度量，要估算每个指标在货币国际化指数中所占的精确权重是个非常复杂的工作，而且容易造成货币国际化程度度量结果的不精确，从而对后续研究造成困难，导致回归结果的不科学。本章参考蒂曼（2012）[②] 在其论文中所采用的方法，赋予三个指标相等的权重，很多现有研究一般也是采取这种给予指标相同权重的方法加权平均对货币国际化程度进行测度（李稻葵和刘霖琳，2008[③]；魏昊，2010[④]），虽然这种赋值方

① 陈雨露. 人民币国际化报告［M］. 北京：中国人民大学出版社，2012.

② Thimann C. , Bracke T. , Chinn M. , et al. , global roles of currencies［J］. Social Science Electronic Publishing, 2010, 11（3）：211 – 245.

③ 李稻葵，刘霖林. 人民币国际化：计量研究及政策分析［J］. 金融研究，2008（11）：1 – 16.

④ 魏昊，戴金平，靳晓婷. 货币国际化测度、决定因素与人民币国际化对策［J］. 贵州社会科学，2010（9）：95 – 100.

法比较粗糙，但是也在一定程度上反映不同国家之间数值及变化幅度的对比情况，且所使用数据均为权威官方数据，不存在估算错误等问题，三种国际货币职能指标权重分别为三分之一。

（二）金融市场开放：内涵与理论模型

金融市场开放是指一国金融市场从封闭状态向开放状态转变的过程，也是一国金融市场逐步融入全球金融市场的过程，它包括三方面的内容：一是放松或取消银行存贷款利率的管制，实现汇率自由化，使本币在经常账户和资本账户下可自由兑换（贾俐贞，2005）[①]；二是国际资本的跨境自由流动管制的放松（张小波，2012）[②]，完成资本账户开放；三是金融市场和服务业的开放，即本国金融市场可以自由的参与国际金融市场的交易。金和伊藤（2008）、华秀萍（2012）[③] 从资本跨境流动的角度将金融市场开放等同于资本账户开放，同时，国际货币基金组织（IMF）对资本账户开放的定义为取消对资本交易的外汇管制，允许资本的跨界自由流动。所以本章从资本跨境流动的角度对金融市场开放度予以测度。

对于金融市场开放的完整测度，应该同时包含法定金融市场开放的测度（De jure of financial market openness）和实际金融市场开放的测度（De fact of financial market openness），法定金融市场开放度的测量方法包括 IMF 的 ARE-AER 指标法、Quinn 强度指标法、金和伊藤[④]的 CAOPEN 指标法和 OECD 指标法；实际金融市场开放度测量方法包括利率平价法、费尔德斯坦和堀冈（1980）[⑤] 的 F - H 法与莱恩和米莱西（2007）[⑥] 的总量法（LMF 法）。是资本的趋利性导致资本的跨国流动，本章是从资本的自由跨国流动的角度分析金融市场开放的，所以选取 CAOPEN 指标和 LMF 指标分别作为金融市场开放

① 贾俐贞. 金融自由化与中国金融开放 [D]. 北京：中共中央党校，2005.

② 张小波. 金融开放的水平测度及协调性分析 [J]. 经济科学，2012（2）：72 - 88.

③ 华秀萍，熊爱宗，张斌. 金融开放的测度 [J]. 金融评论，2012，4（5）：110 - 121.

④ Menzie D. Chinn, Hiro Ito. A New Measure of Financial Openness [J]. Journal of Comparative Policy Analysis Research & Practice, 2008, 10（3）：309 - 322.

⑤ Feldstein M., Horioka C. Domestic Saving and International Capital Flows [J]. Economic Journal, 1980, 90（358）：314 - 329.

⑥ Lane R., Gian Maria Milesi-Ferretti. The external wealth of nations mark II：Revised and extended estimates of foreign assets and liabilities, 1970 - 2004 [J]. Journal of International Economics 73, 2007（11）：223 - 250.

度的代理变量。

CAOPEN 指标是金和伊藤（2006）根据 IMF 发布的 AREAER 指标，基于二元虚拟变量编制的用于衡量金融市场开放程度的指标，运用主成分分析法对各变量赋值，得到的 −1.89~2.39 的一种评价指数，取值越接近于 2.39 说明该国金融市场开放程度越高。该指标刻画了 1970~2014 年 182 个国家金融市场开放程度的数据，包括的国家众多，数据公开且定时更新，成为测度金融市场开放程度普遍采用的法定指标。

莱恩和米莱西（2007）用直接投资、证券投资和其他投资金融资产和负债之和占 GDP 的比重作为衡量金融市场开放度的指标，来反映金融市场开放的长期变化过程，具体表示为：

$$LMF_{it} = \frac{FA_{it} + FL_{it}}{GDP_{it}}$$

其中，FA_{it} 和 FL_{it} 分别表示 i 国家在 t 时刻金融资产和负债的存量，GDP_{it} 为对应该国在 t 时期的国内生产总值。Lane 和 Milesi-Ferretti 测度了 145 个国家 1970~2014 年金融市场的开放程度，且在后期不定期地予以更新。

（三）金融市场开放与货币国际化

国内外学者对于货币国际化的影响因素进行了大量的理论和实证研究，综合起来大概有五个方面：经济体的规模、对外贸易额、金融市场的开放程度、币值的稳定程度、网络外部性（即货币惯性）（Bergsten，1978[1]；Tavlas，1997[2]；Mundell，2003[3]；Chinn & Frankel，2008；白晓燕，2013[4]；王春娇，2016[5]）。在货币国际化的影响因素的探讨中，几乎每一位学者都提到了金融市场的开放程度是货币国际化的关键影响因素之一。

---

[1]　Bergsten C. F. The Dilemmas of the Dollar [J]. Journal of Money Credit & Banking, 1978, 10 (3).

[2]　Tavlas G. S. The International Use of the US Dollar: An Optimum Currency Area Perspective [J]. World Economy, 1997, 20 (6): 709 – 747.

[3]　Mundell R. Prospects for an Asian Currency Area [J]. Journal of Asian Economics, 2003, 14 (1): 1 – 10.

[4]　白晓燕，邓明明. 货币国际化影响因素与作用机制的实证分析 [J]. 数量经济技术经济研究，2013 (12): 113 – 125.

[5]　王春桥，夏祥谦. 人民币国际化：影响因素与政策建议——基于主要国际货币的实证研究 [J]. 上海金融，2016 (3): 38 – 43.

历史和实践证明，金融市场的发展与货币国际化存在着相当大的相关性，塔弗拉斯和尾关（1991）[1] 在分析货币国际化中资本与金融账户的作用时曾指出，假如一国具备发挥世界银行职能所需的必要条件，该国可以通过货币输出长期资本并吸收短期资本来提升货币国际化水平。布劳恩和拉达茨（2007）[2]，艾肯格林（2011）[3] 也指出金融市场开放对于金融体系的健全、以国际化货币计价的金融产品的推出等存在着积极的推动作用，从而促进货币的国际化。普拉萨德和列伊（2012）[4] 指出如果一国要想完成货币的国际化，资本市场充分开放、发达的金融市场以及健全的宏观经济政策是其实现条件。虽然严佳佳、黄文彬（2014）[5] 认为金融市场开放并非货币国际化的必然前提，但是一国若想要充分发挥世界货币职能，必须开放本国金融市场。

本章分析的重点在于不同国家和地区的金融市场开放度对货币国际化影响的程度的区分，分别从三个角度开展实证研究：一是对不同国家和地区金融市场开放度进行测度，整体分析金融市场开放对货币国际化的影响；二是将这些国家从高到低排序，将其分为两个部分：金融开放度高的国家和金融开放度低的国家，分别研究金融市场开放程度的不同对货币国际化影响的差异；三是两种金融市场开放度内部基于静态面板数据和动态面板数据的不同，分析其对货币国际化影响的差异。

二、货币国际化程度测度与跨国面板模型的建立

通过选取 22 个国家和地区的金融市场开放度为解释变量，分析金融市场开放对货币国际化的影响。选取的 22 个国家和地区为保加利亚（BGR）、丹

① Tavlas G. S., Ozeki Y. The Japanese Yen as an International Currency [J]. Imf Working Papers, 1991, 91 (2).

② Braun M., Raddatz C. Trade liberalization, capital account liberalization and the real effects of financial development [J]. Journal of International Money & Finance, 2007, 26 (5): 730 – 761.

③ Barry Eichengreen, Rachita Gullapalli and Ugo Panizza. Capital Account Liberalization, Financial Development and Industry Growth: A Synthetic View [J]. International Money and Finance, 2011, 30 (6): 1090 –1106.

④ Prasad E. and Ye, L. The Renminbi's Role in the Global Monetary System [J]. Proceedings, 2012 (11): 199 –206.

⑤ 严佳佳，黄文彬. 资本账户开放进程中的货币国际化研究——以日本为例的分析 [J]. 东南学术, 2014 (4): 113 –121.

麦（DNK）、芬兰（FIN）、法国（FRA）、英国（GBR）、德国（DEU）、希腊（GRC）、意大利（ITA）、荷兰（NLD）、波兰（POL）、葡萄牙（PRT）、西班牙（ESP）、罗马尼亚（ROU）、美国（USA）、瑞士（CHE）、澳大利亚（AUS）、加拿大（CAN）、瑞典（SWE）、韩国（KOR）、日本（JPN）、新加坡（SGP）、中国香港（HKG），选取依据是上述国家和地区的货币都已经国际化、区域化或部分国际化，为被广泛使用的货币。

（一）货币国际化程度的测度

本章采取综合指标加权平均的方法对货币的国际化程度予以测度，依据国际货币交易媒介、计价单位和价值储藏三大职能，且每一货币职能权重赋值为1/3。

国际货币作为交换媒介的职能，一般选取国际贸易结算中的本币份额或国际外汇市场交易占比来衡量货币交易媒介职能的国际化应用，鉴于国际贸易结算中的本币份额数据较难获得，所以本章选取不同币种在国际外汇市场交易占比作为国际货币交易媒介职能的代理变量（张光平，2011）[①]。

国际货币作为计价单位职能一般选取国际银行负债中的货币构成或国际金融市场上发行的不同币种的国际债券占比作为衡量货币计价单位职能的国际化应用，本章借鉴王春桥（2016）[②] 的方法，选取以本币发行的国际债券未偿余额占比作为国际货币计价单位职能的代理变量。

国际货币的价值储藏职能普遍选取国际货币基金组织公布的官方外汇储备货币份额（COFER）作为代理变量。

因为本章是以国家为单位分析金融市场开放对货币国际化的影响，而货币国际化程度测度指标以币种为单位，22 个样本中有众多来自欧元区的国家，为了对这些国家的货币国际化程度分别测度，本章以欧元为代表的欧洲各样本国发行的国际债券未偿余额在所有欧洲样本国中所占的比重设为权重 k_i；乘以以欧元发行的国际债券未偿余额占比，作为欧洲各样本国以欧元发行的国际债券未偿余额占比，欧洲各样本国的欧元外汇交易占比采取同样的

---

①　张光平. 货币国际化程度度量的简单方法和人民币国际化水平的提升 ［J］. 金融评论, 2011
（3）：40－48.

②　王春桥, 夏祥谦. 人民币国际化：影响因素与政策建议——基于主要国际货币的实证研究
［J］. 上海金融, 2016（3）：38－43.

方法，数据来源与说明见表 13 - 1。

表 13 - 1　　　　　　　　　货币国际化测度的数据来源与说明

货币职能	代理变量	变量说明	数据来源
交易媒介	外汇交易中的币种份额	$k_i \times$ 以本币计价的外汇交易占比	WIND
计价单位	国际债券中的币种份额	$k_i \times$ 以本币发行的国际债券未偿余额占比	WIND
价值储藏	官方外汇储备份额	IMF 中各国央行外汇储备占比	IMF

（二）模型的设定与说明

影响货币国际化的因素很多，其关键因素主要归纳为五个方面，即经济体的规模、对外贸易规模、金融市场的开放程度、币值的稳定程度和网络外部性。本章主要是从金融市场开放的角度分析其对货币国际化的影响，因此，经济体的规模、对外贸易额、币值的稳定程度和网络外部性将作为本章的控制变量。

参考金和弗兰克尔（2008）的模型，本章将建立跨国面板数据模型来分析金融市场的开放程度对货币国际化的影响。对于模型中控制变量的选取，本章参考李海峰（2011）论文中的选取标准，经济体的规模以货币发行国 GDP 占世界 GDP 的比重作为代理变量，对外贸易规模以货币发行国出口占世界总出口的比重作为代理变量，币值的稳定程度以实际有效汇率指数（2010 = 100）作为代理变量，网络外部性以货币国际化滞后一期作为代理变量，见表 13 - 2。数据选取区间为 1995 ~ 2014 年。

因为作为被解释变量的货币国际化指数取值范围为 [0, 1]，所以本章也借鉴 Chinn 和 Frankel 的方法，对其进行 Logit 转换，即：Logit（CI） = $\log\left(\dfrac{CI}{1 - CI}\right)$。

因此，本章建立如下模型：

$$Logit(CI_{it}) = \beta_0 + \beta_1 FMopen_{it} + \beta_2 GDPrat_{it} + \beta_3 EXPrat_{it}$$
$$+ \beta_4 REER_{it} + \beta_5 Logit(CI_{it})_{-1} + \varepsilon_{it} \qquad (13 - 1)$$

对被解释变量、解释变量和控制变量进行描述性检验和单位根检验，结果如表 13 - 3 所示。

表 13 – 2　　　　　　　　　　　各变量数据来源与说明

项目	变量名称	代理变量	变量表示	数据来源
被解释变量	货币国际化程度	货币国际化程度指数	CI	作者自己测度
解释变量	金融市场开放度	法定：CAOPEN 指标	FMopen	Chinn-Ito① Lane&Milesi-Ferretti (2007)②
		实际：LMF 指标		
控制变量	经济体的规模	货币发行国 GDP 占世界 GDP 的比重	GDPrat	WDI
	对外贸易规模	货币发行国出口占世界总出口比重	EXPrat	WDI
	币值的稳定程度	实际有效汇率指数	REER	WDI
	网络外部性	货币国际化指数滞后一期	$(CI)_{-1}$	作者自己测度

表 13 – 3　　　　　　　　　　　各变量的单位根检验

变量	ADF-Fisher 检验		LLC 检验		检验类型 (C, T, M)	检验结果
	T 值	P 值	T 值	P 值		
Logit（CI）	324.3170	0.0000	– 37.8308	0.0000	(C, 0, 0)	I (0)
FMopen（COPEN）	51.4935	0.0000	– 7.0847	0.0000	(C, 0, 1)	I (1)
FMopen（LMF）	60.3366	0.0513	– 1.9320	0.0267	(C, 1, 0)	I (0)
GDPrat	156.7150	0.0000	– 11.4827	0.0000	(C, 0, 1)	I (1)
EXPrat	203.4410	0.0000	– 13.2347	0.0000	(C, 0, 1)	I (1)
REER	139.4760	0.0000	– 8.5537	0.0000	(C, 0, 1)	I (1)

　　模型中的数据均为平稳序列，可以对其进行实证分析。

　　因为 CAOPEN 指标和 LMF 指标反映的是金融市场逐年开放的渐变过程，无法在国家间对开放度的高低进行比较，因此本章首先运用利率平价模型，对 22 个国家的金融市场开放度予以测度，并按照开放度由高到低进行排序，见表 13 – 4③。为了给人民币国际化进程中中国金融市场开放程度提供参考，

　　① Menzie D. Chinn, Hiro Ito. A New Measure of Financial Openness [J]. Journal of Comparative Policy Analysis Research & Practice, 2008, 10 (3): 309 – 322.

　　② Lane R., Gian Maria Milesi-Ferretti. The external wealth of nations mark II: Revised and extended estimates of foreign assets and liabilities, 1970 – 2004 [J]. Journal of International Economics 73, 2007 (11): 223 – 250.

　　③ 详细实证方法见：《金融市场开放对货币国际化的影响——基于跨国面板数据的实证分析》。

本章选择中国香港作为分割点，前 11 位为金融开放度高的国家，后 11 位为金融开放程度相对较低的国家和地区，下面将根据上述分析，运用 CAOPEN 指标和 LMF 指标来进一步分析金融市场开放对货币国际化的影响。

表 13 – 4　　　　　　　不同国家和地区金融市场开放度的比较

序号	国家（地区）	系数值 π	开放度（η = 1 − π）
1	美国（USA）	0.089596	0.910404
2	英国（GBR）	0.482434	0.517566
3	加拿大（CAN）	0.508166	0.491834
4	法国（FRA）	0.602277	0.397723
5	德国（DEU）	0.634697	0.365303
6	瑞士（CHE）	0.640692	0.359308
7	澳大利亚（AUS）	0.650002	0.349998
8	日本（JPN）	0.699556	0.300444
9	意大利（ITA）	0.731190	0.268810
10	荷兰（NLD）	0.735097	0.264903
11	丹麦（DNK）	0.788765	0.211235
12	中国香港（HKG）	0.788840	0.211160
13	瑞典（SWE）	0.796342	0.203658
14	葡萄牙（PRT）	0.798702	0.201298
15	韩国（KOR）	0.802445	0.197555
16	罗马尼亚（ROU）	0.802513	0.197487
17	希腊（GRC）	0.815689	0.184311
18	保加利亚（BGR）	0.850861	0.149139
19	新加坡（SGP）	0.878867	0.121133
20	波兰（POL）	0.882085	0.117915
21	西班牙（ESP）	0.955987	0.044013
22	芬兰（FIN）	0.961259	0.038741

三、基于法定金融市场开放度的实证分析

（一）基于全样本国家和地区的实证分析

本章首先对 22 个全部样本国家和地区进行实证分析，建立 N = 22，T =

20 的跨国（地区）面板数据模型，并对此进行协整检验，建立在 EG 检验基础上的面板协整 Kao 检验和 Pedroni 检验（见表 13-5），检验结果表明除了 Panel PP 检验和 Group PP 检验，P 值均在 5% 的显著性水平上显著，说明存在协整关系。

表 13-5　　　　　　　协整检验（法定金融市场开放度 CAOPEN）

检验方法	检验假设	统计量名	统计量值（P 值）
Kao 检验	$H_0: \rho = 1$	ADF	-4.794867 (0.0000)***
Pedroni 检验	$H_0: \rho = 1$ $H_1: (\rho_i = \rho) < 1$	Panel v-Statistic	-20.90592 (0.0000)***
		Panel rho-Statistic	2.237057 (0.0327)**
		Panel PP-Statistic	-0.797506 (0.2903)
		Panel ADF-Statistic	3.153187 (0.0028)***
	$H_0: \rho = 1$ $H_1: (\rho_i = \rho) < 1$	Group rho-Statistic	2.946612 (0.0052)***
		Group PP-Statistic	-1.488473 (0.1318)
		Group ADF-Statistic	5.287314 (0.0000)***

注：***、** 分别表示在 1%、5% 水平上显著。

本章所采用的模型为动态面板数据模型，在进行回归之前，首先将 $(CI)_{-1}$ 剔除，建立静态面板数据模型，对此进行固定效应检验，Hausman 检验，P 值为 0.0814，在 10% 的显著性水平下拒绝原假设，应建立个体固定效应模型，在横截面个数大于时序个数（即 N > T）的情况下，允许不同的截面存在异方差，本章对异方差进行修正，采取贝克和卡茨（1995）引入的面板校正标准误（Panel Corrected Standard Errors，PCSE）的方法对模型进行 OLS 回归。然后将 $(CI)_{-1}$ 加入模型，模型从静态面板变为动态面板，使用传统的 OLS 估计所得到的估计量可能不一致，因此采用广义矩估计（GMM）

的方法对模型进行回归，回归结果见表 13 - 6。

表 13 - 6　　　　　　全样本国家和地区面板数据回归结果（CAOPEN）

变量	静态面板数据模型 （t 统计量）	动态面板数据模型 （t 统计量）
C	- 2.903792 *** （- 7.61）	—
FMopen	0.403410 *** （5.11）	0.466170 ** （2.52）
GDPrat	1.610399 （0.64）	4.130965 ** （2.10）
EXPrat	- 7.742508 ** （- 2.04）	- 8.955655 ** （- 2.26）
REER	0.898428 ** （2.03）	- 0.131756 （- 0.69）
Logit（CI）- 1	—	0.149422 ** （2.33）

注：*** 、** 分别表示在1%、5% 水平上显著。

通过表 13 - 6 可以发现，Fmopen 对应的系数为正，表明金融市场开放对货币国际化的影响为正，静态面板和动态面板数据均得到一致结论，且其在 5% 的显著性水平上都是显著的，也证实了金融市场开放对货币国际化的影响显著。动态面板数据模型更符合实际模型，且动态面板模型金融市场开放度对货币国际化的影响系数 0.47 要大于静态面板模型的影响系数 0.40，说明运用动态面板数据进行回归金融市场开放对货币国际化的影响更大一些。在这两种估计方法中，回归结果无明显著差别，体现了模型的稳健性。其中 EXPrat 在两种估计方法中系数均为负值，这可能与模型设定和因变量的 Logit 转换有一定关系。

因为面板数据难以像时间序列数据那样进行 Granger 因果检验，Granger 因果检验方法只能针对序列组，所以本章将 CI 和 Fmopen 两组序列分至同一个组中，对其进行 Grange 检验，结果如表 13 - 7 所示。对于 FMopen 不是 CI 的 Granger 原因的原假设，P 值为 0.0163，在 5% 的显著性水平上显著，因此拒绝原假设，说明 FMopen 和 CI 具有因果关系。

表 13 - 7　　　　　　　因变量和自变量的 **Granger** 因果检验

原假设	F 统计量	P 值
FMopen 不是 CI 的 Granger 原因	4. 16133	0. 0163 ***
CI 不是 FMopen 的 Granger 原因	2. 74048	0. 0658 *

注：*** 、* 分别表示在 1% 、10% 水平上显著。

（二）基于不同金融市场开放度国家和地区的实证分析

为了研究不同国家金融市场开放度的不同对货币国际化影响的差异，本章将 22 个国家和地区分为金融开放度高的国家（前 11 个国家）和金融开放度低的国家和地区（后 10 个国家和中国香港地区）分别进行分析。建立 $N = 11$，$T = 20$ 的跨国（地区）面板数据模型。

通常的面板数据为 N 比较大，T 比较小，这种面板数据称为"短面板"（short panel），反之，如果 N 比较小，T 比较大，这种面板数据称为"长面板"（long panel），也即此时我们使用的面板数据。对于短面板，由于时间维度较小，每个个体信息较少，无法讨论扰动项 $\{\varepsilon_{it}\}$ 是否存在自相关，一般假定其服从独立同分布。而对于长面板，T 较大，信息较多，可以放松这个假定，对 $\{\varepsilon_{it}\}$ 自相关的具体形式进行估计。对于可能存在的固定效应，如果仅存在异方差和组内自相关，可采用加入个体虚拟变量的方法，即最小二乘虚拟变量法（LSDV）进行估计；如果同时存在异方差、组内自相关和组间同期相关（也被称为"截面相关"），可使用可行的广义最小二乘法（FGLS）进行估计①。

1. 金融市场开放度高的国家和地区的实证分析

和前述一样，首先将（CI）$_{-1}$ 剔除，建立静态面板数据模型，Hausman 检验 P 值为 0.0076，在 1% 的显著性水平上拒绝原假设，应建立个体固定效应模型。在进行回归分析之前，要进行组间异方差（Wald 检验）、组内自相关（Wooldridge 检验）和组间同期相关检验（Friedman 检验、Fress 检验和 Pesaran 检验），Pesaran 检验 P 值为 1.2071，不能拒绝不存在组间截面相关的原

① 陈强. 高级计量经济学及 Stata 应用［M］. 北京：高等教育出版社，2014；166.

假设，所以该长面板模型只存在组间异方差和组内自相关，运用最小二乘虚拟变量法（LSDV）对其进行回归，并校正组间异方差（PCSE）。然后将 $(CI)_{-1}$ 加入模型，建立动态面板数据模型，虽然运用前述 GMM 的估计方法可以得到一致估计量，但是对于长面板可能会存在严重的偏差，因此，本章采用"偏差校正 LSDV"（biased-corrected LSDV）[①] 的方法对动态面板数据进行估计。回归结果如表 13 - 8 所示。

表 13 - 8　　金融市场开放度高的国家和地区面板回归结果（CAOPEN）

变量	静态面板数据模型 （z 统计量）	动态面板数据模型 （z 统计量）
C	- 3. 584859 *** （ - 4. 46）	—
FMopen	0. 466052 * （1. 76）	1. 603408 *** （4. 13）
GDPrat	9. 624464 *** （6. 21）	- 5. 606048 *** （ - 3. 50）
EXPrat	8. 841368 *** （2. 75）	1. 622401 （0. 89）
REER	- 1. 186264 *** （ - 4. 75）	0. 759814 *** （3. 30）
Logit $(CI)_{-1}$	—	1. 366928 *** （4. 22）

注：*** 、* 分别表示在1%、10%水平上显著。

FMopen 对应的系数为正，表明对于金融市场开放度高的国家和地区而言，其金融市场开放与货币国际化存在正相关关系，其对应的 P 值在10%的显著性水平上是显著的，静态面板和动态面板估计结果具有一致性，和全样本国家和地区的回归结果没有显著差异。从金融市场开放度高的国家和地区静态面板和动态面板的回归结果对比发现，动态面板模型的回归金融市场开放度对货币国际化的影响系数1.60要大于静态面板模型的影响系数0.46，

---

① Bruno G. S. F. Estimation and inference in dynamic unbalanced panel-data models with a small number of individuals [J]. Kites Working Papers, 2005, 5（4）：473 - 500.

说明用动态面板数据进行回归对货币国际化的影响程度更大一些。

2. 金融市场开放度低的国家和地区的实证分析

对后 11 位金融市场开放度相对较低的国家和地区进行回归分析，首先剔除（CI）$_{-1}$建立静态面板数据模型，对其固定效应检验，Hausman 检验 P 值为 0.0420，在 5% 的显著性水平上拒绝原假设，应建立个体固定效应模型。对组间异方差、组内自相关和组间同期相关进行检验，Wald 检验、Wooldridge 检验和 Friedman 检验均在 1% 的显著性水平上拒绝原假设，因此存在组间异方差、组内自相关和组间同期相关，所以本章运用可行的广义最小二乘法（FGLS）进行估计。加入（CI）$_{-1}$项后进行动态面板数据回归，此时再选用"偏差校正 LSDV"的方法得出的回归结果不显著，所以本章选用广义矩估计（GMM）的方法对其进行分析。回归结果见表 13 - 9。

表 13 - 9　金融市场开放度低的国家和地区面板回归结果（CAOPEN）

变量	静态面板数据模型 （z 统计量）	动态面板数据模型 （t 统计量）
C	- 4.638014 *** （- 14.77）	—
FMopen	0.284170 *** （15.82）	0.407411 * （1.70）
GDPrat	- 35.78596 *** （- 5.29）	35.02143 *** （2.62）
EXPrat	- 12.92303 * （- 1.88）	- 13.25462 （- 0.51）
REER	0.876259 *** （9.37）	- 1.198352 （- 1.41）
Logit（CI）$_{-1}$	—	0.141068 *** （2.91）

注：*** 、* 分别表示在 1%、10% 水平上显著。

FMopen 对应的系数显著为正，表明金融市场开放对货币国际化影响是显著的，即金融市场开放度的提高对货币国际化有积极影响。动态面板的 FMopen 系数 0.41 要大于静态面板的 FMopen 系数 0.28，说明动态面板模型金融市场开放对货币国际化的影响程度更大一些。同时将金融市场开放程度低的国家和地区与开放程度高的国家和地区 FMopen 系数对比发现，无论是在静态面板还是在动态面板模型中，开放程度低的国家和地区的 FMopen 系数都要低于开放程度高的国家和地区 FMopen 系数，说明金融市场开放度每增加1，开放度高的国家和地区其货币国际化程度比开放度低的国家和地区增加得多，金融市场开放程度越高的国家和地区对货币国际化的影响也就越大，金融市场开放度越高，货币国际化程度也就越高。

（三）基于法定金融市场开放实证分析的结论

基于上述分析，我们通过对全样本国家和地区、金融市场开放度高的国家和地区与金融市场开放度低的国家和地区的静态与动态面板实证分析对比，得出以下结论：

第一，无论是全样本国家和地区，还是金融市场开放度高和开放度低的国家和地区，其金融市场开放对货币国际化回归的系数都显著为正，说明随着一国金融市场开放度的提升，其货币国际化程度是增加的。

第二，通过金融市场开放度高的国家和地区与开放度低的国家和地区的回归分析发现，无论是静态面板模型回归还是动态面板模型回归，金融市场开放度高的国家和地区对货币国际化的影响程度要高于金融市场开放度低的国家和地区，说明金融市场开放度越高，其货币国际化程度也越高。

第三，通过建立静态面板回归模型和动态面板回归模型，发现两者回归结果具有一致性，体现了模型的稳健性。其中动态面板模型的 FMopen 系数对货币国际化的影响更大一些，说明存在货币惯性的条件下，一国金融市场开放度的提升对货币国际化具有更大的促进作用。

四、基于实际金融市场开放度的实证分析

（一）基于全样本国家和地区的实证分析

和前面一样，本章首先对 22 个全部样本国家和地区进行实证分析，建立 $N = 22$，$T = 20$ 的跨国面板数据模型，并对此进行协整检验，建立在 EG 检验基础上的面板协整 Kao 检验和 Pedroni 检验（见表 13 - 10），检验结果表明除了 Group ADF 检验，P 值均在 5% 的显著性水平上显著，说明存在协整关系。

表 13 – 10　　　　　　　　　协整检验（实际金融市场开放度 LMF）

检验方法	检验假设	统计量名	统计量值（P 值）
Kao 检验	H_0：$\rho = 1$	ADF	-5.214577 (0.0000) ***
Pedroni 检验	H_0：$\rho = 1$ H_1：（$\rho_i = \rho$）< 1	Panel v-Statistic	-3.261328 (0.0020) ***
		Panel rho-Statistic	3.541386 (0.0008) ***
		Panel PP-Statistic	-2.660709 (0.0116) **
		Panel ADF-Statistic	3.375956 (0.0013) ***
	H_0：$\rho = 1$ H_1：（$\rho_i = \rho$）< 1	Group rho-Statistic	5.253853 (0.0000) ****
		Group PP-Statistic	-4.701444 (0.0000) ***
		Group ADF-Statistic	0.901416 (0.2657)

注：***、**分别表示在 1%、5% 水平上显著。

首先检验模型类型，Hausman 检验 P 值为 0.0000，拒绝原假设，应建立个体固定效应模型。然后分别建立静态面板数据模型和动态面板数据模型进行分析，首先剔除（CI）$_{-1}$，对异方差进行修正，采取 PCSE 的方法进行 OLS 回归，然后分析动态面板数据，将（CI）$_{-1}$加入模型，采用 GMM 的方法对其进行回归，回归结果如表 13 – 11 所示。

表 13 – 11　　　　　　　　全样本国家面板数据回归结果（LMF）

变量	静态面板模型 （t 统计量）	动态面板数据模型 （t 统计量）
C	-4.265842 *** （-11.83）	—
FMopen	0.121948 *** （9.11）	0.023298 *** （7.16）

变量	静态面板模型 （t 统计量）	动态面板数据模型 （t 统计量）
GDPrat	-8. 328241 *** （-3. 53）	-6. 696724 *** （-3. 10）
EXPrat	13. 99761 *** （3. 27）	17. 13300 *** （4. 33）
REER	2. 195414 *** （5. 67）	0. 778134 *** （5. 38）
Logit（CI）$_{-1}$	—	0. 095357 *** （5. 27）

注： *** 表示在 1% 水平上显著。

FMopen 对应的系数在 1% 的水平上显著为正，表明金融市场开放对货币国际化的影响显著为正，静态面板与动态面板回归结果一致，说明模型是比较稳健的。但是与 CAOPEN 指标作为 FMopen 的代理变量相比，LMF 作为代理变量，其动态面板回归结果，对货币国际化的影响系数 0.02 明显小于静态面板回归结果 0.12，说明静态面板回归金融市场开放对货币国际化的影响要更大一些，此结果说明，用资本流入与流出之和占 GDP 的比重来衡量金融市场开放，对货币国际化的影响存在一定的滞后性。

本章抽取 CI 和 FMopen 两个序列进行 Granger 检验，检验结果见表 13 - 12。对于 FMopen 不是 CI 的 Granger 原因的原假设，P 值为 0.0463，5% 的显著性水平上拒绝原假设，说明 Fmopen 和 CI 具有因果关系。

表 13 - 12　　　　　　　　因变量和自变量的 Granger 因果检验

原假设	F 统计量	P 值
FMopen 不是 CI 的 Granger 原因	3. 09749	0. 0463 **
CI 不是 FMopen 的 Granger 原因	4. 85041	0. 0083 ***

注： *** 、** 分别表示在 1% 、5% 水平上显著。

（二）基于不同金融市场开放度的实证分析

下面同样将 22 个国家和地区分为金融开放度高的国家和地区及金融开放度低的国家和地区两部分，建立 N = 11，T = 20 的长面板，需要检验异方差和序列相关性，来决定采用最小二乘虚拟变量法（LSDV）还是采用可行的广义最小二乘法（FGLS）进行估计。

1. 金融市场开放度高的国家和地区的实证分析

首先剔除（CI）$_{-1}$项，对静态面板数据进行分析，Hausman 检验，P 值为0.0022，拒绝原假设，应建立个体固定效应模型。对其进行异方差和序列相关性检验，三种相关性检验，只有 Pesaran 检验 P 值为 1.2896，不能拒绝原假设，所以本章认为该长面板模型只存在组间异方差和组内自相关，运用LSDV 的方法对其进行回归。然后加入（CI）$_{-1}$项，运用 GMM 的方法对其进行动态面板数据回归，结果见表 13 – 13。

表 13 – 13　　金融市场开放度高的国家和地区面板回归结果（LMF）

变量	静态面板模型 （z 统计量）	动态面板模型 （t 统计量）
C	– 0.402536 ** （– 2.10）	—
FMopen	0.057845 *** （6.55）	0.022539 *** （15.11）
GDPrat	3.399378 *** （2.65）	– 3.573392 *** （– 17.18）
EXPrat	– 5.516817 ** （– 2.01）	10.61771 *** （27.98）
REER	0.233585 （1.24）	0.149548 *** （9.54）
Logit（CI）$_{-1}$	—	0.030846 ** （2.48）

注：***、** 别表示在 1%、5% 水平上显著。

FMopen 对应的系数在 1% 的显著性水平上显著为正，表明对于金融市场开放度高的国家和地区，金融市场开放和货币国际化存在正相关关系，和全样本国家和地区分析结果一致。但是动态面板模型中 FMopen 的系数 0.02 要明显小于静态面板模型中 FMopen 的系数 0.06，说明金融市场开放度高的国家和地区中，静态面板模型回归中金融市场开放对货币国际化影响更大一些，也说明了在金融市场开放程度高的国家和地区，实际金融开放度对货币国际化的影响存在一定的滞后性。

2. 金融市场开放度低的国家和地区的实证分析

剔除（CI）$_{-1}$项之后，检验模型类型，Hausman 检验，P 值为 0.0000，拒绝原假设，应建立个体固定效应模型。对静态面板模型进行分析，需要检验异方差和序列相关，三种检验均在 1% 的显著性水平上拒绝原假设，表明存在异方差、组内自相关和截面相关，因此本章采用可行的广义最小二乘法（FGLS）进行估计。加入（CI）$_{-1}$项之后采用 GMM 的方法对动态面板数据模型进行回归，结果见表 13 - 14。

表 13 - 14　　金融市场开放度低的国家和地区面板回归结果（LMF）

变量	静态面板模型 （z 统计量）	动态面板模型 （t 统计量）
C	- 7.270659 *** （- 16.47）	—
FMopen	0.075958 *** （7.63）	0.029130 *** （11.01）
GDPrat	- 31.41440 *** （- 3.85）	- 16.54056 *** （- 6.98）
EXPrat	51.92910 *** （6.08）	50.90322 *** （16.58）
REER	1.209462 *** （9.55）	1.324601 *** （13.78）
Logit（CI）$_{-1}$	—	0.179830 *** （10.39）

注：*** 表示在 1% 水平上显著。

FMopen 对应的系数显著为正，表明金融市场开放对货币国际化的影响显著为正，和前述结论并无差别。而无论是全样本国家和地区，还是金融市场开放度高的国家和地区与开放度低的国家和地区，他们的动态面板模型的 FMopen 系数都明显小于静态面板模型的 FMopen 系数，说明实际金融市场开放度作为代理变量的模型中，静态面板模型中的金融市场开放对货币国际化的影响比动态面板模型中的影响更大一些。

但是通过金融市场开放度高的国家和地区与金融市场开放度低的国家和地区的对比发现，金融市场开放度高的国家和地区的 FMopen 系数要小于金融市场开放度低的国家和地区的 FMopen 系数，这和法定金融市场开放度的结果有很大差异。其实观察 LMF 数据库可以发现，以一国资本总流入和总流出之和占 GDP 的比重作为金融市场开放的代理变量，新加坡和中国香港作为金融市场开放度相对较低的国家和地区，其 LMF 指标值却是在 22 个样本国家和地区中最高的，这是因为其金融资产流入和流出之和远远超过同期 GDP 所造成的结果，所以我们得出结论，金融市场开放度越高的国家和地区对货币国际化程度的要求也越高的假设，是建立在一国 GDP，即经济规模足够强大的基础之上的，需要与其经济实力相适应，而金融开放度低的国家和地区资本的跨境流动对货币国际化的促进作用要大于金融开放度高的国家和地区。

（三）基于实际金融市场开放实证分析的结论

基于上述分析，我们通过对全样本国家和地区、金融市场开放度高的国家和地区与金融市场开放度低的国家和地区的实证分析，得出以下结论：

第一，无论是全样本国家和地区，还是金融市场开放度高的国家和地区与开放度低的国家和地区，其金融市场开放对货币国际化的影响显著为正，说明金融市场开放度的提高对货币国际化有积极影响。

第二，通过全样本国家和地区，金融市场开放度高和低的国家和地区回归分析发现，无论是静态面板数据还是动态面板数据，金融市场开放度高的国家和地区对货币国际化的影响程度要低于金融市场开放度低的国家和地区，金融市场开放度低的国家和地区开放本国金融市场，对货币国际化的促进作用要大于金融市场开放度高的国家和地区。但是要与本国相应的经济实力相适应。

第三，通过建立静态面板回归模型和动态面板回归模型，发现两者回归结果具有一致性，体现了模型的稳健性。其中静态面板回归模型 FMopen 系数对货币国际化的影响更大一些，说明以资本流入和流出衡量金融市场开放对货币国际化的影响有一定滞后性。

五、以金融市场开放的视角对人民币国际化的启示

一国货币要成为国际货币，强大的经济实力是其必要和基础性条件，也

是金融市场开放的必备因素，中国经济实力的持续增长，对外贸易规模的不断扩大和国际地位的不断提高，使人民币渐渐被国际社会所接受。但是其经济发展模式还存在一定的问题，同时，人民币国际化需要一个开放的、自由的、流动的金融市场，有利于价格的发现和资本的自由流动①。通过金融市场开放对货币国际化影响的实证分析，我们得出两个结论：一是金融市场开放与货币国际化存在显著的正向相关关系，随着金融市场开放度的提高，其货币国际化程度也在提高；二是资本的跨境流动作为衡量金融市场开放度的指标，对货币国际化的影响有一定的滞后性，但是加快资本的跨境流动可以促进一国的货币国际化水平，同时也要注意与一国经济的发展水平相适应。因此，要实现人民币国际化必须做到以下两点。

一是要发挥金融市场开放对货币国际化的促进作用，要进一步开放本国金融市场。通过对全样本国家和地区以及法定和实际两种金融市场开放度测度方法对货币国际化的实证分析结果看，金融市场开放度的提升会促进货币的国际化，人民币国际化必然伴随着金融市场开放，而金融市场开放的速度也会影响到人民币的国际化，因此要在循序渐进中进一步开放中国金融市场，在资本流入与流出中找到"平衡点"，逐步放松对直接投资和证券投资的管制，适当加大金融市场开放力度，推动人民币逐步资本项目下可兑换，有利于增加人民币境外流通和投资渠道，逐步提高人民币在跨境投资中的比重。

二是金融市场开放度低的国家和地区加速资本的流动可以促进货币国际化，但是要注重要与一国经济实力相协调。处于金融开放度低水平的国家和地区金融市场开放度对货币国际化的促进作用要高于开放度高的国家和地区，我们要抓住这一优势，同时要保持中国经济稳定健康发展，为金融市场的进一步开放和人民币国际化打好基础。中国产业结构仍然落后，国内需求不足，粗放型的经济发展模式使得中国与完成货币国际化的发达国家还有很大差距，我们必须转变经济增长方式，调整产业结构，提高资源的使用效率，提高国内需求，并由粗放式对外贸易向集约式对外贸易转型，加大对高端领域和高

---

① 邵华明，侯臣，等．人民币国际化：现状与路径选择——以美元国际化历程为借鉴［J］．社会科学文摘，2015（11）：23-33.

附加值的产品的出口，在保持本土优势的基础上发挥比较竞争优势。保持经济稳定持续增长的同时，拓宽人民币的适用范围和方式。

本章参考文献

［1］李海峰，王林. 货币国际化影响因素实证研究［J］. 金融与经济，2011（12）：13－18.

［2］杨荣海. 当前货币国际化进程中的资本账户开放路径效应分析［J］. 国际金融研究，2014（4）：50－61.

［3］陈雨露. 人民币国际化报告［M］. 北京：中国人民大学出版社，2012.

［4］李稻葵，刘霖林. 人民币国际化：计量研究及政策分析［J］. 金融研究，2008（11）：1－16.

［5］魏昊，戴金平，靳晓婷. 货币国际化测度、决定因素与人民币国际化对策［J］. 贵州社会科学，2010（9）：95－100.

［6］贾俐贞. 金融自由化与中国金融开放［D］. 北京：中共中央党校，2005.

［7］张小波. 金融开放的水平测度及协调性分析［J］. 经济科学，2012（2）：72－88.

［8］华秀萍，熊爱宗，张斌. 金融开放的测度［J］. 金融评论，2012，4（5）：110－121.

［9］白晓燕，邓明明. 货币国际化影响因素与作用机制的实证分析［J］. 数量经济技术经济研究，2013（12）：113－125.

［10］王春桥，夏祥谦. 人民币国际化：影响因素与政策建议——基于主要国际货币的实证研究［J］. 上海金融，2016（3）：38－43.

［11］严佳佳，黄文彬. 资本账户开放进程中的货币国际化研究——以日本为例的分析［J］. 东南学术，2014（4）：113－121.

［12］张光平. 货币国际化程度度量的简单方法和人民币国际化水平的提升［J］. 金融评论，2011（3）：40－48.

［13］王春桥，夏祥谦. 人民币国际化：影响因素与政策建议——基于主要国际货币的实证研究［J］. 上海金融，2016（3）：38－43.

［14］陈强. 高级计量经济学及 Stata 应用［M］. 北京：高等教育出版社，2014：166.

［15］邵华明，侯臣，等. 人民币国际化：现状与路径选择——以美元国际化历程为借鉴［J］. 社会科学文摘，2015（11）：23－33.

［16］Hartmann P.，Issing O. The international role of the euro［J］. Journal of Policy

Modeling, 2002, 24 (4): 315 – 345.

[17] Eichengreen B. , Mussa M. Capital account liberalization and the IMF [J]. Finance & Development, 1998.

[18] Peter B. Kenen. The euro versus the dollar: will there be a struggle for dominance? [J]. Journal of Policy Modeling, 2002, 24 (4): 347 – 354.

[19] Campa J. M. , Goldberg L. S. Exchange Rate Pass-through into Import Prices [J]. Review of Economics & Statistics, 2005, 87 (4): 679 – 690.

[20] Chinn M. D. , Frankel J. A. The Euro May over the Next 15 Years Surpass the Dollar as Leading International Currency [J]. Ssrn Electronic Journal, 2008.

[21] Thimann C. , Bracke T. , Chinn M. , et al. Global Roles of Currencies [J]. Social Science Electronic Publishing, 2010, 11 (3): 211 – 245.

[22] Tung C. Y. , Wang G. C. , Yeh J. Renminbi Internationalization: Progress, Prospect and Comparison [J]. China & World Economy, 2012, 20 (5): 63 – 82.

[23] Menzie D. Chinn, Hiro Ito. A New Measure of Financial Openness [J]. Journal of Comparative Policy Analysis Research & Practice, 2008, 10 (3): 309 – 322.

[24] Feldstein M. , Horioka C. Domestic Saving and International Capital Flows [J]. Economic Journal, 1980, 90 (358): 314 – 329.

[25] Lane R. , Gian Maria Milesi-Ferretti. The external wealth of nations mark II: Revised and extended estimates of foreign assets and liabilities, 1970 – 2004 [J]. Journal of International Economics 73, 2007 (11): 223 – 250.

[26] Bergsten C. F. The Dilemmas of the Dollar [J]. Journal of Money Credit & Banking, 1978, 10 (3).

[27] Tavlas G. S. The International Use of the US Dollar: An Optimum Currency Area Perspective [J]. World Economy, 1997, 20 (6): 709 – 747.

[28] Mundell R. Prospects for an Asian Currency Area [J]. Journal of Asian Economics, 2003, 14 (1): 1 – 10.

[29] Tavlas G. S. , Ozeki Y. The Japanese Yen as an International Currency [J]. Imf Working Papers, 1991, 91 (2).

[30] Braun M. , Raddatz C. Trade liberalization, capital account liberalization and the real effects of financial development [J]. Journal of International Money & Finance, 2007, 26 (5): 730 – 761.

[31] Barry Eichengreen, Rachita Gullapalli and Ugo Panizza. Capital Account Liberaliza-

tion, Financial Development and Industry Growth: A Synthetic View [J]. International Money and Finance, 2011, 30 (6): 1090 – 1106.

[32] Prasad E. and Ye, L. The Renminbi's Role in the Global Monetary System [J]. Proceedings, 2012 (11): 199 – 206.

[33] Menzie D. Chinn, Hiro Ito. A New Measure of Financial Openness [J]. Journal of Comparative Policy Analysis Research & Practice, 2008, 10 (3): 309 – 322.

[34] Lane R. , Gian Maria Milesi-Ferretti. The external wealth of nations mark II: Revised and extended estimates of foreign assets and liabilities, 1970 – 2004 [J]. Journal of International Economics 73, 2007 (11): 223 – 250.

[35] Bruno G. S. F. Estimation and inference in dynamic unbalanced panel-data models with a small number of individuals [J]. Kites Working Papers, 2005, 5 (4): 473 – 500.

第十四章

资本账户开放与我国系统性
金融风险关系研究 *

一、引言

20 世纪 60 ~ 70 年代，经济自由主义思潮盛行，人们普遍认为资本在自由流动的情况下，会从边际产出低的资本富裕国流向边际产出高的资本稀缺国，促使资本流入国和流出国的产出均增加，进而世界整体产出和福利水平提高。然而，在 80 年代新兴市场国家纷纷放松资本账户管制以后，却不同程度地遭受了资本大规模流出入的冲击，如拉美、东欧国家的债务危机，东南亚金融危机等。据 IMF 统计显示，1970 ~ 1999 年全球共爆发银行危机 64 次、货币危机 79 次。2008 年国际金融危机以后，资本账户开放问题再度引起重视，跨境资本流动的审慎管理逐渐成为国际共识。IMF2015 年《汇兑安排与汇兑限制》年报显示，2014 ~ 2015 年国际货币组织成员共采取了 289 项资本管制措施，管制措施数目同比增加了 15%。

在我国，对跨境资本进行流动性管制一直是改革开放的基石之一，因此我国资本项目经历了一个循序渐进、审慎开放的漫长过程。然而从 2012 年以来，资本账户开放步伐明显加快。第一，货币当局逐步放松了人民币跨境贸易与投资结算的管理。第二，为了方便境外人民币资金回流内地，一方面，货币当局对境外央行、境外人民币清算行等机构开放了国内债券市场；另一方面，货币当局推出了人民币合格境外机构投资者（RQFII）制度，允许境外机构投资者利用在境外获得的人民币资金，在特定额度内投资于中国境内的金融市场。第三，为了促进两岸资本市场的互联互通，货币当局还依次推

* ［作者简介］戴淑庚，1966 年生，男，厦门大学经济学院金融系教授、博士生导师，国金教研室主任，清源学者讲座教授，经济学（金融学）博士，应用经济学博士后，主要研究方向为国际金融和宏观金融管理、金融计量学。余博，1989 年生，男，南京财经大学金融学院讲师，厦门大学经济学（国际金融学）博士，主要研究方向为国际金融和宏观金融管理、金融计量学。

出了沪港通、深港通和债券通。

虽然资本账户开放是一个迟早都要实现的目标，但是货币当局对资本账户开放速度的转变可能忽视了背后的潜在风险。当前，我国正处于经济新常态下"三期叠加"的大环境，经济下行压力依然较大，金融风险逐渐累积，如前期的汇率贬值、外汇储备流失、房地产泡沫化、企业高杠杆等。同时，国际经济金融局势波谲云诡，金融危机的深层次影响并未消除，全球经济增长依然低迷、重要经济体的货币政策出现分化以及特朗普执政的后续效应仍在发酵。在人民币国际化的背景下，深入理解和探究资本账户开放对系统性金融风险的影响机制具有重要的现实意义。本章在借鉴最新发展的 TVP-FA-VAR 模型的基础上，综合金融机构、货币市场、债券市场、股票市场、房地产市场、外汇市场和财政部门 7 个维度（共计 96 个指标），构建了我国系统性金融风险指数。进一步地，在分析资本账户开放通过汇率波动、资产价格、金融机构和政府部门等渠道进而影响系统性金融状况的逻辑基础上，同时考虑资本账户开放的非线性效应，采用 SV-TVP-VAR 模型来研究资本账户开放对系统性金融风险的时变动态影响。通过以上两方面的研究，以期为我国人民币资本项目的对外开放以及系统性金融风险的审慎监管提供理论依据和实证支撑。

二、文献综述

（一）资本账户开放与金融风险

在 1997 年东南亚金融危机和 2008 年国际金融危机以前，推崇自由主义的经济学家们普遍认为资本账户开放能够促进跨境资本流动、拓展融资渠道，尤其对于发展中国家来说，较低成本的资本流入能够带来经济增长效应（Quinn，1997；Quinn & Toyoda，2008）。在金融市场的发展方面，放松资本管制有助于提高国内金融市场的流动性、降低资本成本、提高融资效率（Henry，2000；Alfaro et al.，2008），资本的自由流动也有助于优化资源配置、分散风险（Levine & Schmukler，2002）。同时引进国外金融市场的竞争机制，有助于提高东道国金融管理能力、完善金融监管机制，促进国内金融的深化（Kaminsky & Schmukler，2002；Huang & Temple，2005；Kose et al.，2011）。因此，资本账户开放可以显著降低国内系统性金融风险（Fisher，1998；Prasad et al.，2003；Kose et al.，2006）。然而在 20 世纪 80 年代新兴市场国家纷纷实现资本自由流动后，却不同程度地遭受了资本大规模流出流入的冲击，如拉美、东欧国家的债务危机，东南亚金融危机。面对危机的惨痛代价，学者们开始意识到资本账户过快开放引起的跨境资本的频繁流动可能会导致金融危机的发生（Calvo，1998；Krugman，1999）。资本账户开放以后，使得资本流动的顺周期性更加明显：经济繁荣时，大量资本流入，导致资产价格上升，一旦经济放缓，资本流入可能发生中断，甚至大量流出，导致资产价格加速下降（Gupta & Sengupta，2014；Ocampo，2015）。因此，一国或地区的资本账户开放度越高，越容易受到外部金融风险冲击的影响（Kaminsky & Reinhart，1999；IMF，2003）。

国内学者对资本账户开放的研究起步相对较晚，但态度同样喜忧参半。王锦慧和蓝发钦（2007）、盛松成（2013）、孙俊和于津平（2014）认为资本账户开放有助于经济增长。徐传平（2016）、姚战琪和张玉静（2016）发现资本项目开放有助于发展和稳定国内金融市场。曲昭光（2001）发现东亚国家资本账户自由化与金融危机间没有必然关系。而马勇和陈雨露（2010）采用面板 Probit 模型，发现危机的发生概率与资本账户开放程度、资本账户的开放方式都有较强关系。宁特林和谢朝阳（2016）也发现中国资本账户开放度和金融稳定指数存在负向的长期稳定关系。因此，谨慎派学者指出资本账户开放具有风险效应，在金融风险不断增大的情况下，如果开放资本账户，将加剧资本外逃和资本流动波动对经济增长的负面冲击（陈创练等，2015；刘刚和何永，2015；方意等，2017）。方显仓和孙绮（2014）发现资本账户开放水平越高，越容易加剧国内银行体系风险。邱兆祥（2013）、彭欢欢和姚磊（2016）认为随着资本账户的逐步开放，国内金融市场承受的冲击更强，可能会对金融发展产生负向影响。刘刚和何永（2015）则发现资本账户开放往往导致金融杠杆率上升，继而增加一国发生系统性金融危机的风险。戴淑庚和胡逸闻（2016）利用 MIMIC 模型构建了中国资本账户开放压力的 CAP 指数。丁志杰和田园（2016）、余永定（2014）、张明（2012，2016）等人均指出中国依然应该审慎渐进可控地开放资本账户，否则可能爆发系统性金融危机。

（二）系统性金融风险的测度

自 2008 年国际金融危机以来，系统性金融风险逐渐成为学术界和决策者们共同关注的焦点。对系统性金融风险的测度方法主要包括：（1）经验方法，主要是通过已经发生过金融危机国家的历史数据分析引发危机的影响因素，进而构建用以预测未来危机发生与否的预警系统，如弗兰克尔和罗斯（Frankel & Rose，1996）、卡明斯基等（Kaminsky et al，1998）。然而我国尚未发生真正意义上的金融危机，其适用性有待论证。（2）网络分析方法，主要是通过研究金融机构之间的系统关联、风险传染，进而判断金融体系的风险状况。如穆勒（Muller，2006）、格雷和约布斯特（Gray & Jobst，2010）。（3）综合指标法，主要是综合影响系统性金融风险的相关指标，通过一定的赋权方法，构建风险指数。如伊林和刘（Illing & Liu，2006）的金融压力指数、古德哈特和霍夫曼（Goodhart & Hofmann，2001）的金融状况指数。其中赋权方法主要包括了两大类：一是静态权重法，如相关系数法、标准离差法、主成分分析法和广义脉冲函数。二是动态权重法，如动态因子模型。

国内学者对系统性金融风险的研究起步较晚，基本上是借鉴国际的相关方法，对我国系统性金融风险进行测度。张元萍（2003）运用 STV 横截面回归模型和 KLR 信号分析法对我国发生金融危机的可能性进行了实证分析，发现外部投机力量是我国预防金融危机的关键。陈守东（2006）采用因子分析法分析我国金融风险状况，并运用 Logit 方法建立了预警模型。许涤龙和陈双莲（2015）基于银行业、房地产业、股票市场和外部金融市场 18 个变量，采用 CRITIC 赋权方法构建了反映系统性金融风险的中国金融压力指数。李志辉等（2016）采用系统或有权益分析和非参数方法构建了我国银行业时变的系统性风险监测指标。陶玲和朱迎（2016）分金融机构、货币市场、债券市场、股票市场、房地产市场、外汇市场和财政部门 7 个维度，运用主成分分析方法对中国系统性金融风险进行了监测。何青等（2018）综合考虑了金融机构的个体风险、联动和传染效应、波动和不稳定性以及流动性与信用等风险因素，采用主成分分析分位数回归方法构建了反映实际经济增长的系统性金融风险指数。

综观以往文献，仍然存在以下不足：（1）采用主成分分析或 CRITIC 方法构建系统性风险指数时，需要判断金融指标对系统性风险的影响方向，之后进行指标正向化，此时主观随意性可能造成一定的偏误。例如许涤龙和陈双莲（2015）认为不良贷款率越高，金融压力越小；同时汇率波动、股票指数和房价等金融指标对系统性金融风险的影响不是单向的：在经济基本面支持的情况下，汇率、股指和房价向好自然是顺理成章之事，而在实体经济下行时，金融市场过热往往预示着风险的累积。因此，金融指标的风险含义应该根据对实际经济增长的相对影响程度进行判断，而且随着经济金融结构的变化，其权重系数应具有动态时变特征。因此本章借鉴最新发展的 TVP-FA-VAR 模型，综合考虑各金融市场的发展动态，构建了时变权重的中国系统性金融风险指数。（2）由于我国尚未发生真正意义上的金融危机，研究资本账户开放与中国系统性金融风险的文章相对较少，学者们主要关注资本账户开放对单一市场（银行危机或者货币危机）的影响，缺乏对系统性风险的考察。（3）学者们更多地集中于线性关系的考察，而对于资本账户开放存在的"门槛"效应可能导致的非线性影响缺乏研究。因此在构建系统性金融风险指数的基础上，本章进一步利用 SV-TVP-VAR 模型探究资本账户开放对我国系统性金融风险的动态时变影响机制。

三、中国系统性金融风险指数的构建

当前，我国已经步入"新常态"，虽然经济增速仍维持在 7% 左右，但经济发展的背后也面临着经济结构失衡、产能过剩、房地产泡沫日趋严重、地方政府债务较高、影子银行风险上升等一系列问题和风险。因此，综合考虑多部门、多市场，构建多维度的我国系统性金融风险指数已迫在眉睫。

（一）指数构建方法

经历了改革开放 40 年的发展，我国经济金融环境发生了诸多变化，如商业银行体制改革、债券市场体制改革、人民币汇率制度改革、财税改革等。随着经济金融的发展，从多维度、动态地研究我国系统性金融风险成为现实需要。而库普和克罗比利斯（Koop & Korobilis，2014）最新发展的 TVP-FA-VAR 模型综合了时变参数和 FAVAR 模型的技术优势，有助于综合多方面因素准确刻画我国系统性金融风险的实际情况。同时，模型依据各金融指标对实际经济增长和通货膨胀的相对影响进行赋值，能够有效避免主观判断随意性造成的偏误。另外，由于模型采用卡尔曼滤波方法进行估计，允许数据缺失，这无疑是对我国系统性风险监测的又一福音。

假设 x_t 是构建系统性金融风险指数的 $n \times T$ 维金融变量，y_t 表示实际经

济增长和通货膨胀水平组成的 $2 \times T$ 维变量，由此 TVP-FAVAR 模型可表示为

$$x_t = \lambda_t^y y_t + \lambda_t^f f_t + \mu_t$$

$$\begin{bmatrix} y_t \\ f_t \end{bmatrix} = c_t + B_{t-1,1} \begin{bmatrix} y_{t-1} \\ f_{t-1} \end{bmatrix} + \cdots + B_{t-p,1} \begin{bmatrix} y_{t-p} \\ f_{t-p} \end{bmatrix} + \varepsilon_t$$

$$\lambda_t^y = \lambda_{t-1}^y + \delta_t, \quad \lambda_t^f = \lambda_{t-1}^f + \upsilon_t, \quad B_t = B_{t-1} + \eta_t$$

其中，f_t 为包含多维金融变量共同信息的潜在因子，即系统性金融风险指数。λ_t^y 表示回归系数，λ_t^f 表示 f_t 对应的因子载荷系数，即为不同金融变量在系统性金融风险中的时变权重。y_t 和 f_t 服从滞后阶数为 p 阶的向量自回归过程。回归系数 λ_t^y、因子载荷系数 λ_t^f 和自回归系数 B_t 均服从随机游走过程。模型采用双重线性卡尔曼滤波方法进行估计，具体技术过程可参考库普和克罗比利斯（2014）。

（二）指标选取

为了建模方便，各变量频率需保持一致，因此在构建中国系统性金融风险指数时所采用的数据均为月度数据，时间跨度为 2005 年 1 月至 2017 年 12 月。

（1）宏观经济变量。选取规模以上工业增加值同比增速和 CPI 当月同比增速进行表征。数据来源于 Wind 资讯。

（2）金融变量。借鉴国内外文献的研究成果（陶玲和朱迎，2016；等等），综合考虑我国当前的经济发展情况和数据的可得性，分金融机构、货币市场、债券市场、股票市场、房地产市场、外汇市场和政府部门 7 个维度，选取以下 96 个指标，如表 14－1 所示。

表 14－1　　　　　　　　　　金融变量指标

维度	指标名称
金融机构 （14 个）	存贷比、贷款同比增速、存款同比增速、短期贷款同比增速、长期贷款同比增速、短期贷款比例、长期贷款比例、M2 同比增速、M2 同比增速/M1 同比增速、社会融资总额同比增速、活期存款利率、定期存款利率、不良贷款率、资本充足率
货币市场 （19 个）	银行间同业拆借利率（1 天、7 天、1 个月、3 个月、6 个月、1 年）、银行间同业拆借期限利差（3 个月－7 天）、国内外利差（CHIBOR7 天-LIBOR7 天）、银行间质押式回购利率（1 天、7 天、1 个月、3 个月、6 个月、1 年）、银行间质押式回购期限利差（7 天－1 天）、央票到期收益率（3 个月、6 个月、1 年）、货币市场波动率（对 7 天银行间同业拆借利率采用随机波动率模型测算得出）

维度	指标名称
债券市场 (18 个)	中债总全价指数、中债国债指数、上证企业债指数、深证企业债指数、中债央票全价指数、中债国债到期收益率（1 年、5 年、10 年、20 年、30 年）、中债国债期限利差（10 年 - 1 年）、中债企业债到期收益率（1 年、5 年、10 年、20 年、30 年）、中债企业债期限利差（10 年 - 1 年）、债券市场波动率（对 10 年国债到期收益率采用随机波动率模型测算得出）
股票市场 (13 个)	上交所股票总市值同比增速、深交所股票总市值同比增速、上交所成交额同比增速、沪深 300 成交金额、深交所成交额同比增速、上证综合指数、沪深 300 指数、深圳成分指数、上证平均静态市盈率、深证平均静态市盈率、上证平均静态市净率、深证平均静态市净率、股票市场波动率（对沪深 300 指数对数收益率采用随机波动率模型测算得出）
房地产市场 (6 个)	国房景气指数、住房销售价格同比增速、房地产开发投资额同比增速、商品房销售额同比增速、商品房销售面积/竣工面积、房地产市场波动率（对国房景气指数对数收益率采用随机波动率模型测算得到）
外汇市场 (19 个)	外汇储备同比增速、外汇占款同比增速、FDI 同比增速、进出口总额同比增速、出口同比增速、进口同比增速、贸易差额、实际有效汇率指数、名义有效汇率指数、人民币兑美元、日元、欧元、外债同比增速、短期外债同比增速、长期外债同比增速、短期外债比例、长期外债比例、人民币汇率波动率（对名义有效汇率指数对数收益率采用随机波动率模型测算得到）、外汇储备波动率（对外汇储备对数收益率采用随机波动率模型测算得到）
政府部门 (7 个)	公共财政收入同比增速、公共财政支出同比增速、公共财政赤字、固定资产投资同比增速、地方财政收入同比增速、地方财政支出同比增速、地方财政赤字

资料来源：Wind 资讯和 CEIC 数据库。

（三）数据预处理

采用 ADF 和 PP 方法检验变量的平稳性[①]，对非平稳变量进行差分转化为平稳。之后，对平稳数据进行标准化以消除量纲的影响。

（四）系统性金融风险指数的构建

利用 TVP-FAVAR 模型，本章构建了中国的系统性金融风险指数以及各金融子市场的系统性风险指数，如图 14 - 1 所示。从中国实际经济运行的实证角度可以对指数走势进行适当解释。

---

① 由于变量过多，平稳性检验结果备索。

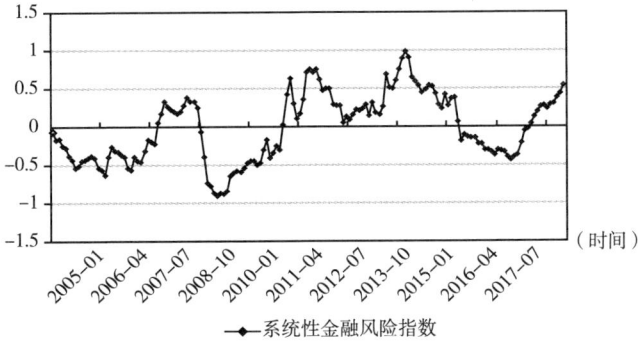

系统性金融风险指数

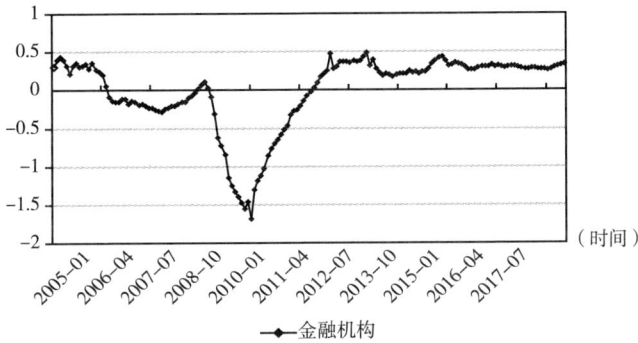

金融机构

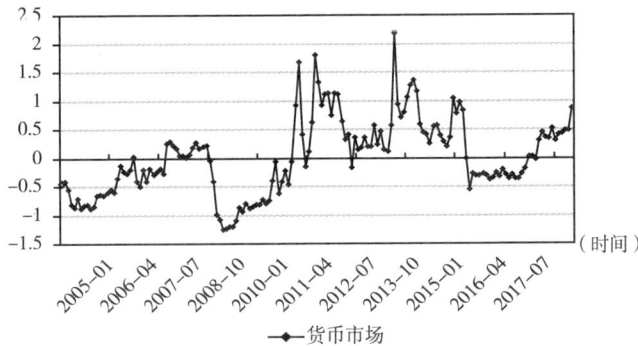

货币市场

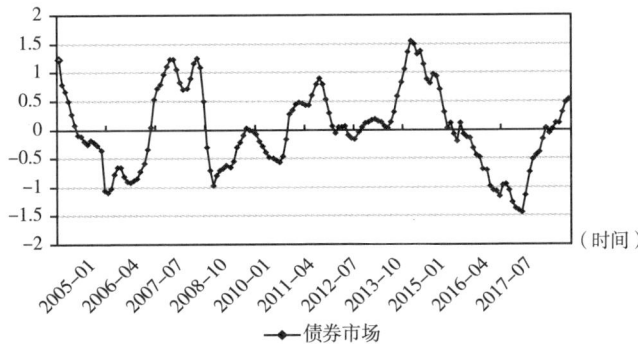

债券市场

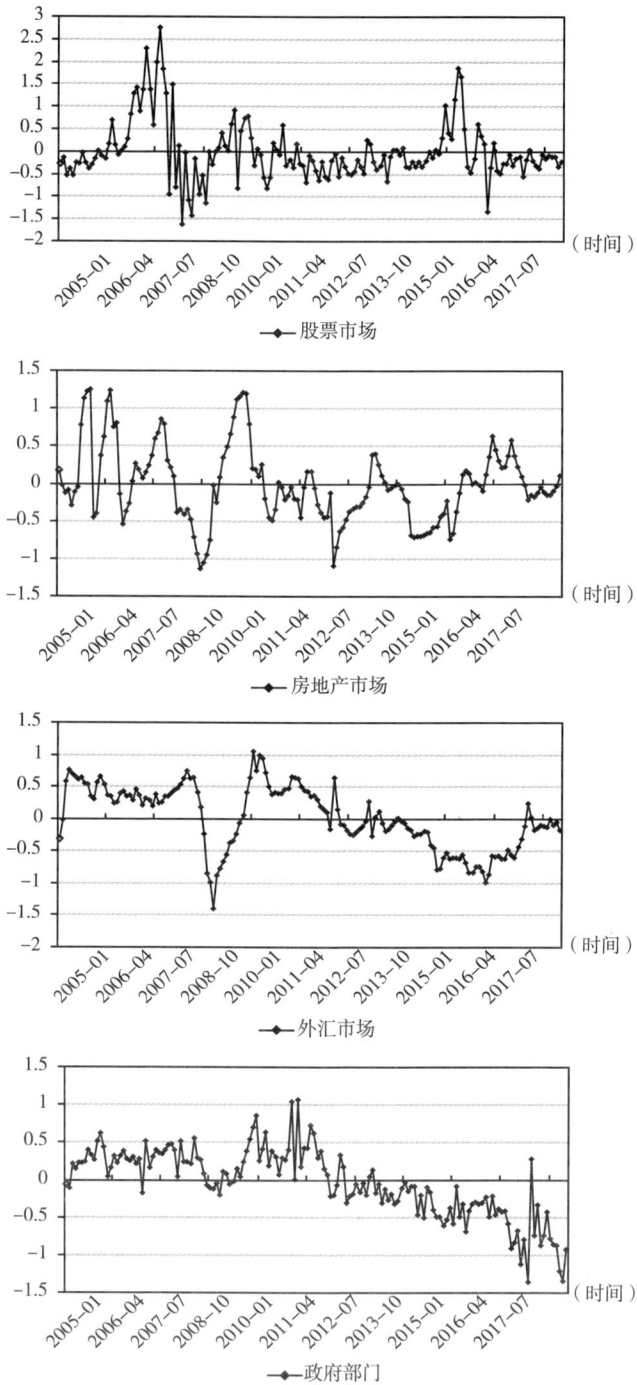

图 14 - 1　中国系统性金融风险指数

2005 年第一季度至 2007 年第三季度，我国经济呈现"高增长、低通胀"的特征：投资高速增长形成了巨大产能，促进了经济快速发展，2005～2007年 GDP 同比增速分别达到 11.4%、12.7% 和 14.2%；然而，居民消费价格指数却逐渐放缓，同比增速出现大幅回落；在内需不足的情况下，过剩产能向国际市场寻求出口，于是出口高速增长。总体看来，当时中国存在"产能过剩、轻度通缩"的情况。

2007 年第三季度至 2008 年第三季度，美国次贷危机爆发，并迅速蔓延全球。我国股票市场和房地产市场首当其冲，出现了大幅下跌。但此时的金融机构、货币市场、债券市场并未出现显著下滑，进出口仍然保持增长。总体来看，我国宏观经济增长并未出现明显下滑。

2008 年第三季度至 2009 年第二季度，次贷危机进一步影响我国，金融机构、货币市场、债券市场大幅下跌。同时进出口规模也出现明显萎缩，2008 年第四季度我国进出口总额为 5942.8 亿美元，较前一季度下降 18.8%。2009 年 1 月我国工业同比增速首次出现负增长，宏观经济基本面急速恶化。而在 2008 年 10 月四万亿刺激政策出台后，股票市场和房地产市场已经出现一定程度的回暖。

2009 年第二季度至 2011 年第二季度，在四万亿计划的刺激下，金融机构、货币市场、债券市场相继出现显著回暖，外汇市场也在各国量化宽松政策的影响下回升至危机前水平。

2012 年第一季度至 2013 年第二季度，受到欧洲债务危机的影响，货币市场、债券市场和股票市场风险再度加剧。此时，政府部门风险首次出现恶化，固定资产投资不断下降，财政赤字不断扩大，宏观系统性金融风险不断攀升。

2013 年第二季度至 2015 年第二季度，资本市场流动性充足，货币市场、债券市场、股票市场、房地产市场均出现明显上升。随着各国经济增长的复苏，我国进出口也逐渐企稳。

2015 年第二季度至 2017 年第一季度，我国去杠杆化开始实施，股票市场、货币市场、债券市场出现大幅下跌。同时，随着 2015 年美联储退出量化宽松政策、进入加息周期，我国外汇储备出现大幅流失，人民币汇率快速贬值。另外，政府债务风险进一步累积，固定资产投资增速进一步下滑，宏观经济处于持续下行压力之中。

(五) 时变权重分析

与传统常数权重相比，TVP-FAVAR 模型通过时变载荷因子考虑了系统性金融风险指数在不同时期与各金融指标之间的相关关系，如图 14 - 2 所示。

时变因子载荷系数

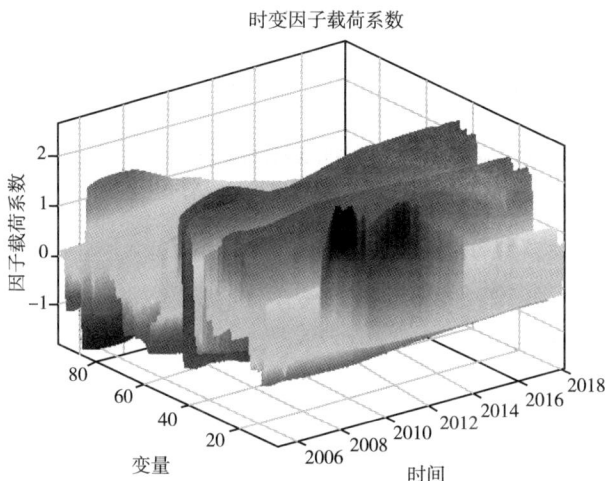

图 14 - 2 时变因子载荷系数

随着美国次贷危机的蔓延，M2 同比增速的载荷系数从 2005 年 1 月的 - 0.6817 增大至 2008 年 12 月的 - 0.7614；但金融危机以后，其系数值逐步减小，2016 年 7 月载荷系数约为 - 0.5456，说明 M2 同比增速与系统性金融风险的相关性已有所减弱，事实上我国 M2 同比增速已由危机前后 20% 左右下降为近期的 10% 左右。

虽然近两年我国商业银行的不良贷款余额有所上升，但从长时间来看，金融机构不良贷款率已经从危机前后的 8% 左右下降至近些年的 1.5% 左右，信贷风险已经得到有效控制。与此对应，不良贷款率的载荷系数已经由危机前后的 - 0.46 左右减小至 2017 年 12 月的 - 0.35。同时，金融危机以后，提高资本监管标准已成为国际银行业监管机构的共识。因此，资本充足率对于系统性风险监测的重要性逐渐提高，其载荷系数已经从 2005 年 1 月的 0.23 大幅提高至近些年的 0.32 左右。

国内外利差和实际有效汇率变动是决定国际跨境资本流动的重要因素。随着近些年汇率体制改革，如 2005 年 "7.21" 汇改、2015 年 "8.11" 汇改，人民币汇率弹性逐步提升，因此在系统性金融风险的权重表现上，实际有效汇率指数的载荷系数已由 2005 年 1 月的 0.32 快速上升至 0.55 左右，而国内外利差的载荷系数则有所下降（0.33→0.26）。

一直以来，股票市场往往也是经济状况的晴雨表。在 2008 年国际金融危机时期，股票市场先宏观经济出现大幅下跌，之后在四万亿的刺激之下快速回暖，此时股票市场和宏观经济增长状况相关性较高。但从近些年来看，社会资本更多地从实体经济转入虚拟经济，总体经济表现为"金融过热、实体经济遇冷"。因此，股票市场的载荷系数值逐步下降。类似地，国房景气指数的载荷系数已由危机前后的 0.05 左右下降至 0.035。

进出口贸易一直是我国经济发展的重要支撑力量。2008 年以前，出口对宏观经济增长影响程度较高，2005 年 1 月出口同比增速的载荷系数为 0.55；金融危机期间，其系数值快速下降至 0.3 左右，此后虽有波动、但幅度不大，说明出口与宏观经济的相关性已有所下降。作为近期尤为引人注目的地方债务问题，2005 年 1 月地方财政赤字的载荷系数仅为 0.12，之后快速增加，近期已达到 0.21 左右。

四、资本账户开放对系统性金融风险的影响

在人民币国际化的背景下，资本账户开放作为未来对外改革的重要方向，在经济发展和金融市场稳定运行中的重要地位不言而喻，深入理解和探究资本账户开放对系统性金融风险的影响机制，不仅对于调整资本账户开放步伐极为重要，也可对国内的金融市场改革、汇率制度改革提供有益的经验证据。

（一）资本账户开放对系统性金融风险影响的基本逻辑

资本账户开放最根本的意义在于解除了对跨境资本流出入的限制，允许资本自由流动，因此，关于资本账户开放对系统性金融风险的影响机制分析应基于跨境资本流动进行展开。随着资本账户开放的逐步推进，我国跨境资本流动规模大幅提升、波动性显著增加，其带来的宏观经济风险冲击需引起高度重视，如图 14-3 所示。

资本账户开放影响汇率波动。首先，根据不可能三角理论，跨境资本自由流动、固定汇率制度和国内货币政策自主性不能同时满足。因此，随着资本账户开放的推进，跨境资本趋于自由流动，此时货币当局为了维持国内货

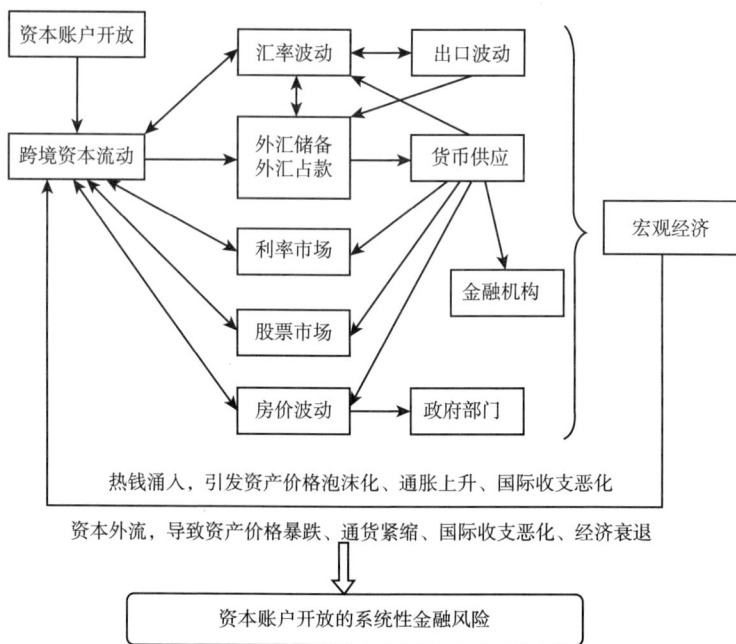

图 14 - 3　资本账户开放与系统性金融风险

币政策的有效性，必然会不断增强人民币汇率波动弹性，导致汇率波动日益频繁、波幅日渐放大。其次，汇率波动反过来也是决定跨境资本流动的重要因素，当国际投资者预期本币远期升水时，国际资本便会流入国内进行套利活动。国际资本的大幅流入使得外汇市场上的本币需求快速增长，导致本币汇率升值预期更加强烈，同时套汇活动频繁增加也会导致汇率波动加剧。本币的快速升值和汇率波动加剧都会削弱国内商品的出口竞争力，影响宏观经济增长，而当升值预期实现时，流入本国的国际资本获利后便会大幅流出，引起资产价格暴跌、通货紧缩和经济衰退。

　　资本账户开放影响资产价格。由于我国目前仍然采用结售汇制度，跨境资本无论以何种方式进入国内市场，第一步仍需兑换为人民币，才能进入实体经济或者金融市场。因此，外汇储备和外汇占款的变动是国际资本流动的最直接反映。具体来说，当国内宏观经济基本面良好，国内利率、资产收益率高于国外的时候，国际资本大量流入，导致货币当局对冲外汇增加，而外汇占款一直是我国货币投放的一个重要渠道，因此国内货币供应迅速增加、利率承受下行压力。对冲的本币进入市场，首先会加强货币流动性，使得物价水平承受通胀压力；其次，利率市场、股票市场和房地产市场流动性增加，投资规模增加，导致资产价格泡沫化；最后，货币供应会影响到金融机构的信贷活动，引起宏观经济投资过热、信用风险累积。一旦国内宏观政策、经济增长或者金融市场形势逆转，跨境资本流动方向便会迅速逆转，导致外汇储备流失、国内流动性不足、金融市场暴跌、信用违约风险爆发。

资本账户开放影响金融机构。具体来说，资本账户开放从资产端和负债端两个方面影响金融机构的风险（方意等，2017）。资产端方面，资本账户开放引起的汇率高波动会通过国内的货币错配影响银行风险。随着银行业经营活动的日趋国际化，货币错配现象也变得普遍，一旦本币发生大幅贬值，银行国外债务实际价值增加，而以本币计价的资产实际价值减少，银行净值减少。另外，银行资产与资产价格密切关联，这也意味着资本市场风险会迅速传导至银行体系。负债端方面，资本账户开放使得国内居民海外投资渠道增加，银行融资压力上升且负债结构趋于不稳定，易随经济周期变化和国际资金流动而波动。

资本账户开放影响政府部门。资本账户开放对政府收支的影响更多地体现在间接影响路径上。根据开放的宏观经济学理论，当资本账户开放引起的汇率波动传导至进出口贸易时，为了维持国际收支平衡，政府部门需要增加自身的消费购买，进而引起政府赤字增加。同时，国内资本市场波动会给上市企业的生产经营活动造成压力，进而影响政府的财税收入，而房地产市场兴衰更是影响地方政府收入的重要因素。因此，资本账户开放或跨境资本流动引起的国内资产收益率的变动，尤其是房价波动，同样会在政府部门得到反映。

综上分析，资本账户开放水平的提高强化了跨境资本流动的顺周期效应，大规模的资本流入流出必将导致国内系统性金融风险快速累积。如果一国金融市场深度或者监管水平不高，可能诱发金融危机。

（二）实证分析——基于 SV-TVP-VAR 模型

考虑到资本账户开放的非线性效应（杨子晖和陈创练，2012），本章将采用 SV-TVP-VAR 模型来研究资本账户开放对系统性金融风险的时变动态影响。

1. 数据选取

资本账户开放程度。对资本账户开放的测算方法主要包括两类：一类被称为法定测度（de jure），常用于实证研究的包括：奎恩（Quinn，1997）、钦和伊藤（Chinn & Ito，2008）的金融开放指数，以及陈和钱（Chen & Qian，2015）的资本管制指数（中国）等；另一类被称为事实测度（de factor），后续研究主要基于费尔德斯坦和堀冈（Feldstein & Horioka，1980）的储蓄率—投资率法，爱德华兹和汗（1985）的利差法，莱恩和米莱西法拉帝（Lane & Milesi-Ferretti，2006）的实际国际资本流动量法。其中法定指标虽然应用比较广泛，但跨境投资者能够通过各种渠道逃避资本账户管制，该指标无法反映出真实的资本账户开放程度；而储蓄率—投资率法、利差法等事实测度受其他外界因素的影响较多，因此本章将采用实际国际资本流动量法衡量资本账户开放程度。本章采用"｜货币当局外汇占款变动量－经常账户差额｜/GDP"来衡量资本账户总体的开放程度，由于 GDP 缺乏月度数据，我们通过三次样条插值法对季度 GDP 进行处理以获取月度数据。同时在我国的资本账户交易中，中长期资本流动如直接投资相对稳定，而短期资本流动的波动性较强，因此对短期资本账户进行分析显得尤为重要。本章以"｜短期资本流动/FDI｜"衡量短期资本账户的开放程度，其中短期资本流动以公式"货币当局外汇占款变动量－经常账户差额－实际利用 FDI"进行测算。资本账户总体的开放程度以 CA 表示，短期资本账户的开放程度以 SCF 表示，相关数据来源于 Wind 资讯和 CEIC 数据库。

系统性金融风险。选取第三部分利用 TVP-FAVAR 模型构建的中国系统金融风险指数，以 SYS 表示。

2. 数据平稳性检验

通过 ADF 单位根检验，我们发现在 5% 的显著性水平上，三组数据均为平稳序列。

3. SV-TVP-VAR 模型

（1）参数估计结果分析。

遵循中岛（Nakajima，2011）的模型设定，利用 MCMC 方法进行 10000 次抽样，预烧 1000 次，得到模型的参数估计结果。如表 14-2 所示，Geweke 值在 5% 的显著性水平上不能拒绝趋于后验分布的假设，表明"预烧期"已经足够使 MC 趋于集中；同时无效因子均低于 73，表明结果有效。

表14-2　　　　　　　　　　　参数估计结果

参数	均值	标准差	95%置信区间	Geweke 值	无效因子
sb1	0.0035	0.0014	[0.0020, 0.0077]	0.517	50.62
sb2	0.0031	0.0008	[0.0020, 0.0050]	0.068	42.16
sa1	0.0204	0.0069	[0.0099, 0.0364]	0.633	55.68
sa2	0.0042	0.0008	[0.0029, 0.0062]	0.794	21.96
sh1	0.0075	0.0052	[0.0036, 0.0210]	0.297	72.82
sh2	0.0056	0.0018	[0.0034, 0.0106]	0.481	54.97

（2）时变的随机波动率。

图14-4为资本账户总体的开放程度CA、短期资本账户的开放程度SCF和中国系统性金融风险指数三组数据及其随机波动率。从图中可以看出，自2005年1月开始，我国资本账户的总体开放水平逐渐提高，在2008年1月达到阶段性高点；之后由于国际金融危机的爆发，我国适时加强了资本账户管制，跨境资本流动规模大幅下降。虽然危机之后有所恢复，但其后资本账户开放进程经历了较长时间的停滞。2012年2月，中国人民银行调查统计司课题组发布研究报告《我国加快资本账户开放的条件基本成熟》，此后资本账户开放的推进速度明显加快。例如，2012年12月外管局通知取消直接投资项下外汇账户开立及入账核准、取消外国投资者境内合法所得再投资核准、简化外商投资性公司境内再投资外汇管理等。在合格境外机构投资者境内证券投资外汇管理方面，2012年12月的相关规定较2009年版本也有适度放松，其中主权基金、央行及货币当局等机构投资额度上限可超过等值10亿美元。2014年11月，"沪港通"正式开通，两岸投资者投资A股和港股更加便利。资本账户开放的快速推进使得跨境资本流动规模日益增大，2016年1月一度突破1万亿元大关，此时我国资本账户开放水平达到历史高点。同时，受到美国退出量化宽松和"8.11"汇改的后续影响，我国的外汇储备流失比较严重，货币当局随即实行了较为严格的资本流出审查，之后资本外流趋势得以遏制，资本账户开放程度大幅减小，随机波动率也随之降低。总体来看，在2008年国际金融危机和2015年"8.11"汇改期间，资本账户总体开放的随机波动率较高。

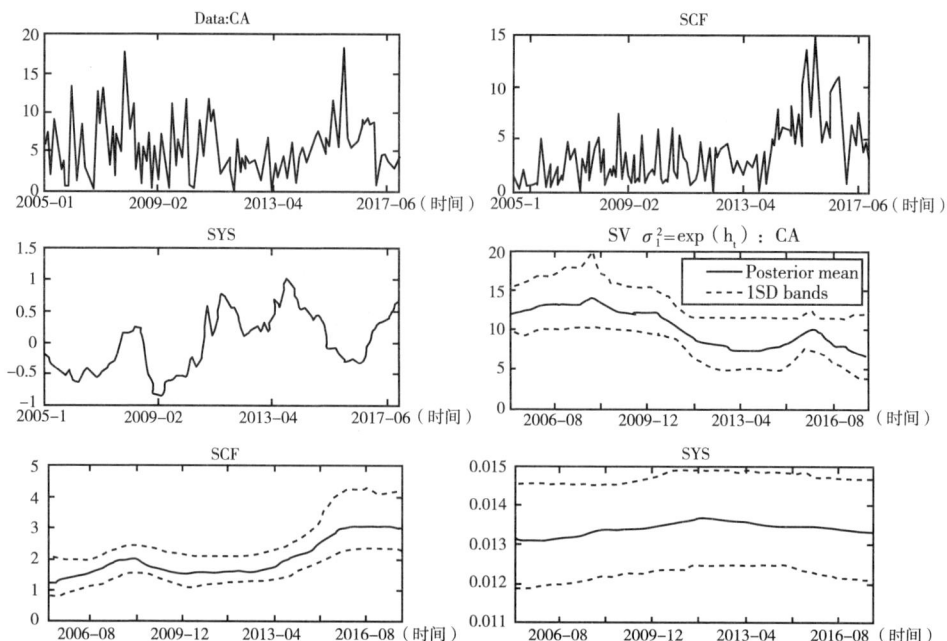

图 14-4　随机波动率

短期资本账户的开放方面，在 2014 年以前我国对于短期资本流动一直较为慎重、管制相对严格，之后随着资本账户开放的逐步推进，短期资本流动规模大幅增长，其波动性也有明显提升。

系统性金融风险指数显示，我国主要经历了 2005～2006 年的通货紧缩、2008 年国际金融危机和 2015 年外汇市场危机三次高风险时期，近期风险已有所缓和。总的来看，其随机波动率长期比较稳定，没有发生异常波动。

（3）时变脉冲响应分析。

在模型参数估计的基础上，采用 SV-TVP-VAR 模型估计中国系统性金融风险指数对于资本账户总体开放和短期资本账户开放程度的时变脉冲响应函数，时变脉冲响应分析如图 14-5 所示。

图 14-5 反映的是中国系统性金融风险指数对于资本账户总体开放和短期资本账户开放程度不同提前期的 1 个单位标准正向冲击的脉冲响应，我们设定提前期分别为 6 个月、12 个月和 24 个月。从图 14-5 中可以看出，三个不同提前期形成的脉冲响应趋势基本一致，但冲击程度存在明显不同。其中提前 6 个月的短期冲击最为明显，提前 12 个月的冲击次之，提前 24 个月的

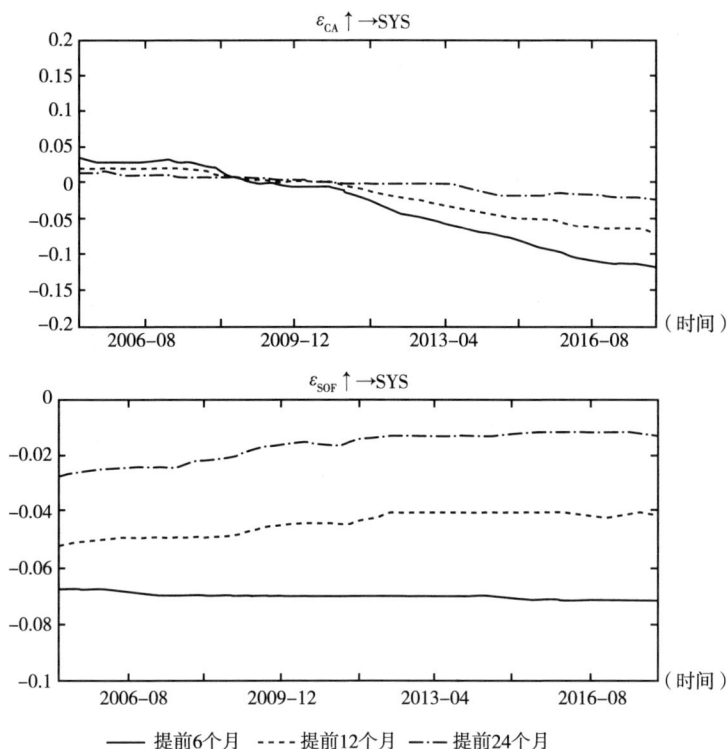

图 14-5 时变脉冲响应分析

冲击较弱。

具体来说，2008 年国际金融危机以前，我国经济增长强势而内需不足，资本账户开放吸引了大幅资本流入国内，有效地缓解了当时通货紧缩的局面，同时流动性的增加推动了货币市场、债券市场、股票市场和房地产市场的快速上涨。因此从时变脉冲响应来看，2008 年以前系统性金融风险指数对于资本账户开放度的脉冲效应（$\varepsilon_{CA} \to SYS$）基本为正。危机爆发以后，金融市场和宏观经济均出现了大幅下滑，为了阻止危机深度蔓延，我国适时加强了资本账户管制，此时跨境资本流动对系统性金融风险未产生显著影响。到了2012 年以后，我国人口红利逐渐消退、经济增速显著下行，跨境资本流出现象日趋明显，而且随着资本账户开放进程的推进，资本流出规模大幅增长，资本账户开放的风险效应逐渐增强，此时系统性金融风险指数对于资本账户开放度的脉冲效应长期维持负值，且有不断扩大的趋势。

与资本账户总体开放度相比，短期资本账户开放对系统性金融风险的冲击（$\varepsilon_{SCF} \rightarrow SYS$）比较稳定、且长期为负。也就是说，长期来看，短期资本流动的逐渐放开，加剧了国内系统性金融风险的累积。例如，随着2012年我国资本账户开放进入加速期，短期资本流动规模快速增长，数据显示2016年1月单月我国短期资本外流达到1500亿美元，是当月净出口总额的2.3倍。短期资本外流与人民币贬值形成正反馈效应，对外汇市场造成了巨大压力。同时，金融市场的资金也因为资本账户的快速开放出现大幅外流，如图14-6所示，从2010年开始A股的资金净买入长期为负值，2015年11月单月资金净流出更一度接近7000亿元。

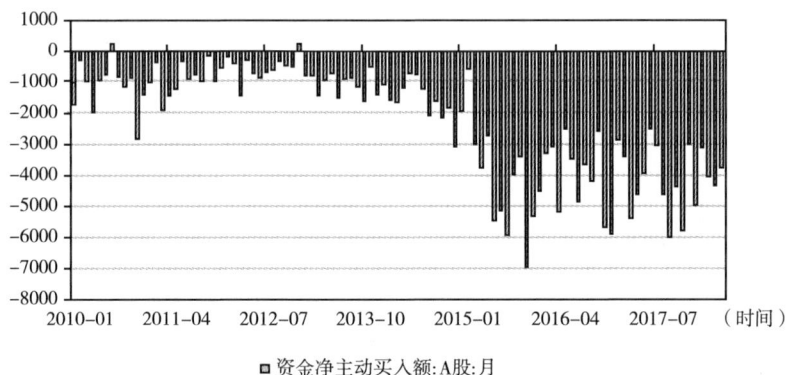

■资金净主动买入额:A股:月

图14-6　A股资金净主动买入额

（4）方差分解分析。

在时变脉冲响应分析的基础上，设定以12个月为固定窗口，以此滚动类推，直接对最后一期的样本进行方差分解，并计算出2007～2017年的平均方差分解结果，如表14-3所示。

表14-3　　　　　　　系统性金融风险的时变方差分解　　　　　单位:%

年份	资本账户总体开放冲击	短期资本账户开放冲击	系统性金融风险自身累积
2007	1.54	11.29	87.18
2008	0.41	11.82	87.76
2009	0.04	12.29	87.67
2010	0.18	13.08	86.74

年份	资本账户总体开放冲击	短期资本账户开放冲击	系统性金融风险自身累积
2011	1.38	13.67	84.95
2012	4.54	13.77	81.69
2013	8.70	13.41	77.89
2014	15.45	12.91	71.64
2015	22.08	12.35	65.57
2016	26.34	11.68	61.98
2017	28.62	11.30	60.08

　　总体来看，系统性金融风险主要源自自身的累积，资本账户开放的冲击相比较小。从趋势性来看，短期资本账户开放冲击的方差贡献率相对比较稳定，常年维持在11%～14%；而资本账户总体开放冲击和系统性金融风险自身累积的变化都很大，随着我国对外开放的不断深入，资本账户总体开放对于系统性金融风险的方差贡献率逐步提升，而系统性金融风险自身累积因素则有所降低。2007～2017年，资本账户总体开放的平均方差贡献率从1.54%上升至28.62%，而系统性金融风险自身累积因素的平均解释率则从87.18%下降为60.08%。

　　在时变方差分解的基础上，采用迪堡和耶尔马兹（Diebold & Yilmaz，2012）构建的溢出指数来衡量资本账户总体开放、短期资本账户开放对系统性金融风险的动态溢出效应，如图14-7所示。其中，实线为资本账户总体开放对系统性金融风险的净动态溢出指数，虚线为短期资本账户开放对系统性金融风险的净动态溢出指数。

　　从图中可以看出，资本账户总体开放、短期资本账户开放对系统性金融风险存在长期的正向净溢出效应。其中，2008年国际金融危机以前，资本账户总体开放对系统性金融风险的净动态溢出维持在0.7%左右，随着金融危机的爆发溢出效应逐渐衰减至0。之后，随着我国资本账户开放进入加速期，资本账户总体开放的净溢出效应大幅提升，近期达到9%左右。相对来说，短期资本账户开放的净动态溢出比较稳定，长期维持在2.6%～4.6%。

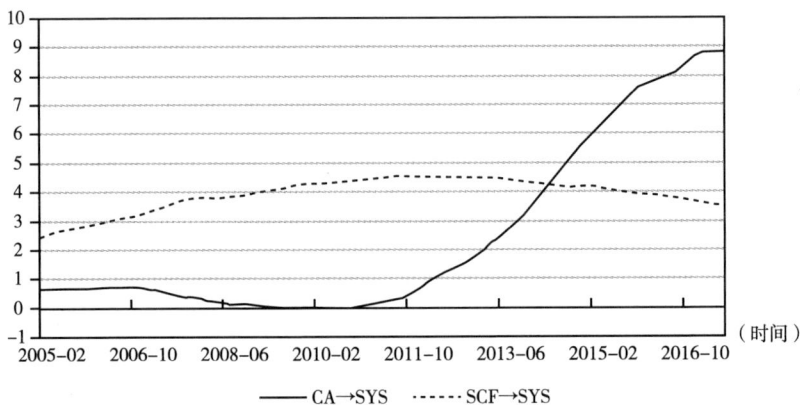

图 14-7 资本账户总体开放、短期资本账户开放对系统性金融风险的净动态溢出指数

五、结论与政策启示

(一) 结论

首先，本章从金融机构、货币市场、债券市场、股票市场、房地产市场、外汇市场和财政部门 7 个维度，采用 TVP-FAVAR 模型构建了我国系统性金融风险指数。其次，以资本流动法衡量资本账户开放程度，利用 SV-TVP-VAR 模型实证研究了资本账户开放对我国金融系统性风险的动态时变影响特征。研究发现：

第一，金融指标的风险含义应根据其经济增长效应进行判断，同时金融指标对经济增长的影响具有动态时变特征，如 M2 同比增速和出口同比增速与我国整体金融状况的相关性有所下降，而地方财政赤字的影响程度则逐渐上升。由此，本章采用 TVP-FAVAR 模型构建了动态权重的我国系统性金融风险指数。依据构建的风险指数，2008 年国际金融危机和 2015～2016 年前后我国的系统性金融风险处于中高位，近期已有所缓和。从各金融子市场来看，金融机构和政府部门较为稳健，其余各市场的风险波动强烈。同时，股票市场和房地产市场对于 2008 年国际金融风险的感知领先于其他各市场。另外，政府部门近期系统性风险逐渐显现，且有逐渐扩大的趋势，需引起高度重视。

第二，从时变脉冲响应来看，资本账户总体开放对系统性金融风险的影响具有时变特征，金融危机以前资本账户的放开有利于我国金融风险的缓解，随后开放的风险效应逐渐显现，且有不断恶化的趋势。而短期资本账户的开放对系统性金融风险则长期呈现负向冲击。从时变方差分解来看，系统性金融风险主要源自自身的累积，资本账户开放的影响相比较小。但随着我国资本账户开放进入加速期，资本账户总体开放的风险冲击已有大幅提升。

（二）政策建议

在经济学界，资本账户开放一直都是具有争议的论题。诚然，资本账户开放作为中国市场化改革的一部分，是一个迟早要实现的目标。不过，1997年东南亚金融危机和2008年国际金融危机又真真切切地提醒我们，资本账户开放也蕴含着风险。基于资本账户开放对于系统性金融风险的时变动态影响研究，本章认为适时适度的资本账户管制和渐进推动资本账户开放仍然是最近一段时期的良策。

资本账户开放水平的提高强化了跨境资本流动的顺周期效应，大规模的资本流入流出必将导致国内系统性金融风险快速累积。如果一国金融市场深度或者监管水平不高，可能诱发金融危机。因此，在后期的政策实践中，资本账户开放应该根据跨境资本流动因势而变，做出具体安排。对于长期性质的或具有商业基础的资本流动，如直接投资、贸易融资等，开放措施一般具有不可逆性；对于潜在投机性质的短期资本流动，应根据具体情况暂时恢复管制。同时，资本账户要遵循逐步开放的原则，根据具体情况做出开放承诺，需要认清的是资本账户完全开放的条件永远不会充分具备，即使具备了也会失去。我们应该做到开放与管制相结合，利弊权衡、收支平衡、相机收放，在特殊条件下如经济金融状况恶化、国际收支失衡，可采取临时性的资本账户管制。

本章参考文献

［1］王锦慧，蓝发钦. 资本项目开放促进中国经济增长的实证研究［J］. 上海金融，2007（10）：10－14.

［2］盛松成. 为什么需要推进资本账户开放［J］. 中国金融，2013（18）：24－27.

［3］孙俊，于津平. 资本账户开放路径与经济波动——基于动态随机一般均衡模型的福利分析［J］. 金融研究，2014（5）：48－64.

［4］徐传平. 论资本市场开放在国际金融中心建设中的作用［J］. 云南社会科学，2016（2）：66－70.

［5］姚战琪，张玉静. 人民币汇率改革、资本项目开放对股票市场发展的影响［J］. 经济纵横，2016（7）：79－87.

［6］曲昭光. 资本自由化与金融危机关系的分析［J］. 国际金融研究，2001（11）：10－16.

［7］马勇，陈雨露. 资本账户开放与系统性金融危机［J］. 当代经济科学，2010（4）：1－8.

［8］宁特林，谢朝阳. 中国资本账户开放对金融稳定影响的研究［J］. 投资研究，2016（9）：82－92.

［9］陈创练，黄楚光，陈创波. 资本账户开放、金融风险与外汇储备的非线性关系研究［J］. 财经研究，2015（8）：64－78.

［10］刘刚，何永. 资本账户开放、金融杠杆率与系统性金融危机［J］. 上海金融，2015（7）：12－19.

［11］方意，颜茹云，郑子文. 资本账户开放对银行风险的影响机制研究［J］. 国际金融研究，2017（11）：33－43.

［12］方显仓，孙琦. 资本账户开放与我国银行体系风险［J］. 世界经济研究，2014（3）：9－14.

［13］邱兆祥，史明坤，安世友. 人民币资本账户逐步开放的顺周期性问题研究［J］. 国际金融研究，2013（5）：24－31.

［14］彭欢欢，姚磊. 资本开放、贸易开放与金融发展——基于中国的实证研究［J］. 现代管理科学，2016（7）：36－38.

［15］戴淑庚，胡逸闻. 资本账户开放风险指数的构建与测度［J］. 经济与管理研究，2016（1）：46－54.

［16］丁志杰，田园. 论资本项目有管理可兑换［J］. 金融研究，2016（2）：96－105.

［17］余永定. 寻求资本项目开放问题的共识［J］. 国际金融研究，2014（7）：3－6.

［18］张明. 中国的资本账户开放仍应审慎渐进［J］. 国际金融，2012（7）：3－6.

［19］张明. 中国资本账户开放：行为逻辑与情景分析［J］. 世界经济与政治，2016（4）：139－155.

［20］张元萍. 金融危机预警系统的理论透析与实证分析［J］. 国际金融研究，2003（10）：32－38.

［21］陈守东，杨莹，马辉. 中国金融风险预警研究［J］. 数量经济技术经济研究，

2006 (7)：36 - 48.

[22] 许涤龙，陈双莲. 基于金融压力指数的系统性金融风险测度研究 [J]. 经济学动态，2015 (4)：69 - 78.

[23] 李志辉，李源，李政. 中国银行业系统性风险监测研究——基于 SCCA 技术的实现与优化 [J]. 金融研究，2016 (3)：92 - 106.

[24] 陶玲，朱迎. 系统性金融风险的监测和度量——基于中国金融体系的研究 [J]. 金融研究，2016 (6)：18 - 36.

[25] 何青，钱宗鑫，刘伟. 中国系统性金融风险的度量——基于实体经济的视角 [J]. 金融研究，2018 (4)：53 - 70.

[26] 杨子晖，陈创练. 金融深化条件下的跨境资本流动效应研究 [J]. 金融研究，2015 (5)：34 - 49.

[27] Quinn D. P. "The Correlates of Change in International Financial Regulation", American Political Science Review, 1997, 91 (3)：531 - 551.

[28] Quinn, D. P. and A. M. Toyoda. "Does Capital Account Liberalization Lead to Economic Growth?", Review of Financial Studies, 2008, 21 (3)：1403 - 1449.

[29] Henry P. B. "Do Stock Market Liberalization Cause Investment Booms?", Journal of Financial Economics, 2000, 58 (12)：301 - 334.

[30] Alfaro L. , S. K. Ozcan and V. Volosovych. "Why Doesn't Capital Flow from Rich to Poor Countries? An Empirical Investigation", The Review of Economics and Statistics, 2008, 90 (2)：347 - 368.

[31] Levine R. and S. L. Schmukler. "Migration, spillovers, and trade diversion：The impact of internationalization on domestic stock market activity", Journal of Banking and Finance, 2007, 31 (6)：1595 - 1612.

[32] Kaminsky G. and S. L. Schmukler, "Short-Run Pain, Long-Run Gain：The Effects of Financial Liberalization", Social Science Electronic Publishing, 2003.

[33] Huang Y. and J. R. W. Temple, "Do External Trade Promote Financial Development?", Cepr Discussion Papers, 2005.

[34] Kose M. A. , Prasad E. S. and A. D. Taylor. "Thresholds in the process of international financial integration", Journal of International Money and Finance, 2011, 30 (1)：147 - 179.

[35] Fisher S. , "Capital Account Liberalization and the Role of the IMF?", Essays in International Finance, No. 207, 1998.

[36] Prasad E. , K. Rogoff, S. J. Wei and M. A. Kose, "Effects of Financial Globalization on Developing Countries: Some Empirical Evidence", IMF, 2003.

[37] Kose M. A. , E. Prasad, K. Rogoff and S. J. Wei, 2006, "Financial Globalization: A Reappraisal", IMF working paper, WP/06/189.

[38] Calvo G. A. "Capital Flows and Capital-Market Crises: The Simple Economics of Sudden Stops", Journal of Applied Economics, 1998 (1): 35 – 54.

[39] Krugman P. "What Happened to Asia?", Global Competition and Integration, Springer US, 1999: 315 – 327.

[40] Gupta A. S. and Sengupta R. , "Capital Flows and Capital Account Management in Selected Asian Economies", Mpra Paper, 2014.

[41] Ocampo J. A. , "Capital Account Liberalization and Management", Wider Working Paper, 2015.

[42] Kaminsky G. L. and C. M. Reinhart. "The Twin Crises: The Causes of Banking and Balance-of-payments Problems", American Economic Review, 1999, 89 (3): 473 – 500.

[43] IMF, "Three current policy issues in developing countries", World Economic Outlook: Building institutions, 2003 (9): 65 – 111.

[44] Frankel J. A. and A. K. Rose, "Currency crashes in emerging markets: An empirical treatment", Social Science Electronic Publishing, 1996, 41 (3 – 4): 351 – 366.

[45] Kaminsky G. , S. Lizondo and C. M. Reinhart, "Leading Indicators of Currency Crises", Staff Papers, 1998, 45 (1): 1 – 48.

[46] Müller J. , "Interbank Credit Lines as a Channel of Contagion", Journal of Financial Services Research, 2006, 29 (1): 37 – 60.

[47] Gray D. F. and A. A. Jobst. "Systemic CCA-A Model Approach to Systemic Risk", http://www. bundesbank. en/Redaktion/DE/Standardartikel/seite_nichit_gefunden. html, 2010.

[48] Illing M. and Y. Liu, "Measuring Financial Stress in A Developed Country: An Application to Canada", Journal of Financial Stability, 2006, 2 (3): 243 – 265.

[49] Goodhart C. and B. Hofmann, "Asset Prices and the Conduct of Monetary Policy", Royal Economic Society Conference, Royal Economic Society, 2002.

[50] Koop G. and D. Korobilis, "A new index of financial conditions", European Economic Review, 2014 (71): 101 – 116.

[51] Chinn M. D. and H. Ito, "A new measure of financial openness", Journal of Comparative Policy Analysis, 2008, 10 (3): 309 – 322.

［52］Chen J. and X. Qian, "Measuring on-going changes in China's capital controls: A de jure and a hybrid index data set", China Economic Review, 2015 (38): 167 – 182.

［53］Feldstein M. and C. Horioka, "Domestic Saving and International Capital Flows", Economic Journal, 1980, 90 (358): 314 – 329.

［54］Edwards S. and M. S. Khan, "Interest Rate Determination in Developing Countries: A Conceptual Framework", IMF Economic Review, 1985, 32 (3): 377 – 403.

［55］Lane P. R. and G. M. Milesi-Ferretti, "The external wealth of nations: measures of foreign assets and liabilities for industrial and developing countries", Journal of International Economics, 1999, 55 (2): 263 – 294.

［56］Nakajima J. , "Time-varying Parameter VAR Model with Stochastic Volatility: An Overview of Methodology and Empirical Applications", Monetary and Economic Studies, 2011, 29 (11): 107 – 142.

［57］Diebold F. X. and K. Yilmaz, "Better to give than to receive: Predictive directional measurement of volatility spillovers", International Journal of Forecasting, 2012, 28 (1): 57 – 66.

第十五章

河南省中小企业信用评级
指标体系优化研究 *

一、问题的提出

近年来，为推动河南省自主创新驱动发展战略的实施，政府出台了一系列政策加大对科技创新企业的支持，在加速科技成果转化、拓展创业融资渠道、促进实体经济转型发展以及创新政府管理方式等方面取得了显著成效。但整体来看，对技术创新贡献度较高的中小企业来说，"融资难"依然是制约其发展的主要瓶颈之一。解决这一问题仅靠政府支持远远不够，还需要引入更多的社会资本。实践调查发现，河南省金融市场中 PE、VC 等机构的支持力量严重不足，商业银行依然是中小企业所能依赖的主要融资渠道。但由于中小企业管理不规范、财务不透明引发的信息不对称等问题的存在，导致中小企业信贷市场存在着较高的道德风险和逆向选择，银行对其贷款较为谨慎。为解决银企之间的信息不对称问题，中小企业信用评级越来越被重视。但是商业银行现有的中小企业信用评级体系主要是仿照大型企业评级设立的，并不完全适用于中小企业。基于此，如何对中小企业信用评级的指标体系进行优化，并且提出针对性的措施，对缓解中小企业"融资难"问题的是很有必要的。

二、企业信用评级方法的选择

（一）企业信用评级的主要方法

企业信用评级方法被划分为传统信用评级和现代信用评级两大类，贯穿于整个信用评级的全过程，涉及企业信用影响因素的确定、因子权重的确定、

* ［作者简介］申攀，1989 年 2 月生，男，郑州科技学院，助教，硕士，研究方向：科技金融。赵紫剑，1967 年 10 月生，女，河南财经政法大学，副教授，博士，研究生导师，研究方向：科技金融。

计算方法和信用等级打分等。传统信用评级方法原理简单，重在定性分析，部分方法使用到定量分析（如 Logit 模型、Probit 模型等），总体上比较依赖评级人员的主观判断和专业水准。而评级人员在专业性方面往往存在差异，主观臆断性较强，容易发生道德风险。为了克服传统信用评级的主观性缺陷，基于大量客观数据支撑的数学计量分析模型被引入信用评级方法。现代信用评级方法主要是以企业的财务数据为基础，采用定量分析进行信用评级（见表 15 - 1）。

表 15 - 1   企业信用评级方法

信用评级方法	主要分类	具体内容
传统信用评级方法	要素分析法	5C、5P、5W、4F、CAMPARI 法、LAPP 法、CAMEL 体系等
	综合分析法	加权评分法、隶属函数评估法、功效系数法等
	多变量信用风险判别模型法	多元判别分析模型、Logit 模型、Probit 模型等
现代信用评级方法	以资本市场理论、信息科学为基础的新方法	基于期权定价的破产模型（EDF）、债券违约率模型、神经网络分析模型
	衍生工具信用风险的识别方法	风险敞口等值法（REE）、模拟法（蒙特卡模拟）、敏感度分析法（Delta 等）
	信用集中风险的评估系统分析法	Credit Metrics 等

资料来源：本书整理。

但是，由于现代企业信用评级方法是借助于复杂的数学模型来进行风险评估，模型的假设条件较多，模型使用灵活度不够，同时这些方法多适用于财务信息数据比较完整的企业进行评级，这些企业大多是已经上市的大型企业。从实际情况来看，由于中小企业的财务数据往往不完整、不透明，现代信用评级方法在对中小企业进行信用评级的时候也会遇到阻碍。而传统的评级方法大多过于重视定性指标的考量，其中少部分方法例如 Probit 模型、Logit 模型也只是依赖于财务报表的账面数据来预测违约概率，这种方法也不适合中小企业进行信用评级。因此，从我国中小企业经营管理的实际状况来看，单独使用定性指标或定量指标进行风险评估是行不通的。由于大部分中小企业未上市，财务不健全，定量的财务数据只能搜集统计到少部分，风险评估绝大部分还需要依靠定性指标，例如宏观政策、企业活力、管理水平等。需要把定性和定量指标结合起来，才能进行有效的信用风险评估。

（二）信用评级方法的选择——层次分析法（AHP）

20世纪70年代，托马斯·L. 萨蒂（Thomas L. Saaty）教授首次提出了适用于多准则决策的层次分析法（AHP）。这种方法能够很好地把定性指标和定量指标结合起来对复杂问题进行判断。通过邀请专家组广泛、合理、科学地搜集企业相关信息，构造有序的递阶层次结构（目标层、准则层、指标层、方案层），由专家对每一层指标相对上一层指标因素的重要性进行两两比较打分，构造出互反判断矩阵，计算出该矩阵的最大特征根及其对应的特征向量，特征向量进行归一化处理后的向量就是该指标层相对上一层指标的权重。然后对该层指标进行一致性检验，合并得出最终的指标权重。该方法简单、实用，通常的优化方法只适用于定量分析，而该方法能够处理许多通常优化技术无法处理的实际问题（见图15-1）。

图 15 - 1　AHP 的工作程序

层次分析法将目标问题的对象视为一个系统，按照分解、判断、比较、综合的思维方式，把定性指标和定量指标结合在一起，通过输入包含专家的选择和判断的信息，能够使决策者与分析者相互沟通，增加了判断的有效性；虽然运用少量的定量信息，但对问题的实际分析得比较透彻，思维过程简单明了。层次分析法比较适用于多准则、多目标的复杂问题的决策。基于此，本章最终采用层次分析法对河南省软件与信息服务行业的中小企业信用评级指标体系进行优化研究。

三、中小企业信用评级指标体系的构建

在中小企业信用评级指标体系的构建中，应充分考虑全面性、科学性、针对性、公正性、可操作性等信用评级指标体系的建立原则。其中针对性及

可操作性尤为重要，既要准确反映中小企业的信用风险特征和实际管理水平，又要根据实际情况，适当调整融资结构能力评价指标体系中的部分指标，确保评价结果的有效性。而可操作性要求建立的中小企业信用评级的指标体系，必须具备实用性，资料的可获取性要充分考虑，以有利于实际操作。

（一）定性指标和定量指标确定

1. 定性指标确定

结合现有商业银行中小企业信用评级指标体系，针对河南省软件与信息技术服务业中小企业的管理特点、经营特点，遵守公正性、独立性、科学性的原则，并结合行业专家的建议，最终从宏观政策、供应链运营、企业活力、信用情况、创新能力五个方面展开对定性指标的筛选，筛选结果如表 15－2 所示。

表 15－2　　　　　　商业银行中小企业信用评级定性指标

准则层	指标层
宏观政策 B_1	政策支持 C_1
	市场前景预测 C_2
	企业规模 C_3
企业活力 B_2	领导员工综合素质 C_4
	管理水平 C_5
	商誉 C_6
创新能力 B_8	技术开发人员比重 C_{16}
	新产品（技术或专利）数量
	研发费用收入比 C_{18}
供应链运营 B_9	上下游合作情况 C_{19}
	贷款还款情况 C_{20}
信用情况 B_{10}	纳税情况 C_{21}
	司法风险 C_{22}
	领导者个人信用记录 C_{23}

资料来源：本书整理。

2. 定量指标确定

（1）定量指标初选。对定量指标的初选，主要是根据河南省软件与信息技术服务行业的实际营运情况来进行分析选取的。该行业从研发投入到形成产出，实现效益，需要周期较长，所以导致收益的风险较大，同时在新产品的销售方面，市场对新产品接受度有一定的时间要求，会导致存货的积压或者应收账款占用过多。这些因素都足以影响该行业的财务数据的表现，也是区别与其他行业财务特点不同的一个重要参考因素。本章整合了前人的研究成果，同时邀请了行业专家、信贷专家以调查问卷的形式进行指导，最终初选的指标如表 15-3 所示。

表 15-3　　　　　　　　　　定量指标初选统计表

准则层	指标层	性质
偿债能力 B_3	资产负债率 X_1 或 C_8	负指标
	流动比率 X_2 或 C_7	正指标
	速动比率 X_3	正指标
	流动资产对负债总额比率 X_4	正指标
	现金比率 X_5	正指标
盈利能力 B_5	总资产收益率 X_{12}	正指标
	营业净利率 X_{13}	正指标
	营业毛利率 X_{14} 或 C_{11}	正指标
	主营业务利润率 X_{15}	正指标
	成本费用利润率 X_{16} 或 C_{12}	正指标
现金流量 B_7	资产的经营现金流量回报率 X_{21}	正指标
	经营现金净流量对负债的比率 X_{22} 或 C_{14}	正指标
	现金流量利息保障倍数 X_{23} 或 C_{15}	正指标
	经营活动产生的现金净流量增长率 X_{24}	正指标
	主营业务现金比率 X_{25}	正指标
营运能力 B_4	总资产周转率 X_6	正指标
	流动资产周转率 X_7	正指标
	净资产周转率 X_8	正指标
	应收账款周转率 X_9 或 C_9	正指标
	存货周转率 X_{10} 或 C_{10}	正指标
	经营周期 X_{11}	负指标
成长能力 B_6	总资产增长率 X_{17}	正指标
	主营业务收入增长率 X_{18} 或 C_{13}	正指标
	固定资产扩张率 X_{19}	正指标
	净利润增长率 X_{20}	正指标

资料来源：本书整理。

（2）定量指标筛选。当前河南省在新三板上市的软件与信息技术服务业的中小企业共54家，本章依据中小企业的定义，从新三板市场上选出了符合要求的中小企业共45家。根据前文初选的财务指标，采用2017年度的财务数据，剔除了财务数据不全的企业后，最终整理了用于定量指标筛选的29家企业。

①数据标准化处理。由于所筛选的指标中，包含有正指标和负指标。所谓负指标是指指标是越小越好，正指标反之。为了降低计量误差，在进行系统聚类之前要把指标从负化为正。本章中的逆指标是 X_1、X_5、X_{11}。采用的逆指标处理方法：

$$x'_{ij} = \max_{1 \leqslant i \leqslant n} \{x_{ij}\} - x_{ij}$$

其次，所选的指标性质不同，单位不同，为了保证数据之间具有可比性需要对指标进行无量纲化处理，使用的方法是标准化法：

$$y_{ij} = (x_{ij} - \bar{x}_j)/\sigma_j$$

其中，$\bar{x}_j$ 和 σ_j 分别是指标 X_j 的均值及标准差。标准化后，指标 y_i 的平均值为0，方差为1，消除了不同维度和数量级别的影响。在实际的操作中，本章选择使用SPSS软件直接进行数据的标准化处理。

②指标鉴别能力的计算。本章在进行评价指标选取的时候，更愿意筛选出一些能够区分企业财务差异的指标。如果某指标在企业中的财务表现差别越大，说明该指标在企业中的鉴别能力越强，能够区分企业的差异，反之则不能。本章采用的是变异系数法，通过对各指标计算出来的变异系数的绝对值进行比较分析，确定出鉴别能力较强的评价指标。指标的变异系数与其对应的鉴别能力成正相关关系。在计算变异系数的时候可以运用SPSS软件进行计算，计算结果如表15-4所示。

表15-4　　　　　　　　　　描述统计量

指标	平均值	标准差	变异系数
X_1	0.040187	0.0309849	0.771011
X_2	3.519766	2.8156985	0.799968
X_3	2.717597	2.0039019	0.73738

续表

指标	平均值	标准差	变异系数
X_4	3.249994	2.5608389	0.787952
X_5	0.860621	1.1690653	1.358398
X_6	0.643328	0.2820127	0.438366
X_7	0.854976	0.4296442	0.502522
X_8	1.043939	0.4570999	0.437861
X_9	2.421993	2.7977851	1.155158
X_{10}	4.618679	5.6076381	1.214122
X_{11}	0.003047	0.0018420	0.604467
X_{12}	4.109862	10.4615586	2.545477
X_{13}	−1.494686	24.6197659	−16.4715
X_{14}	43.461714	13.6727409	0.314593
X_{15}	0.424311	0.1327405	0.312837
X_{16}	2.443848	17.4874185	7.155689
X_{17}	18.531497	51.5191321	2.780085
X_{18}	0.161243	0.8821890	5.471189
X_{19}	0.091866	0.2503833	2.725528
X_{20}	100.319234	670.6529666	6.685188
X_{21}	−0.020197	0.1163253	−5.7594
X_{22}	0.012683	0.4953016	39.05314
X_{23}	1824.457376	10054.8473441	5.511144
X_{24}	2.487903	14.4723182	5.817075
X_{25}	−4.311379	24.1067603	−5.59143

资料来源：本书整理。其中，变异系数＝标准差/平均值。

③评级指标的筛选。在对企业财务指标进行分析中，发现存在不同财务指标的数据分布趋势具有一定的相关性，正因为相关性的存在，使得在进行信用评级的时候指标之间存在相互替代的可能。如果不对初选的财务指标进行筛选分析，就会造成评级工作中对财务指标的重复性计算，增加评级的工作量，影响最终评级的效果。所以在进行信用评级之前，需要筛选去除相关性较强的指标，提高信用评级的效率和有效性。另外，由于大部分的中小企业未上市，其财务指标在可获得性方面较差，而且数据不全，但是核心的判

断数据是有统计记录的，因此可以通过筛选的过程，运用适当的方法，去除相关性较强且可获得性较差的指标，最终在保证不影响信用评级效果的情况下，实现对指标的精简。

本章采用的分类的方法是系统聚类法，运用 SPSS 软件对现有指标进行筛选分析。聚类分析的统计量和树形图如图 15 - 2 所示。系统聚类分析法的原理是利用不同指标之间距离的不同，先将距离近的指标归为一类，后将距离远的指标归为一类，一直进行下去，每个指标总可以聚到合适的类别中。这里判断不同指标之间距离大小的方法有很多种，这里用到的是 Ward 法即离差平方和法。离差平方和最小的类别归为一类，而离差平方和最大是区分类与类不同的一个衡量标准。具体的分类过程是：每个指标先单独一类，每合

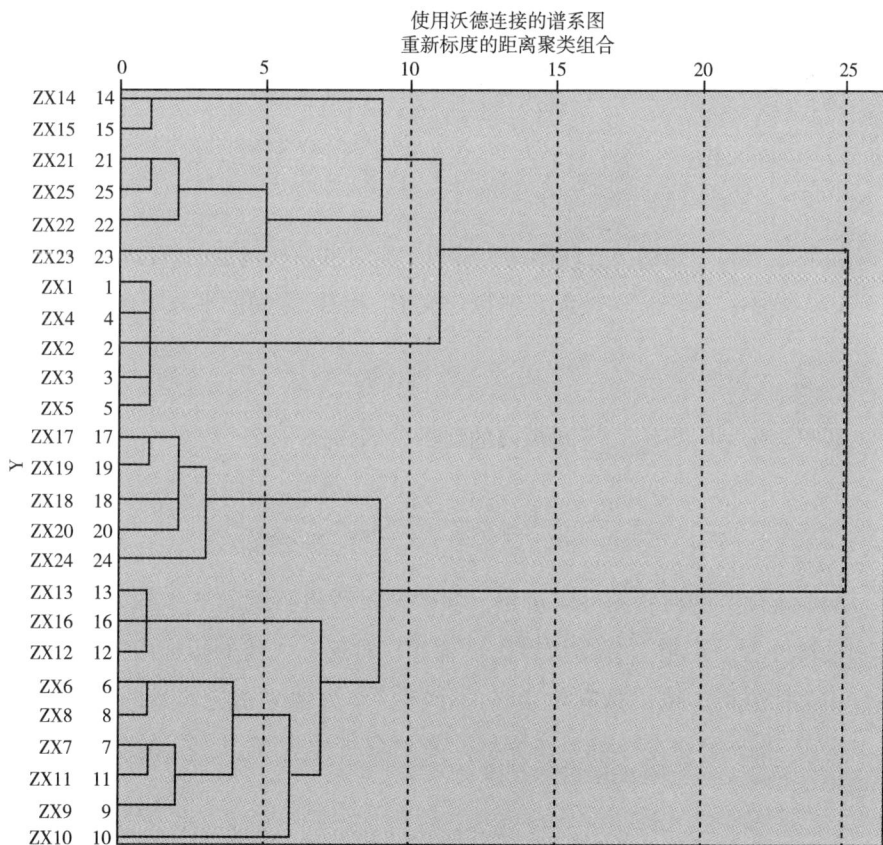

图 15 - 2 聚类分析的统计量和树形图

资料来源：本书整理。

并一类，类与类之间的离差平方和就要增大，选择增加最小的两类合并，一直合并下去，最终归为一类。

假设把 n 个指标分为 m 类 G_1，G_2，G_3，…，G_m，用 X_{it} 表示 G_t 中的第 i 个指标，n_t 表示 G_t 中指标的个数，$\bar{X}_t$ 是 G_t 的重心，则 G_t 的指标离差平方和为：

$$S_t = \sum_{i=1}^{n_i} (X_{it} - \bar{X}'_t)(X_{it} - \bar{X}_t)$$

如果 G_p 和 G_q 合并为新类 G_r，类内离差平方和分别为：

$$S_p = \sum_{i=1}^{n_p} (X_{ip} - \bar{X}'_p)(X_{ip} - \bar{X}_p)$$

$$S_q = \sum_{i=1}^{n_q} (X_{iq} - \bar{X}'_q)(X_{iq} - \bar{X}_q)$$

$$S_r = \sum_{i=1}^{n_r} (X_{ir} - \bar{X}'_r)(X_{ir} - \bar{X}_r)$$

如果 G_p 和 G_q 这两类之间距离更接近，则合并后所增加的离散平方和 $S_r - S_q - S_p$ 应较小；否则，应较大。所以定义 G_p 和 G_q 之间的平方距离为：

$$D^2_{pq} = S_r - S_q - S_p$$

其中，$G_r = G_g \cup G_q$，类间距离的递推公式为：

$$D^2_{mr} = \frac{n_m + n_p}{n_r + n_m}D^2_{mp} + \frac{n_m + n_q}{n_r + n_m}D^2_{mq} - \frac{n_m}{n_r + n_m}D^2_{qp}$$

从系统聚类的树状图可以看出，当聚类过程进行到第五步骤的时候，初选变量被分为了 7 类，分类结果比较合适，对这 7 大类的指标内的各个指标进行相关性分析，选出具有代表性的指标，作为评级指标体系的定量指标。可以运用 SPSS 软件进行相关性分析，先来分析比较 X_{14} 与 X_{15} 的相关性（见表 15-5）。

通过相关性分析，X_{14} 与 X_{15} 具有较高的相关性，需要剔除一个指标，通过对比两者的变异系数，X_{15} 的变异系数小于 X_{14}，因此最后选取 X_{14} 作为代表变量。

表 15 - 5　　　　　　　　　　　分析 X_{14}、X_{15} 相关性

相关性		Zscore（X_{14}）	Zscore（X_{15}）
Zscore（X_{14}）	皮尔逊相关性	1	0.999 **
	显著性（双尾）		0.000
	个案数	29	29
Zscore（X_{15}）	皮尔逊相关性	0.999 **	1
	显著性（双尾）	0.000	
	个案数	29	29

**．在 0.01 级别（双尾），相关性显著。

资料来源：本书整理。

同理，按照树状图分别对 X_{21}、X_{22}、X_{23}、X_{25} 为一组，X_1、X_2、X_3、X_4、X_5 为一组，X_{21}、X_{22}、X_{23}、X_{25},X_{17}、X_{18}、X_{19}、X_{24} 为一组，X_{12}、X_{13}、X_{16} 为一组，X_6、X_7、X_8、X_9、X_{11} 为一组进行分析对比，选取了 X_2、X_6、X_9、X_{16}、X_{18}、X_{22}、X_{24}、X_{23} 为代表变量。由于变量 X_{10} 单独一组所以另选取 X_{10} 为代表变量。

综上所述，通过系统聚类的方法从 25 个初选财务指标中选取了 X_2、X_6、X_9、X_{10}、X_{14}、X_{16}、X_{18}、X_{22}、X_{23}、X_{24} 共 10 个指标作为定量指标的代表指标，由于学术方法具有局限性，所以在对中小企业进行信用评级的实践中还应借鉴指标的实用性和可得性来确定出最终的代表指标。根据中小企业财务不完善的特点需剔除 X_6、X_{24} 这两个指标，增加 X_1 指标。最终筛选出来的指标为反映企业偿债能力的 X_1、X_2，反映企业营运能力的 X_9、X_{10}，反映企业盈利能力的 X_{14}、X_{16}。反映企业成长能力的 X_{18} 及反映企业现金流量的 X_{22}、X_{23}，见表 15 - 6。

表 15 - 6　　　　　　　　　　　筛选出来的定量指标

指标	X_1	X_2	X_9	X_{10}	X_{14}	X_{16}	X_{18}	X_{22}	X_{23}
性质	负指标	正指标							

资料来源：本书整理。

综上，本章针对中小企业的特点共选取了 23 个指标对现有商业银行的企业信用评级指标体系进行优化，其中 14 个定性指标、9 个定量指标，见表 15 - 7。

表 15 - 7 商业银行中小企业信用评级指标列表

一级指标	二级指标	三级指标	指标说明
商业银行中小企业信用评级指标体系	B_1	C_1	该行业是否有国家支持和鼓励政策
		C_2	行业周期、发展战略、市场竞争力、产品可替代程度等
	B_2	C_3	企业是中型、小型还是微型企业
		C_4	领导和员工的学历层次、技术水平、经营业绩、工作经验、信用意识、风险偏好等
		C_5	制定和实施的规章制度、企业文化、财务管理、质量管理、技术管理、信息管理、风险管理等
		C_6	企业形象、合法性、产品质量、服务评价、行业声誉等
	B_3	C_7	—
		C_8	—
	B_4	C_9	—
		C_{10}	—
	B_5	C_{11}	—
		C_{12}	—
	B_6	C_{13}	—
	B_7	C_{14}	—
		C_{15}	—
	B_8	C_{16}	技术开发人员占全体员工的比重
		C_{17}	每年新产品（技术或专利）的数量
		C_{18}	新产品（技术或专利）的收益与研发费用的比例
	B_9	C_{19}	合作密切程度、应付账款特征、应收账款特征
	B_{10}	C_{20}	企业贷款本金、利息的按时还款情况
		C_{21}	企业按时缴纳税收情况
		C_{22}	企业商业活动中的合同履约情况，尤其考察有突发情况时的履约情况，与合作商是否有法律纠纷
		C_{23}	领导者个人的信用品质、信用记录

资料来源：本书整理。

（二）运用 AHP 法确定指标权重

鉴于上述优化后的指标体系，本节需要确定指标体系中各级指标的权重，以区分各个指标对中小企业信用评级的重要性。本章采用的是 AHP 模型，首先通过邀请的行业专家选出的指标的重要性进行两两比较并打分（针对上一层的同一层指标进行两两比较），构造出互反判断矩阵。然后确定互反判断矩阵各层次指标的相对权重，并进行一致性检验。最后合并权重得出各指标对总目标的权重。

1. 构造互反判断矩阵

互反判断矩阵是指针对上一层指标，在同一层次的指标之间的相对重要性的比较，为了使重要性便于比较，需要对重要性进行量化处理。本章引入 1 – 9 标度法（具体含义见表 15 – 8）进行量化处理。

表 15 – 8　　　　　　　　　1 – 9 标度法及其表达的意义

标度	表达的意义
1	两指标相比较，具有相同重要性
3	两指标相比较，一个指标比另一个指标稍微重要
5	两指标相比较，一个指标比另一个指标明显重要
7	两指标相比较，一个指标比另一个指标强烈重要
9	两指标相比较，一个指标比另一个指标极为重要
2，4，6，8	各为上述相对重要性判断的中间值

资料来源：本书整理。

本章邀请了信用评级方面的专家、商业银行资深信贷人员以及资深行业人员共 5 位，讨论并两两比较构造了 A – B，B – C 共 45 个判断矩阵。本章只列出其中一个 A – B 的判断矩阵（见表 15 – 9），因为计算过程一致，所以省略其余专家判断矩阵。

表 15 – 9　　　　　　　　　专家判断矩阵 A – B

A	B_1	B_2	B_3	B_4	B_5	B_6	B_7	B_8	B_9	B_{10}	Wi
B_1	1	1	2	2	1	1/2	2	1/2	2	2	0.1121
B_2	1	1	2	2	1	1	2	1/2	2	1	0.1093
B_3	1/2	1/2	1	1/2	1/2	1/2	1	1/2	1	1/2	0.0553
B_4	1/2	1/2	2	1	1	1	2	2	3	1	0.0722
B_5	1	1	2	1	1	1/2	2	1/2	3	2	0.09
B_6	2	1	2	1	2	1	2	1/2	1/3	2	0.1129
B_7	1/2	1/2	1	1/2	1/2	1/2	1	1	2	1	0.0755
B_8	2	2	2	5	2	2	1	1/2	2	2	0.1583
B_9	1/2	1/2	1	1/3	1/3	3	1/2	1	1	2	0.1409
B_{10}	1/2	1	2	1	1/2	1/2	1	1/2	1	1	0.0733

注：A、B_1 – B_{10} 所释指标见表 15 – 10。

2. 计算各层次指标的相对权重

依据前文建立的互反判断矩阵，对其进行一致性检验，然后计算同一层次相比的指标相对于上一层指标的相对权重。

利用 Excel 软件计算出判断矩阵的最大特征根 λmax 和其对应的特征向量 ω，计算出一致性比例 CR，对判断矩阵进行一致性检验。对通过一致性检验的矩阵的特征向量 ω，归一化处理后，作为判断矩阵的权重向量，以上文所列的判断矩阵为例，其 λmax = 11.3053，将 λmax = 11.3053 所对应的特征向量归一化为判断矩阵的权重向量为（0.1121，0.1093，0.0553，0.0722，0.09，0.1129，0.0755，0.1583，0.1409，0.0733）$^\mathrm{T}$，检验一致性比例 CR = 0.0973 < 0.1，显然该判断矩阵的一致性是可接受的。同理可以分别计算出其余 A – B，B – C 共 44 个判断矩阵的最大特征根，CR 及权重向量。

3. 确定评价体系组合权重

上述确定了每一级指标的相对权重，为了得出各层次指标对总目标的相对权重即排序权重需要自上而下，将单准则下的权重进行合成，从而得出最低层中各指标对应总目标的排序权重，并进行一致性检验，本章根据 5 位专家的打分表，对其每一层的权重进行加权平均，最终得到的各层次指标权重（见表 15 – 10、表 15 – 11）。

表 15 – 10　　　　　　　　　　各层次因素权重分布表

上层指标	同层指标	权重
商业银行中小企业信用评级指标体系 A	宏观政策 B_1	0.07
	企业活力 B_2	0.11
	偿债能力 B_3	0.07
	营运能力 B_4	0.11
	盈利能力 B_5	0.11
	成长能力 B_6	0.1
	现金流量 B_7	0.1
	创新能力 B_8	0.13
	供应链运营 B_9	0.11
	信用情况 B_{10}	0.09

资料来源：本书整理。

表 15－11　　　　　　　　　（续）各层次因素权重分布

上层指标	同层指标	权重
宏观政策 B_1	政策支持 C_1	0.53
	市场前景预测 C_2	0.47
企业活力 B_2	企业规模 C_3	0.12
	领导和员工综合素质 C_4	0.29
	管理水平 C_5	0.29
	商誉 C_6	0.29
偿债能力 B_3	流动比率 C_7	0.58
	资产负债率 C_8	0.42
营运能力 B_4	应收账款周转率（次）C_9	0.53
	存货周转率（次）C_{10}	0.47
盈利能力 B_5	营业毛利率 C_{11}	0.62
	成本费用利润率 C_{12}	0.38
现金流量 B_7	经营现金净流量对负债的比率 C_{14}	0.6
	现金利息保障倍数 C_{15}	0.4
创新能力 B_8	技术开发人员比重 C_{16}	0.27
	新产品（技术或专利）数量 C_{17}	0.33
	研发费用收入比 C_{18}	0.4
信用情况 B_{10}	贷款还款情况 C_{20}	0.23
	纳税情况 C_{21}	0.22
	司法风险 C_{22}	0.22
	领导者个人信用记录 C_{23}	0.32

资料来源：本书整理。

　　将各层次的权重进行组合，最终得到表 15－12 的针对河南省软件与信息技术服务业的商业银行中小企业信用评级指标体系的权重分布表。

表 15 - 12 中小企业信用评级指标体系的权重分布

目标层	准则层	准则层权重	指标层	指标层权重
商业银行中小企业信用评级指标体系 A	宏观政策 B_1	0.07	政策支持 C_1	0.04
			市场前景预测 C_2	0.03
	企业活力 B_2	0.11	企业规模 C_3	0.01
			领导和员工综合素质 C_4	0.03
			管理水平 C_5	0.03
			商誉 C_6	0.03
	偿债能力 B_3	0.07	流动比率 C_7	0.04
			资产负债率 C_8	0.03
	营运能力 B_4	0.11	应收账款周转率（次）C_9	0.06
			存货周转率（次）C_{10}	0.05
	盈利能力 B_5	0.11	营业毛利率 C_{11}	0.07
			成本费用利润率 C_{12}	0.04
	成长能力 B_6	0.12	主营业务收入增长 C_{13}	0.12
	现金流量 B_7	0.1	经营现金净流量对负债的比率 C_{14}	0.06
			现金利息保障倍数 C_{15}	0.04
	创新能力 B_8	0.13	技术开发人员比重 C_{16}	0.04
			新产品（技术或专利）数量 C_{17}	0.04
			研发费用收入比 C_{18}	0.05
	供应链运营 B_9	0.11	上下游合作情况 C_{19}	0.11
	信用情况 B_{10}	0.09	贷款还款情况 C_{20}	0.02
			纳税情况 C_{21}	0.02
			司法风险 C_{22}	0.02
			领导者个人信用记录 C_{23}	0.03

资料来源：本书整理。

四、案例分析

某科技公司成立于 2010 年 11 月，总部位于中国郑州，是一家互联网高科技公司，主营业务：人工智能翻译服务、国际互联网跨语言服务、智能硬件产品的研发等。经过 5 年的快速发展，该公司于 2015 年 11 月在新三板挂牌上市（股票代码 834134），是河南第一家上市的互联网公司。该企业基于 ZNMT 的人工智能机器翻译引擎的神经翻译系统，使翻译质量的评测值大大提高，翻译准确率和速度也得到了大幅提升。翻译准确率达85%以上，翻译质量更为接近人工翻译的质量，高于同行业其他公司。公司拥有专业的研发团队，2017年末研发人员共有36人，占员工总量的30.51%，其中研发人员占比最多达到员工总人数的50.86%。企业目前已围绕智能翻译领域取得27项商标权、发明专利3项（包括：一种众包翻译方法及平台、可穿戴翻译装置及其控制方法、基于多语言翻译的近义词关联方法）、软件著作权33项（包括：GaGaMedia智能视频翻译平台、智能机器人控制软件、GaGa国际红包系统（IOS）、图片信息翻译处理系统等）。2017年度拥有的2项专利和2项发明专利。在研发投入方面2017年度研发支出690万元，占营业收入的6.27%。

利用本章构建的评级指标体系对案例公司进行信用评级得分是81分，优于某商业银行按照其原有的信用评级模型所打的58分。案例公司的信用等级为A，信用度为"良"，信贷政策为"大力支持，优先审批"，如表15-13所示。

表15-13　　　某商业银行信用等级设置标准以及相应的信贷政策

评分标准	信用等级	信用度	信贷政策
90~100	AAA	特优	大力支持，优先审批
85~90	AA	优	
80~85	A	良	
70~80	BBB	较好	严格管理，强化担保
60~70	BB	尚可	
55~60	B	一般	
50~55	CCC	较差	加强管理，及时催收
45~50	CC	差	
40~45	C	很差	收缩授信，及早脱离
40以下	D	极差	

综上所述，本章优化后的针对河南省软件与信息技术服务业的中小企业的信用评级指标体系可操作性强，具有一定的实用价值。通过案例分析，运用该指标体系对中小企业的信用水平，起到了提升作用，有利于推动解决中小企业融资难的问题，帮助中小企业进一步发展。

五、建议

信用评级不仅仅是一门科学，更是一门艺术。要发挥信用评级在中小企业融资方面的作用，还需要政府、银行给予相关的支持和保障。

（1）政府层面。一是积极鼓励中小企业邀请权威性的信用评级机构例如大公资信、中诚信、国衡信、联合资信等，对其进行企业信用评级，为未来企业融资做必要的准备。针对这类主动进行信用评级的企业，建议政府给予一定比例的评级费用补贴并予以引导。二是政府联合第三方成立企业辅导机构，展开管理类培训，使企业管理正规化，提升企业管理效率。发扬工匠精神，从源头就开始帮助企业解决未来的融资时各种融资条件不够的问题，而且政府及相关第三方机构，也可以借此机会进一步完善社会企业信用体系。

（2）银行层面。一是切实贯彻实施金融供给侧结构改革策略，将服务实体经济作为业务经营发展的出发点和落脚点，为社会发展"薄弱环节"提供强有力的金融支持。二是利用大数据等新技术着力破解中小企业信息不对称、信用低估等问题。构建完善的金融、税务、市场监管、社保、海关、司法等信息服务平台，积极探索开发除传统财务信息展示方案以外的多维度的信用评估体系，针对不同地域、不同行业发展的特点，建立差异化的、有针对性的信用评级指标体系，实现与中小企业之间的高效对接。如，建设银行围绕科研人员构成、高端设备拥有量、税务减免金额和所获科研奖项等诸多要素，结合企业特有创新行为积累的大数据，研发出"技术流"评价体系。三是完善绩效考核和激励约束机制，建立"敢贷、愿贷、能贷"长效机制，对服务中小企业的网点机构和工作人员，一方面是建立服务企业户数、信贷额度、信贷质量等多维度的综合考核体系，另一方面是建立健全员工尽职免责机制，提高对中小企业贷款的不良容忍度，提升基层网点服务中小企业的内生动力。

本章参考文献

[1] 赵家敏，黄英婷. 我国商业银行中小企业信用评级模型研究 [J]. 金融论坛，2006（4）：16-20.

[2] 左锐，刘哲. 基于 AHP 法的中小企业信用评级指标体系构建 [J]. 财会通讯，2015（11）：80-83.

　　［3］孙文，王冀宁. 基于 AHP 的中小企业信用评级指标体系构建［J］. 财会通讯，2012（7）：19－21.

　　［4］崔德志. 基于模糊综合评价法的制造业中小企业信用评级模型实证分析——以 G 企业为例［J］. 财会通讯，2010（35）：40－42.

　　［5］樊锰，汪媛雏，张竹海，仇新卫. 基于 AHP 法的中小企业信用评级模型研究［J］. 财会通讯，2010（6）：139－142.

　　［6］周中胜，王愫. 企业家能力、信用评级与中小企业信贷融资可获性——基于江浙地区中小企业问卷调查的经验研究［J］. 财贸经济，2010（6）：10－17.

　　［7］吴雪莎. 我国商业银行中小企业信用评级指标体系研究与改进［D］. 四川：西南财经大学，2013.

　　［8］高希. 商业银行中小企业信用评级指标体系优化研究［D］. 江苏：南京理工大学，2014.

　　［9］陶平，刘学. 中小企业信用体系建设对地方中小微企业发展影响的实证性分析［J］. 征信，2012，30（6）：46－49.

　　［10］卫蕾. 软件和信息技术服务业企业财务风险研究［D］. . 安徽财经大学，2017.

　　［11］D. Fantazzini，S. Figini. Random Survival Forests Models for SME［J］. Methodol Comput Appl Probab，2009（11）.

　　［12］Odom M. D.，Sharda R. A. Neural network for bankruptcy prediction［J］. International Joint Conference on NeuralNetworks，1990，2（6）：163－168.

第五篇

金融生态指数研究

第十六章

中国县域金融生态指数分析报告 2018 *

一、县域金融发展概述

县域经济是国民经济中具有综合性和区域性的基本单元，它是以县城为中心、乡镇为纽带、农村为基础的区域经济。县域经济的发展是中国社会主义市场经济的重要基础，是全面建设小康社会的重要组成部分，对解决中国的三农问题，缩小贫富差距，加快建设小康社会，提高整体国民经济实力具有重要的现实意义。

在中国经济进入"新常态"背景下，促进县域金融支持实体经济发展，是破除经济发展困境的思路之一。发展县域经济必须先发展县域金融，县域金融是保证县域经济发展的重要前提，是加快县域经济发展的助推器。2015年《中共中央关于制定国民经济和社会发展第十三个五年规划的建议》强调要将更多金融活水引向实体经济，要求提高金融服务实体经济效率。2017年中国金融工作会议上，习近平总书记强调让金融回归本源，更好地服务于实体经济，把金融资源配置到经济社会发展的薄弱环节以满足实体经济发展中的金融需求。具备城市经济与农村经济双层特征的县域经济，发挥着联系宏观经济和微观经济的桥梁和纽带作用。县域实体经济的进一步发展、产业结构转型升级、技术改造等均需要金融服务与支持。而金融作为现代县域经济资源配置的核心要素，增强了县域经济的竞争力，变县域资源优势为经济优势、变区位优势为开发优势、变基础优势为比较优势。通过金融技术可以更高效地提高市场效率，为政府推进经济发展提供技术支持手段。将金融工程的思想与推动县域经济跨越式发展的目标相结合，以县域产业为金融支持经济发展的支撑点，通过宏观顶层统一设计，将金融业的创新发展、制度设计、市场建设、要素保障等内容工程化，可以有效利用金融作为实体经济发展的

---

* ［作者简介］中国县域金融生态环境指数研发团队和北京工商大学县域金融工程研究中心。

主要驱动力，实现县域经济发展困境的突破口。

首先，县域金融是解决"三农问题"的重要保障。农村经济的发展是县域小康建设的重要前提，农村经济的发展离不开县域金融的支持。第一，推动农村经济发展要大力发展农业现代化，使农业产业资本的有机构成更加合理，资本密集程度增强，这需要县域金融的支持。第二，县域金融促使农民生活水平的提高。城市化进程中必然让一部分农民变成市民，农民的市民化过程必然催生对金融的需求。第三，县域金融推动农村公共事业发展。农村经济的发展还包括农民生活保障的发展、医疗保障事业的发展、乡镇基础建设的发展、农村教育及文化事业的发展等，发展这些事业所需要的主要资金都离不开县域金融的必要支持。

其次，县域中小企业的发展需要县域金融支撑。县域经济的主要构成部分是中小企业，全国县域环境下急需引入金融资源来进一步发展的中小企业数不胜数，而这些企业对支撑实体经济有着极其重要的意义。在这些中小企业中，除极少数有较充足的自有资金外，其余绝大多数企业的自有资金都比较少，它们从筹建、挂牌成立到发展壮大都离不开县域金融的支撑。此外，县域民营企业的发展需要县域金融的支持。然而县域民营经济通过金融信贷获得的资金与其对县域经济发展所作的贡献是极不相称的，县域民营经济更需要金融业的倾斜支持。

最后，县域金融服务满足县域经济发展多元化融资需求。随着县域金融的不断发展和完善，无论农业企业还是工商企业的发展都需要县域金融提供全方位、多层次、多品种的金融服务。包括多层次多种类的信贷服务、多种渠道多种方式的汇兑服务、多种形式的电子货币服务、多种类的投资理财服务等。同时还需要县域金融提供便捷的结算工具和现代化的结算服务等。县域金融随着业务工作电子化、网络化的逐步深入，在数据集中处理、业务流程和业务科学管理等方面逐步制定了相应的配套规则，注重吸引和采纳现代金融服务的管理方法，规范金融服务市场行为，不断推进标准化和现代化的金融服务，为地方经济的发展与腾飞，提供了优质便捷的服务。

近年来，我国县域金融获得较快发展，县域金融的环境取得显著改善，县域金融机构改革稳步推进，金融机构效率不断提升。2003 年，国务院颁布了《深化农村信用社改革试点方案》，农村信用社启动产权改革和管理体制改革，各县市组建农村商业银行、农村合作银行以及各类新型农村金融机构。以此为标志，我国城乡金融进入深化改革阶段。十余年来我国县域金融发生了许多积极变化：全部县（市）和绝大多数乡镇实现了金融服务网点的全覆盖，多层次的县域金融服务体系基本形成，农村金融基础设施日益完善。

尽管我国县域金融发展在整体上呈现良好态势，但仍然难以解释县域经济发展失衡，这与不同地区的金融生态环境差异有关。大多数研究表明，影响一国和地区金融系统安全的原因不仅来自金融部门本身，还来自金融部门运行的外部环境。在这种背景下，金融生态应运而生。前中国人民银行行长周小川最早将生态学概念系统地引申到了金融领域，并强调用生态学的方法来考察金融发展问题，认为金融生态主要不是金融机构自身的内部运作，而是金融体系所赖以生存和发展的外部经济社会环境。中国人民银行张家界中心支行课题组（2005）指出，金融生态是利用生态学的概念来解说金融机构在生存、发展过程中，与其生存的外部环境、内在管理调节机制及金融机构之间的相互联系、相互作用，并通过三者之间的互动联系，形成一种动态平衡来说明金融资源配置状况以及金融与地方经济的关系。张敏等（2015）借用李扬等人的观点，认为金融生态环境是指由居民、企业、政府和国外等要素构成的金融产品和金融服务的消费群体，以及金融主体在其中生成、运行和发展的经济、社会、法治、文化、习俗等体制、制度和传统环境。因此，估算县域金融生态环境指数，分析县域金融系统平稳运行的整体环境，不仅有助于了解我国县域金融制度建设、金融发展情况，而且对研究金融内外部因素变化对金融系统的影响具有重要意义。

鉴于此，本章结合我国县域金融生态环境的现实特征，运用组合评价的思想对我国县域金融系统的整体运行环境进行客观评价，并以评估金融生态为目标，研究金融生态指数体系构建和金融生态指数的构建问题，据此为县域金融系统的平稳运行提供环境优化依据。

二、金融生态指数指标体系构建

（一）指标体系构建原则

1. 科学性原则

评价指标体系应具有清晰的层次结构，在科学分析和定量计算的基础上，形成对区域金融生态质量的直观结论。在进行指标设计时应尽可能以现代统计理论为基础，利用现有的统计数据。

2. 系统性原则

应把社会经济发展、金融资源、信用和法制环境视为一个整体的大系统，通过区域金融生态评价指标，客观反映社会经济与金融生态的内在联系。

3. 可比性原则

区域金融生态评价指标的设置要考虑评价指标便于进行纵向比较和横向比较。所谓纵向可比，即与历史数据可比，区域金融生态环境评价指标应相对稳定；所谓横向可比，即相邻区域之间可比。

4. 定性与定量相结合原则

金融生态环境的评价是一项十分复杂的工作，如果对指标都逐一量化，缺乏科学依据，因此在实际操作中必须充分结合定性分析。但最终评价结果应形成一个明确的量化结果，以排除定性分析中主观因素或其他不确定因素。

（二）金融生态指数的指标择取与处理

金融生态指数究竟应该包括哪些指标，至今都没有一致的认识，并且在很多时候该指数的构成指标可能会随着经济形势的波动而发生变动，因而择取构建县域金融生态指数的指标需要结合我国县域经济与金融发展的实际情况加以探索。根据金融生态指数的内涵与特征，本章借鉴已有的研究，以科学合理地度量县域经济、金融非均衡发展水平和程度，分析县域金融发展中可能的问题为原则，主要从经济水平、基础公共设施建设、金融发展、金融制度环境等层面选取不同数量的指标，这些指标的数值特征基本能够反映金融运行环境的总体状况，具体指标体系见表 16-1。

表 16-1　　　　　　　　县域金融生态指数指标体系

一级指标	二级指标	三级指标	影响方向
经济基础	经济发展水平	人均 GDP	正向
	经济结构	投资率	正向
		消费率	正向
		政府支出水平/GDP	逆向
		第二、三产业增加值/GDP	正向

一级指标	二级指标	三级指标	影响方向
金融发展	金融服务可获得程度	人均储蓄存款	正向
		人均贷款	正向
	金融服务渗透程度	万平方公里金融机构网点数量（包括银行、证券、保险）	正向
		万平方公里农村金融网点数量（包括村镇银行、农商行、联社、信用社）	正向
		万平方公里其他金融机构网点数量（包括基金公司、小额担保公司、小额信贷公司、融资租赁公司、期货公司）	正向
		万人金融机构网点数量（包括银行、证券、保险）	正向
		万人农村金融网点数量（包括村镇银行、农商行、联社、信用社）	正向
		万人其他金融机构网点数量（包括基金公司、小额担保公司、小额信贷公司、融资租赁公司、期货公司）	正向
金融政策环境	金融政策支持	政府出台经济金融政策数量	正向
		经济金融政策试点	正向
		金融工作会议数量	正向
	金融管理机构	有无独立的金融办	正向

1. 经济基础指标

实体经济是金融主体存在的依据，服务的对象、生存的空间和经济基础构成县域金融生态环境的重要组成部分。我们选取了经济水平、需求结构和产业结构三个二级维度来描述县域经济基础。具体内容如下：

经济水平方面，根据内生金融发展理论，经济发展水平越高，金融发展状况就越好。我们选择人均GDP水平以及第二产业劳动生产率两个指标来衡量。

需求结构方面，合理的需求结构能够稳定经济增长，进而促进金融发展。合适的需求结构可以促进金融体系不断发展，有助于提高金融体系自身机能。尤其是消费占比的上升将促进金融需求增加，引致多元化金融体系较快发展，金融体系及其生态环境更为完善。我们选择投资率、消费率以及政府支出水平占GDP的比重来衡量需求结构。

产业结构方面，产业结构与经济增长相关性很高，优化合理的产业结构将有助于资源合理配置，进而提升整体经济的全要素增长率，促使经济增长动力增强。经济增长潜力上升将提升对资金的需求，促使金融需求增加。我们用第二产业和第三产业增加值占 GDP 比重来衡量。

2. 基础公共设施建设指标

基础设施建设和社会保障是经济发展的必要条件。基础公共设施的不断完善能够提高经济增长速度。我们从公共基础设施、教育和基本社会基础设施来衡量县域基础公共设施。根据数据的可得性，选择拥有固定电话户数作为公共基础设施的代理指标，选择义务教育在校生比率、教育经费支出占地方财政支出的比重，以及每万人图书馆藏书量来衡量县域教育基础设施，选取社会养老保险参保率和每万人医疗结构床位数来衡量基本社会保障基础设施。

3. 金融发展指标

我们从金融服务可获得程度、金融服务使用效率和金融服务渗透程度三个维度衡量金融发展情况。

金融服务可获得性是从宏观层面考量一个地区金融服务使用程度如何，该维度选择县域人均储蓄存款、人均贷款和上市公司数量来衡量。从人均储蓄存款方面来看，动员和运用储蓄是金融中介最基本、最重要的功能，可以从储蓄动员的角度来度量获得金融服务的程度。从人均贷款方面来看，银行贷款是私人部门融资的主要来源，也是推动经济增长的重要金融服务，包含了金融深度的内涵。

金融服务使用效率是指县域在利用金融资源方面的效率如何，在该维度下设置了三个指标：人均资本流入量、贷款占 GDP 比重及存贷比。贷款是企业融资的主要来源，是推动经济增长的一项重要金融服务，贷款与 GDP 之比可以评价金融中介的配置效率。存贷比用以衡量间接融资转化效率，反映出区域的资金转化能力。人均资本流入量刻画了地区吸引融通资金的能力，在一定程度上可以描述金融配置资源的效率。

金融服务渗透程度考察的是一个地区是否有接触和获取金融服务的渠道，以及通过该渠道获得金融服务的难易程度。这是金融指标体系的基础层面，该维度的指标体现了农村金融机构在多大程度上成功地服务了目标客户、满足目标客户的需求，反映了资金需求主体获取存款、贷款、汇兑结算等金融服务的方便性。在这一维度下，我们分别从人口层面和地理层面设置了六个指标：万人金融机构网点数量、万人农村金融机构网点数量、万人其他金融机构网点数量、百平方千米金融机构营业网点数、百平方千米农村金融机构网点数量以及百平方千米其他金融机构网点数量。

4. 金融制度环境指标

我们选取了金融政策支持、金融管理机构和信用制度环境三个二级维度来描述县域的金融制度环境。具体内容如下：

金融政策支持方面，我们用当地出台的金融政策数量、国家各类金融试点的个数来衡量。金融政策支持力度大，意味着地方性法规条例的健全性、法规政策的连续性以及政策法规的普及和透明度较高。

金融管理机构及运行方面，我们用金融监管机构是否健全、金融机构工作情况衡量。金融管理机构的健全运行，满足了公众对资金安全性的关心。金融管理机构的职责包括按照规定监督管理金融市场、发布有关金融监督管理和业务的命令和规章、监督管理金融机构的合法合规运作等。

信用制度环境建设构成金融生态环境的重要内容，完善的法治环境能够有效地保护金融主体产权，有效遏制恶意信用欺诈和逃废金融债务行为发生，我们选择县域是否设立黑名单制度来衡量。

县域金融生态指数指标体系如表 16-1 所示。

（三）金融生态指数测度方法

在构建金融生态指数时，根据我们确定的金融生态的含义和金融生态指数构建的目标和原则，借鉴国际认可度很高的联合国开发计划署编制的人类发展指数（Human Development Index，HDI）计算方法构建金融生态指数。县域金融生态评价指数的优化和筛选过程如下：

1. 评价指标的经验性初步筛选

以高频指标为重点，结合文献梳理和中国县域实情，根据数据获得性剔除无法获取的海选指标，得到第一轮初筛指标（如表 16-1 所示），充分保证其可以量化处理。

2. 指标的无量纲化处理

鉴于各指标值的统一口径和数据类型差异，以及初筛指标的效益型性质，我们采取以下方法处理标准化数据，其中 v_{ij} 表示第 j 个评价对象第 i 个指标，包括正向指标和逆向指标的原始值；m 表示评价指标数；n 表示评价对象总数；x_{ij} 表示 v_{ij} 的标准化值，保证了 $0 < x_{ij} < 1$。可以表示为：

$$x_{ij} = \frac{v_{ij} - \max\limits_{1 \leqslant i \leqslant m, 1 \leqslant j \leqslant n}(v_{ij})}{\max - \min(v_{ij})}(\text{正向指标}) \tag{16-1}$$

$$x_{ij} = \frac{\max\limits_{1 \leqslant i \leqslant m, 1 \leqslant j \leqslant n}(v_{ij}) - v_{ij}}{\max\limits_{1 \leqslant i \leqslant m, 1 \leqslant j \leqslant n} - \min\limits_{1 \leqslant i \leqslant m, 1 \leqslant j \leqslant n}(v_{ij})}(\text{逆向指标}) \tag{16-2}$$

3. 计算各个维度的金融生态指数

通过计算各个维度的测算值与最理想值的欧氏距离，并将所有距离整合在一起，便得到单一维度的县域金融生态指数，具体计算公式为：

$$IFI_i = 1 - \frac{\sqrt{w_{i1}^2(1-x_{i1})^2 + w_{i2}^2(1-x_{i2})^2 + \cdots + w_{in}^2(1-x_{in})^2}}{\sqrt{w_{i1}^2 + w_{i2}^2 + \cdots + w_{in}^2}} \tag{16-3}$$

进一步，计算最终复合维度的县域金融生态指数：

$$IFI = 1 - \frac{\sqrt{w_1^2(\max(IFI_1) - IFI_1)^2 + \cdots + w_{in}^2(\max(IFI_n) - IFI_n)^2}}{\sqrt{w_1^2 + w_2^2 + \cdots + w_n^2}}$$

$$\tag{16-4}$$

IFI 取值区间为（0，1），取值越大表明当地县域金融生态发展水平越高。

在式（16-3）和式（16-4）中 w 分别为单一指标和单一维度的权重，赋权方法采用的是较为客观的变异系数法。变异系数法的内涵是在用多个指标对一个问题进行综合评价时，如果一项指标的变异系数较大，则说明这个指标在衡量这个问题的差别方面具有较大的能力，那么这个指标就应该赋予较大的权重；反之，则赋予较小的权重。在赋予各指标的权重时，采用各指标的变异系数占所有指标变异系数之和的比值表示，公式如下：

$$CV_i = \frac{s_i}{\bar{x}_i}(i = 1, 2, \cdots, n) \tag{16-5}$$

在公式（16-5）中，CV_i 代表各个指标的变异系数，s_i 代表各个指标的标准差，$\bar{x}_i$ 代表各个指标的平均数。计算出变异系数后，各个指标的权重计算方法如式（16 – 6）：

$$w_i = \frac{CV_i}{\sum\limits_{i=1}^{n} CV_i}(i = 1, 2, \cdots, n) \qquad (16 – 6)$$

（四）数据来源

我们根据市县级层面数据缺失情况，构建了 2016 年全国 30 个省份（不包括西藏及中国香港、澳门、台湾）2457 个县的金融生态指数。样本中县级市、区和县由于采用了全样本原则，该样本覆盖了各省份经济发展的高、中、低水平，基本可以反映全国县域的整体情况。本章使用的数据均为公开可获得的，主要来自两个方面的渠道。一是，官方统计数据，来自省、市、县的统计年鉴，国民经济和社会发展统计公报，统计局网站等。二是，新闻媒体、百度等搜索引擎数据，通过数据爬虫方式搜索各大门户网站中相关县市的新闻报道以有价值的数据。对于各个省份县域生态指数衡量指标缺失的情况，采用了使用市级指标与相关县域指标的分布进行补充。

三、县域金融生态环境指数分析

我们计算了样本中的 2457 个县的金融生态指数，测算结果表明，2016 年，我国县域金融生态指数均值处在 0.489 水平，属于中等水平的金融生态，整体上仍然存在上升的空间。经济与金融发展水平较高的省份，其县域金融生态环境也相对较高。

（一）县域金融生态指数综合排名

表 16 – 2 是县级市、区和县金融生态指数位于前 100 的县域及其所在的省（区市）。

表 16 – 2　　金融生态指数位于前 100 的县域及其所在的省（区市）

排名	省、自治区、直辖市	地级市、自治州	县级市、区、县	金融生态指数
1	上海	—	金山	0.6039
2	上海	—	宝山	0.6011
3	北京	—	朝阳	0.5875

排名	省、自治区、直辖市	地级市、自治州	县级市、区、县	金融生态指数
4	上海	—	黄浦	0.5852
5	北京	—	怀柔	0.5839
6	北京	—	西城	0.5833
7	北京	—	东城	0.5819
8	上海	—	徐汇	0.5810
9	上海	—	杨浦	0.5792
10	上海	—	嘉定	0.5768
11	上海	—	闵行	0.5764
12	上海	—	松江	0.5760
13	北京	—	石景山	0.5673
14	北京	—	海淀	0.5658
15	广东	韶关	新丰	0.5652
16	江苏	宿迁	泗阳	0.5641
17	浙江	湖州	安吉	0.5624
18	江苏	苏州	昆山	0.5613
19	山东	威海	荣成	0.5610
20	福建	漳州	漳浦	0.5603
21	天津	—	河西	0.5600
22	安徽	黄山	祁门	0.5596
23	天津	—	南开	0.5586
24	上海	—	虹口	0.5569
25	上海	—	长宁	0.5567
26	浙江	金华	义乌	0.5565
27	浙江	温州	瑞安	0.5565
28	上海	—	静安	0.5564
29	广东	江门	新会	0.5564
30	江苏	无锡	江阴	0.5562
31	浙江	温州	文成	0.5562
32	江苏	苏州	常熟	0.5561

续表

排名	省、自治区、直辖市	地级市、自治州	县级市、区、县	金融生态指数
33	福建	漳州	华安	0.5561
34	江苏	苏州	张家港	0.5557
35	湖南	湘潭	湘潭	0.5557
36	浙江	湖州	德清	0.5556
37	山东	枣庄	滕州	0.5556
38	天津	—	宁河	0.5553
39	上海	—	普陀	0.5539
40	上海	—	浦东	0.5522
41	上海	—	奉贤	0.5510
42	上海	—	崇明	0.5507
43	上海	—	青浦	0.5505
44	浙江	宁波	慈溪	0.5504
45	福建	漳州	东山	0.5499
46	北京	—	房山	0.5499
47	新疆	巴音郭楞	库尔勒	0.5497
48	广东	韶关	南雄	0.5494
49	北京	—	门头沟	0.5488
50	北京	—	延庆	0.5479
51	天津	—	静海	0.5474
52	天津	—	东丽	0.5408
53	天津	—	津南	0.5405
54	浙江	宁波	余姚	0.5398
55	江苏	南通	海门	0.5380
56	河南	安阳	汤阴	0.5380
57	福建	漳州	平和	0.5379
58	内蒙古	呼伦贝尔	牙克石	0.5376
59	山东	烟台	龙口	0.5376
60	广东	江门	台山	0.5375

续表

排名	省、自治区、直辖市	地级市、自治州	县级市、区、县	金融生态指数
61	浙江	舟山	岱山	0.5375
62	江苏	扬州	仪征	0.5374
63	山东	青岛	崂山	0.5374
64	天津	—	和平	0.5372
65	安徽	宣城	广德	0.5347
66	江苏	南通	启东	0.5346
67	安徽	宿州	砀山	0.5341
68	浙江	宁波	象山	0.5329
69	江苏	泰州	泰兴	0.5321
70	福建	南平	光泽	0.5320
71	山东	烟台	福山	0.5320
72	浙江	绍兴	诸暨	0.5319
73	广西	崇左	龙州	0.5316
74	北京	—	通州	0.5315
75	天津	—	红桥	0.5314
76	天津	—	河北	0.5314
77	四川	成都	大邑	0.5312
78	天津	—	河东	0.5312
79	北京	—	顺义	0.5311
80	江苏	连云港	东海	0.5309
81	北京	—	平谷	0.5309
82	北京	—	丰台	0.5308
83	北京	—	密云	0.5306
84	陕西	咸阳	旬邑	0.5306
85	天津	—	西青	0.5305
86	河北	廊坊	大城	0.5305
87	湖南	岳阳	湘阴	0.5305
88	天津	—	北辰	0.5304
89	北京	—	大兴	0.5304
90	天津	—	武清	0.5302

续表

排名	省、自治区、直辖市	地级市、自治州	县级市、区、县	金融生态指数
91	河南	郑州	中牟	0.5302
92	北京	—	昌平	0.5302
93	云南	临沧	沧源	0.5302
94	内蒙古	通辽	奈曼	0.5301
95	湖南	郴州	北湖	0.5300
96	天津	—	宝坻	0.5300
97	天津	—	蓟州	0.5299
98	内蒙古	呼伦贝尔	阿荣	0.5299
99	江西	南昌	南昌	0.5299
100	河南	许昌	禹州	0.5296

如果不考虑上海、北京、天津和重庆四个直辖市，前 100 金融生态指数排名如表 16 - 3 所示。

表 16 - 3　　　金融生态指数位于前 100 的县域及其所在的省（区市）

（不包括上海、北京、天津、重庆）

排名	省、自治区	地级市、自治州	县级市、区、县	金融生态指数
1	广东	韶关	新丰	0.5652
2	江苏	宿迁	泗阳	0.5641
3	浙江	湖州	安吉	0.5624
4	江苏	苏州	昆山	0.5613
5	山东	威海	荣成	0.5610
6	福建	漳州	漳浦	0.5603
7	安徽	黄山	祁门	0.5596
8	浙江	金华	义乌	0.5565
9	浙江	温州	瑞安	0.5565
10	广东	江门	新会	0.5564
11	江苏	无锡	江阴	0.5562
12	浙江	温州	文成	0.5562
13	江苏	苏州	常熟	0.5561
14	福建	漳州	华安	0.5561
15	江苏	苏州	张家港	0.5557
16	湖南	湘潭	湘潭	0.5557

排名	省、自治区	地级市、自治州	县级市、区、县	金融生态指数
17	浙江	湖州	德清	0.5556
18	山东	枣庄	滕州	0.5556
19	浙江	宁波	慈溪	0.5504
20	福建	漳州	东山	0.5499
21	新疆	巴音郭楞	库尔勒	0.5497
22	广东	韶关	南雄	0.5494
23	浙江	宁波	余姚	0.5398
24	江苏	南通	海门	0.5380
25	河南	安阳	汤阴	0.5380
26	福建	漳州	平和	0.5379
27	内蒙古	呼伦贝尔	牙克石	0.5376
28	山东	烟台	龙口	0.5376
29	广东	江门	台山	0.5375
30	浙江	舟山	岱山	0.5375
31	江苏	扬州	仪征	0.5374
32	山东	青岛	崂山	0.5374
33	安徽	宣城	广德	0.5347
34	江苏	南通	启东	0.5346
35	安徽	宿州	砀山	0.5341
36	浙江	宁波	象山	0.5329
37	江苏	泰州	泰兴	0.5321
38	福建	南平	光泽	0.5320
39	山东	烟台	福山	0.5320
40	浙江	绍兴	诸暨	0.5319
41	广西	崇左	龙州	0.5316
42	四川	成都	大邑	0.5312
43	江苏	连云港	东海	0.5309
44	陕西	咸阳	旬邑	0.5306
45	河北	廊坊	大城	0.5305
46	湖南	岳阳	湘阴	0.5305
47	河南	郑州	中牟	0.5302
48	云南	临沧	沧源	0.5302

续表

排名	省、自治区	地级市、自治州	县级市、区、县	金融生态指数
49	内蒙古	通辽	奈曼	0.5301
50	湖南	郴州	北湖	0.5300
51	内蒙古	呼伦贝尔	阿荣	0.5299
52	江西	南昌	南昌	0.5299
53	河南	许昌	禹州	0.5296
54	山东	潍坊	青州	0.5295
55	云南	临沧	凤庆	0.5294
56	内蒙古	赤峰	阿鲁科尔沁	0.5266
57	河北	承德	承德	0.5263
58	陕西	安康	宁陕	0.5263
59	河北	张家口	张北	0.5260
60	黑龙江	牡丹江	海林	0.5258
61	河北	承德	平泉	0.5258
62	安徽	宣城	绩溪	0.5257
63	山西	运城	河津	0.5252
64	安徽	芜湖	芜湖	0.5251
65	内蒙古	呼和浩特	和林格尔	0.5251
66	福建	龙岩	漳平	0.5249
67	贵州	黔西南	兴义	0.5248
68	湖北	黄石	铁山	0.5248
69	贵州	贵阳	南明	0.5245
70	山东	烟台	长岛	0.5240
71	福建	厦门	思明	0.5240
72	山东	烟台	芝罘	0.5233
73	甘肃	定西	临洮	0.5229
74	黑龙江	大兴安岭地区	加格达奇	0.5226
75	内蒙古	呼和浩特	清水河	0.5225
76	湖北	宜昌	当阳	0.5224
77	安徽	合肥	肥东	0.5187
78	广西	百色	右江	0.5163
79	山西	吕梁	孝义	0.5157
80	江西	九江	湖口	0.5154

排名	省、自治区	地级市、自治州	县级市、区、县	金融生态指数
81	贵州	遵义	仁怀	0.5153
82	内蒙古	巴彦淖尔	临河	0.5153
83	宁夏	银川	灵武	0.5148
84	陕西	延安	吴起	0.5147
85	云南	昆明	寻甸	0.5135
86	四川	凉山	西昌	0.5110
87	贵州	遵义	务川	0.5105
88	陕西	渭南	韩城	0.5101
89	福建	福州	马尾	0.5094
90	陕西	延安	延长	0.5093
91	河南	郑州	惠济	0.5092
92	江西	抚州	黎川	0.5082
93	湖北	随州	咸丰	0.5074
94	陕西	延安	宜川	0.5073
95	山东	潍坊	昌邑	0.5072
96	广西	百色	平果	0.5071
97	内蒙古	乌兰察布	四子王	0.5070
98	河南	商丘	永城	0.5069
99	吉林	延边	延吉	0.5069
100	河北	石家庄	辛集	0.5068

（二）省级层面县域金融生态指数分析

各省、自治区、直辖市金融生态指数率排序如图16-1所示。

（三）各经济带县域金融生态指数分析

根据本章构建的金融生态指标体系，我们测算了京津冀经济带、环渤海经济带、长江经济带、丝绸之路经济带和海上丝绸之路经济带三个传统经济区域和两个"一带一路"经济区域的金融生态指数，有助于进一步解释中国县域金融发展状况。

1. 京津冀经济带

表16-4是京津冀经济带中北京、天津和河北各地级市、区和县的县域

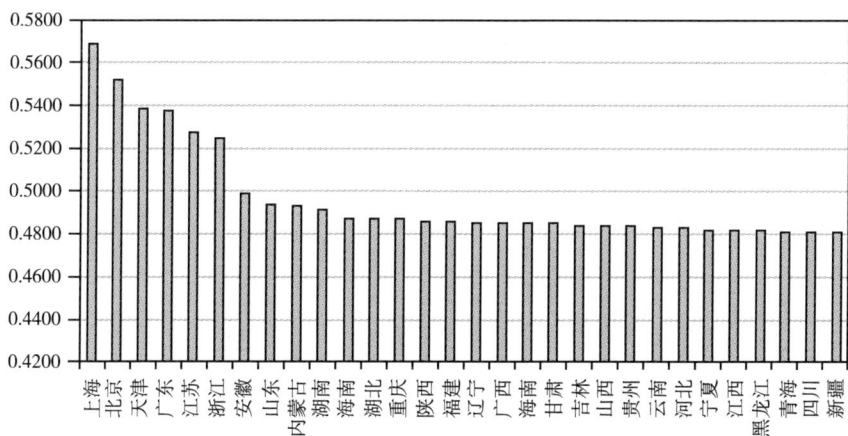

图 16-1　各省、自治区、直辖市金融生态指数率排序

金融生态指数前 100 排名情况。从结果来看，北京和天津的金融生态指数处在领先水平，河北与京津二市的差距十分明显。

表 16-4　　　　　京津冀经济带县域金融生态指数前 100 排名情况

经济带排名	全国排名	省、直辖市	地级市	县级市、区、县	金融生态指数
1	3	北京	—	朝阳	0.5875
2	5	北京	—	怀柔	0.5839
3	6	北京	—	西城	0.5833
4	7	北京	—	东城	0.5819
5	13	北京	—	石景山	0.5673
6	14	北京	—	海淀	0.5658
7	22	天津	—	河西	0.5600
8	30	天津	—	南开	0.5586
9	64	天津	—	宁河	0.5553
10	76	北京	—	房山	0.5499
11	79	北京	—	门头沟	0.5488
12	84	北京	—	延庆	0.5479
13	90	天津	—	静海	0.5474
14	98	天津	—	东丽	0.5408
15	100	天津	—	津南	0.5405

经济带排名	全国排名	省、直辖市	地级市	县级市、区、县	金融生态指数
16	121	天津	—	和平	0.5372
17	183	北京	—	通州	0.5315
18	186	天津	—	红桥	0.5314
19	187	天津	—	河北	0.5314
20	190	天津	—	河东	0.5312
21	196	北京	—	顺义	0.5311
22	209	北京	—	平谷	0.5309
23	213	北京	—	丰台	0.5308
24	222	北京	—	密云	0.5306
25	237	天津	—	西青	0.5305
26	245	天津	—	北辰	0.5304
27	247	北京	—	大兴	0.5304
28	261	天津	—	武清	0.5302
29	264	北京	—	昌平	0.5302
30	273	河北	廊坊	大城	0.5300
31	276	天津	—	宝坻	0.5300
32	278	天津	—	蓟州	0.5299
33	299	河北	张家口	怀安	0.5295
34	327	河北	承德	承德	0.5249
35	328	河北	张家口	张北	0.5248
36	329	河北	承德	平泉	0.5248
37	346	河北	邢台	威县	0.5225
38	349	河北	石家庄	新乐	0.5210
39	378	河北	张家口	蔚县	0.5094
40	380	河北	邯郸	临漳	0.5093
41	463	河北	沧州	运河	0.5055
42	485	河北	廊坊	香河	0.5054
43	510	河北	石家庄	高邑	0.5052
44	547	河北	唐山	遵化	0.5051
45	554	河北	秦皇岛	抚宁	0.5050

续表

经济带排名	全国排名	省、直辖市	地级市	县级市、区、县	金融生态指数
46	578	河北	保定	望都	0.5049
47	582	河北	邢台	任县	0.5049
48	633	河北	保定	博野	0.5046
49	908	河北	张家口	桥西	0.4817
50	960	河北	石家庄	桥西	0.4814
51	975	河北	保定	涞水	0.4813
52	1023	河北	承德	鹰手营子	0.4810
53	1054	河北	石家庄	裕华	0.4808
54	1065	河北	邢台	桥西	0.4808
55	1076	河北	唐山	曹妃甸	0.4807
56	1082	河北	廊坊	大厂	0.4807
57	1093	河北	保定	竞秀	0.4807
58	1105	河北	石家庄	长安	0.4806
59	1107	河北	邢台	桥东	0.4806
60	1156	河北	沧州	海兴	0.4805
61	1158	河北	张家口	桥东	0.4805
62	1208	河北	唐山	路南	0.4803
63	1221	河北	张家口	崇礼	0.4803
64	1233	河北	保定	莲池	0.4803
65	1261	河北	唐山	迁西	0.4802
66	1283	河北	张家口	下花园	0.4802
67	1289	河北	石家庄	井陉	0.4802
68	1303	河北	秦皇岛	北戴河	0.4801
69	1313	河北	保定	阜平	0.4801
70	1338	河北	承德	双桥	0.4801
71	1344	河北	秦皇岛	山海关	0.4801
72	1358	河北	沧州	新华	0.4801
73	1365	河北	廊坊	广阳	0.4801
74	1372	河北	石家庄	新华	0.4800
75	1403	河北	唐山	路北	0.4800

经济带排名	全国排名	省、直辖市	地级市	县级市、区、县	金融生态指数
76	1411	河北	衡水	桃城	0.4800
77	1414	河北	石家庄	栾城	0.4800
78	1419	河北	秦皇岛	海港	0.4800
79	1457	河北	廊坊	文安	0.4799
80	1481	河北	邢台	新河	0.4799
81	1484	河北	衡水	武强	0.4799
82	1512	河北	承德	双滦	0.4799
83	1531	河北	邢台	柏乡	0.4798
84	1541	河北	廊坊	三河	0.4798
85	1599	河北	邯郸	邯山	0.4798
86	1601	河北	沧州	孟村	0.4798
87	1607	河北	唐山	古冶	0.4798
88	1611	河北	唐山	丰南	0.4798
89	1620	河北	石家庄	鹿泉	0.4798
90	1643	河北	邯郸	复兴	0.4797
91	1645	河北	邢台	临城	0.4797
92	1657	河北	唐山	开平	0.4797
93	1667	河北	保定	徐水	0.4797
94	1673	河北	衡水	饶阳	0.4797
95	1680	河北	廊坊	霸州	0.4797
96	1706	河北	保定	涞源	0.4797
97	1721	河北	唐山	乐亭	0.4797
98	1731	河北	唐山	迁安	0.4797
99	1735	河北	邯郸	武安	0.4797
100	1746	河北	唐山	玉田	0.4797

2. 环渤海经济带

我们测算了环渤海包括环渤海全部及黄海部分沿岸地区经济带的县域金融生态指数，具体包括北京、天津两大直辖市及河北、辽宁、山东、山西和内蒙古，共五省（区）二市。表16-5是该经济带县域金融生态指数前100排名情况，北京和天津两个直辖市各区的县域金融生态处在领先水平，内蒙古、辽宁的部分县旗和山东大部分市区县的金融生态指数也处在平均水平之上。

表16－5　　　　　环渤海经济带县域金融生态指数前100排名

经济带排名	全国排名	省、自治区、直辖市	地级市	县级市、区、县	县域金融生态指数
1	3	北京	—	朝阳	0.5875
2	5	北京	—	怀柔	0.5839
3	6	北京	—	西城	0.5833
4	7	北京	—	东城	0.5819
5	13	北京	—	石景山	0.5673
6	14	北京	—	海淀	0.5658
7	22	天津	—	河西	0.5600
8	30	天津	—	南开	0.5586
9	64	天津	—	宁河	0.5553
10	76	北京	—	房山	0.5499
11	77	内蒙古	通辽	科尔沁	0.5497
12	79	北京	—	门头沟	0.5488
13	84	北京	—	延庆	0.5479
14	90	天津	—	静海	0.5474
15	98	天津	—	东丽	0.5408
16	100	天津	—	津南	0.5405
17	109	内蒙古	包头	青山	0.5380
18	110	山东	烟台	龙口	0.5379
19	112	内蒙古	兴安盟	阿尔山	0.5376
20	113	山东	烟台	福山	0.5376
21	115	山东	青岛	崂山	0.5375
22	117	山东	烟台	长岛	0.5375
23	118	山东	烟台	芝罘	0.5374
24	119	山东	潍坊	寒亭	0.5374
25	121	天津	—	和平	0.5372
26	147	内蒙古	呼和浩特	托克托	0.5329
27	163	山东	烟台	莱山	0.5320
28	179	内蒙古	包头	固阳	0.5316

续表

经济带排名	全国排名	省、自治区、直辖市	地级市	县级市、区、县	县域金融生态指数
29	180	山东	济南	槐荫	0.5316
30	183	北京	—	通州	0.5315
31	186	天津	—	红桥	0.5314
32	187	天津	—	河北	0.5314
33	190	天津	—	河东	0.5312
34	196	北京	—	顺义	0.5311
35	199	山东	威海	乳山	0.5311
36	202	山东	淄博	高青	0.5310
37	209	北京	—	平谷	0.5309
38	213	北京	—	丰台	0.5308
39	222	北京	—	密云	0.5306
40	237	天津	—	西青	0.5305
41	245	天津	—	北辰	0.5304
42	247	北京	—	大兴	0.5304
43	261	天津	—	武清	0.5302
44	263	山西	运城	河津	0.5302
45	264	北京	—	昌平	0.5302
46	273	河北	廊坊	大城	0.5300
47	276	天津	—	宝坻	0.5300
48	278	天津	—	蓟州	0.5299
49	285	山东	临沂	费县	0.5298
50	299	河北	张家口	怀安	0.5295
51	312	内蒙古	乌兰察布	四子王	0.5258
52	314	内蒙古	通辽	扎鲁特	0.5257
53	315	山东	泰安	岱岳	0.5257
54	322	内蒙古	包头	土默特右	0.5254
55	323	内蒙古	鄂尔多斯	伊金霍洛	0.5253
56	327	河北	承德	承德	0.5249
57	328	河北	张家口	张北	0.5248
58	329	河北	承德	平泉	0.5248
59	331	内蒙古	呼伦贝尔	新巴尔虎左	0.5242
60	332	内蒙古	呼伦贝尔	满洲里	0.5242

续表

经济带排名	全国排名	省、自治区、直辖市	地级市	县级市、区、县	县域金融生态指数
61	333	山西	吕梁	孝义	0.5240
62	340	辽宁	鞍山	千山	0.5233
63	343	辽宁	鞍山	铁东	0.5229
64	345	辽宁	营口	站前	0.5226
65	346	河北	邢台	威县	0.5225
66	349	河北	石家庄	新乐	0.5210
67	369	辽宁	朝阳	朝阳	0.5147
68	375	辽宁	辽阳	辽阳	0.5105
69	378	河北	张家口	蔚县	0.5094
70	380	河北	邯郸	临漳	0.5093
71	381	辽宁	盘锦	大洼	0.5092
72	382	内蒙古	呼伦贝尔	海拉尔	0.5091
73	383	内蒙古	鄂尔多斯	达拉特	0.5088
74	384	山东	潍坊	潍城	0.5084
75	392	山东	淄博	张店	0.5070
76	393	山东	莱芜	钢城	0.5070
77	395	山东	青岛	城阳	0.5070
78	402	山东	淄博	周村	0.5069
79	408	山东	潍坊	坊子	0.5066
80	409	山东	济南	平阴	0.5066
81	412	山东	东营	广饶	0.5065
82	413	山西	朔州	怀仁	0.5065
83	415	山东	威海	文登	0.5064
84	416	山东	济南	长清	0.5064
85	417	山东	淄博	博山	0.5064
86	420	山东	烟台	牟平	0.5063
87	421	山东	济南	天桥	0.5063
88	423	山东	淄博	临淄	0.5062
89	425	山东	青岛	市北	0.5062
90	427	山东	烟台	招远	0.5062
91	432	山东	潍坊	青州	0.5060
92	435	山东	日照	东港	0.5060

续表

经济带排名	全国排名	省、自治区、直辖市	地级市	县级市、区、县	县域金融生态指数
93	436	山东	青岛	黄岛	0.5060
94	441	山东	潍坊	安丘	0.5059
95	442	山东	临沂	罗庄	0.5059
96	443	山东	潍坊	寿光	0.5058
97	447	山东	临沂	河东	0.5058
98	452	山东	淄博	沂源	0.5056
99	459	山东	济宁	任城	0.5056
100	460	山东	济宁	鱼台	0.5056

环渤海经济带各省、自治区、直辖市金融生态指数率排序如图 16 - 2 所示。

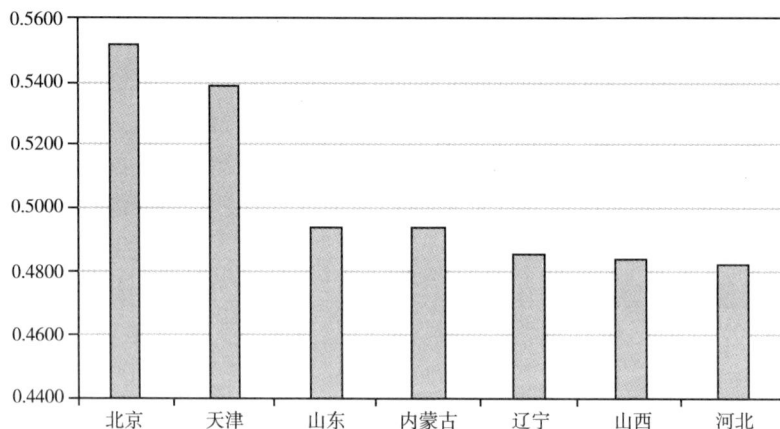

图 16 - 2　环渤海经济带各省、自治区、直辖市金融生态指数率排序

3. 长江经济带

我们测算了长江经济带的县域金融生态指数,该经济带覆盖上海、江苏、浙江、安徽、江西、湖北、湖南、重庆、四川、云南、贵州等 11 省市。表 16 - 6 是长江经济带县域金融生态指数前 100 排名情况。从结果来看,长江经济带的整体县域金融生态指数处在较高水平,排名前 100 的市县区指数平均值约为 0.54 水平,高于全国平均值。其中,上海、江苏和浙江基本涵盖了该地区前 100 县域金融整体水平。

表 16 – 6 长江经济带县域金融生态指数前 100 排名

经济带排名	全国排名	省、直辖市	地级市	县级市、区、县	县域金融生态指数
1	1	上海	—	金山	0.6039
2	2	上海	—	宝山	0.6011
3	4	上海	—	黄浦	0.5852
4	8	上海	—	徐汇	0.5810
5	9	上海	—	杨浦	0.5792
6	10	上海	—	嘉定	0.5768
7	11	上海	—	闵行	0.5764
8	12	上海	—	松江	0.5760
9	24	江苏	宿迁	泗阳	0.5596
10	32	上海	—	虹口	0.5569
11	33	上海	—	长宁	0.5567
12	34	浙江	金华	义乌	0.5565
13	35	浙江	舟山	岱山	0.5564
14	37	上海	—	静安	0.5564
15	38	浙江	宁波	象山	0.5564
16	39	浙江	杭州	淳安	0.5562
17	41	浙江	绍兴	柯桥	0.5562
18	42	江苏	扬州	仪征	0.5561
19	43	浙江	绍兴	上虞	0.5560
20	44	浙江	杭州	富阳	0.5560
21	45	浙江	绍兴	新昌	0.5560
22	46	浙江	湖州	德清	0.5560
23	47	浙江	宁波	慈溪	0.5560
24	48	浙江	金华	东阳	0.5559
25	49	浙江	衢州	开化	0.5558
26	51	浙江	绍兴	诸暨	0.5558
27	52	浙江	金华	武义	0.5558
28	53	江苏	泰州	泰兴	0.5557
29	54	浙江	衢州	江山	0.5557
30	56	江苏	连云港	东海	0.5557
31	57	江苏	扬州	高邮	0.5556

经济带排名	全国排名	省、直辖市	地级市	县级市、区、县	县域金融生态指数
32	58	浙江	金华	浦江	0.5556
33	59	江苏	淮安	金湖	0.5556
34	63	江苏	徐州	邳州	0.5554
35	65	江苏	盐城	东台	0.5552
36	66	江苏	连云港	灌南	0.5552
37	67	江苏	徐州	丰县	0.5551
38	68	江苏	宿迁	泗洪	0.5550
39	69	上海	—	普陀	0.5539
40	70	上海	—	浦东	0.5522
41	71	上海	—	奉贤	0.5510
42	72	上海	—	崇明	0.5507
43	73	上海	—	青浦	0.5505
44	74	安徽	黄山	祁门	0.5504
45	75	湖南	湘潭	湘潭	0.5499
46	89	浙江	温州	洞头	0.5475
47	91	江苏	苏州	昆山	0.5473
48	94	江苏	苏州	太仓	0.5425
49	95	江苏	苏州	张家港	0.5425
50	96	浙江	丽水	云和	0.5414
51	97	浙江	湖州	安吉	0.5410
52	120	浙江	宁波	鄞州	0.5372
53	128	浙江	丽水	遂昌	0.5360
54	134	江苏	徐州	沛县	0.5354
55	140	安徽	宣城	广德	0.5347
56	154	浙江	杭州	萧山	0.5323
57	164	安徽	宿州	砀山	0.5320
58	165	浙江	杭州	余杭	0.5320
59	167	安徽	滁州	凤阳	0.5320
60	171	浙江	嘉兴	海宁	0.5319
61	173	江苏	无锡	江阴	0.5318
62	174	浙江	嘉兴	嘉善	0.5317
63	175	江苏	苏州	常熟	0.5317

续表

经济带排名	全国排名	省、直辖市	地级市	县级市、区、县	县域金融生态指数
64	177	浙江	嘉兴	海盐	0.5317
65	181	浙江	嘉兴	桐乡	0.5315
66	188	浙江	舟山	嵊泗	0.5314
67	189	江苏	镇江	扬中	0.5314
68	192	浙江	嘉兴	平湖	0.5312
69	194	浙江	杭州	桐庐	0.5312
70	197	浙江	温州	文成	0.5311
71	200	浙江	金华	磐安	0.5310
72	201	浙江	杭州	建德	0.5310
73	205	江苏	泰州	靖江	0.5310
74	211	浙江	台州	仙居	0.5308
75	212	江苏	南通	海安	0.5308
76	214	浙江	宁波	余姚	0.5308
77	215	江苏	南通	海门	0.5308
78	216	浙江	丽水	景宁	0.5308
79	217	江苏	常州	溧阳	0.5308
80	218	浙江	杭州	临安	0.5307
81	219	江苏	镇江	丹阳	0.5307
82	220	江苏	无锡	宜兴	0.5307
83	221	浙江	丽水	缙云	0.5307
84	223	浙江	宁波	奉化	0.5306
85	224	浙江	丽水	青田	0.5306
86	225	浙江	丽水	松阳	0.5306
87	226	浙江	绍兴	嵊州	0.5306
88	228	浙江	衢州	常山	0.5306
89	232	江苏	南通	如皋	0.5306
90	233	浙江	台州	三门	0.5306
91	234	江苏	南通	启东	0.5305
92	235	浙江	丽水	庆元	0.5305
93	236	浙江	金华	永康	0.5305

经济带排名	全国排名	省、直辖市	地级市	县级市、区、县	县域金融生态指数
94	238	湖北	宜昌	当阳	0.5305
95	239	浙江	台州	玉环	0.5305
96	240	湖北	武汉	蔡甸	0.5305
97	241	浙江	温州	苍南	0.5305
98	242	浙江	台州	天台	0.5304
99	244	浙江	温州	泰顺	0.5304
100	246	江苏	镇江	句容	0.5304

长江经济带各省、直辖市金融生态指数率排序如图 16－3 所示。

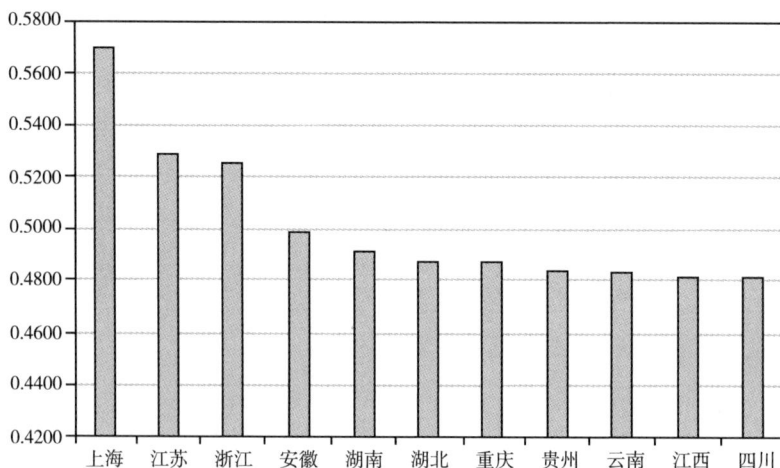

图 16－3　长江经济带各省、直辖市金融生态指数率排序

4. 丝绸之路经济带

我们测算了丝绸之路经济带的县域金融生态指数，该经济带包括西北五省区陕西、甘肃、青海、宁夏、新疆；西南四省区市重庆、四川、云南、广西。表 16－7 是丝绸之路经济带县域金融生态指数前 100 排名情况。从结果来看，丝绸之路经济带的整体县域金融生态指数均处于较低水平，排名前 100 的各县指数值略高于全国县域平均水平，该经济带的金融发展和金融制度仍需完善。该经济带各个省份县域金融生态指数差异较大，基本上每个省份均有市区县出现在前 100 的行列。

表 16－7　　　　丝绸之路经济带县域金融生态指数前 100 排名

经济带排名	全国排名	省、自治区、直辖市	地级市、自治州	县级市、区、县	金融生态指数
1	108	广西	柳州	城中	0.5380
2	159	甘肃	定西	临洮	0.5321
3	168	广西	崇左	龙州	0.5319
4	227	广西	百色	右江	0.5306
5	265	四川	成都	大邑	0.5301
6	268	陕西	咸阳	旬邑	0.5301
7	298	云南	临沧	沧源	0.5296
8	303	云南	文山	丘北	0.5294
9	309	陕西	安康	宁陕	0.5260
10	325	云南	临沧	凤庆	0.5251
11	350	甘肃	兰州	城关	0.5187
12	371	甘肃	临夏	永靖	0.5135
13	376	陕西	延安	吴起	0.5101
14	377	云南	昆明	寻甸	0.5094
15	379	甘肃	甘南	舟曲	0.5093
16	387	陕西	延安	延长	0.5073
17	390	甘肃	平凉	崇信	0.5071
18	398	陕西	延安	宜川	0.5069
19	400	陕西	汉中	南郑	0.5069
20	401	甘肃	酒泉	阿克塞	0.5069
21	404	新疆	波尔塔	精河	0.5068
22	406	陕西	宝鸡	凤县	0.5067
23	419	云南	昆明	官渡	0.5064
24	424	甘肃	武威	天祝	0.5062
25	426	陕西	安康	石泉	0.5062
26	429	重庆	重庆	渝北	0.5061
27	434	甘肃	兰州	红古	0.5060
28	444	甘肃	白银	会宁	0.5058
29	446	四川	雅安	石棉	0.5058
30	450	重庆	重庆	南岸	0.5057
31	451	甘肃	庆阳	正宁	0.5057

经济带排名	全国排名	省、自治区、直辖市	地级市、自治州	县级市、区、县	金融生态指数
32	453	甘肃	庆阳	庆城	0.5056
33	455	陕西	西安	高陵	0.5056
34	466	甘肃	庆阳	镇原	0.5055
35	473	四川	雅安	荥经	0.5055
36	476	新疆	昌吉	木垒	0.5055
37	479	四川	乐山	峨边	0.5054
38	484	四川	成都	双流	0.5054
39	486	重庆	重庆	北碚	0.5054
40	488	陕西	安康	紫阳	0.5054
41	493	云南	昆明	西山	0.5053
42	496	云南	曲靖	麒麟	0.5053
43	498	新疆	昌吉	呼图壁	0.5053
44	499	重庆	重庆	铜梁	0.5053
45	505	四川	成都	金堂	0.5052
46	508	云南	迪庆	香格里拉	0.5052
47	516	重庆	重庆	綦江	0.5052
48	518	宁夏	石嘴山	大武口	0.5052
49	522	重庆	重庆	垫江	0.5052
50	527	重庆	重庆	巫溪	0.5051
51	528	陕西	咸阳	泾阳	0.5051
52	529	重庆	重庆	酉阳	0.5051
53	536	重庆	重庆	秀山	0.5051
54	551	陕西	宝鸡	凤翔	0.5050
55	566	陕西	西安	长安	0.5050
56	572	重庆	重庆	荣昌	0.5050
57	577	重庆	重庆	江津	0.5050
58	580	云南	昆明	东川	0.5049
59	589	四川	巴中	通江	0.5049
60	591	宁夏	中卫	中宁	0.5049
61	593	云南	曲靖	马龙	0.5049
62	595	陕西	铜川	宜君	0.5049
63	606	新疆	伊犁	新源	0.5048

经济带排名	全国排名	省、自治区、直辖市	地级市、自治州	县级市、区、县	金融生态指数
64	622	陕西	西安	蓝田	0.5047
65	626	广西	河池	东兰	0.5047
66	627	四川	德阳	中江	0.5047
67	631	广西	河池	都安	0.5046
68	632	广西	河池	凤山	0.5046
69	634	广西	河池	巴马	0.5046
70	635	广西	河池	大化	0.5046
71	637	四川	南充	营山	0.5046
72	639	广西	南宁	邕宁	0.5046
73	640	云南	大理	祥云	0.5046
74	641	广西	桂林	阳朔	0.5046
75	642	广西	南宁	隆安	0.5046
76	643	广西	桂林	灌阳	0.5046
77	645	云南	大理	云龙	0.5045
78	646	广西	河池	环江	0.5045
79	647	云南	曲靖	富源	0.5045
80	648	广西	河池	罗城	0.5045
81	649	广西	柳州	融水	0.5045
82	650	广西	南宁	上林	0.5045
83	651	广西	柳州	融安	0.5045
84	652	云南	曲靖	陆良	0.5045
85	653	四川	南充	仪陇	0.5045
86	654	广西	南宁	横县	0.5045
87	656	广西	南宁	宾阳	0.5044
88	657	广西	柳州	柳城	0.5044
89	658	广西	柳州	三江	0.5044
90	659	广西	贵港	港南	0.5044
91	660	云南	红河	泸西	0.5044
92	661	云南	昆明	禄劝	0.5043
93	664	甘肃	临夏	和政	0.5027
94	692	广西	百色	田东	0.4930
95	700	青海	果洛	玛多	0.4918

经济带排名	全国排名	省、自治区、直辖市	地级市、自治州	县级市、区、县	金融生态指数
96	711	广西	钦州	钦南	0.4899
97	713	广西	贵港	平南	0.4897
98	714	广西	百色	田林	0.4896
99	716	广西	百色	乐业	0.4895
100	718	青海	果洛	甘德	0.4892

丝绸之路经济带各省、自治区、直辖市金融生态指数率排序如图16－4所示。

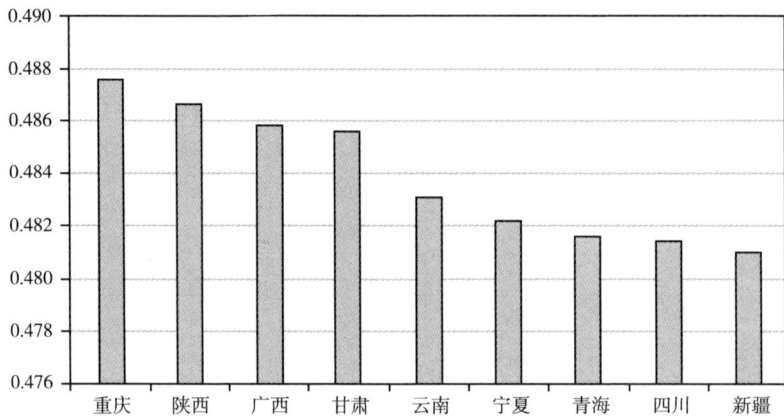

图16－4 丝绸之路经济带各省、自治区、直辖市金融生态指数率排序

5. 海上丝绸之路经济带

我们测算了海上丝绸之路经济带的县域金融生态指数，该经济带包括东南部沿海的上海、广东、浙江、福建和海南。表16－8是海上丝绸之路经济带县域金融生态指数前100排名情况。从结果来看，海上丝绸之路经济带的整体县域金融生态指数均处于较高水平，排名前100的各县指数值显著高于全国县域平均水平，该经济带覆盖了东南部沿海较为发达的省份，经济相对发达，金融发展和金融制度也相对完善，处于全国县域金融生态的领先水平。该经济带上海、广东和浙江各市区县出现在前100的行列。

表 16 – 8　　　海上丝绸之路经济带县域金融生态指数前 100 排名

经济带排名	全国排名	省、直辖市	地级市	县级市、区、县	金融生态指数
1	1	上海	—	金山	0.6039
2	2	上海	—	宝山	0.6011
3	4	上海	—	黄浦	0.5852
4	8	上海	—	徐汇	0.5810
5	9	上海	—	杨浦	0.5792
6	10	上海	—	嘉定	0.5768
7	11	上海	—	闵行	0.5764
8	12	上海	—	松江	0.5760
9	15	广东	韶关	新丰	0.5652
10	16	广东	韶关	南雄	0.5641
11	17	广东	江门	新会	0.5624
12	18	广东	广州	越秀	0.5613
13	19	广东	江门	台山	0.5610
14	20	广东	江门	鹤山	0.5603
15	21	广东	韶关	翁源	0.5603
16	23	广东	江门	恩平	0.5597
17	25	广东	广州	天河	0.5591
18	26	广东	惠州	龙门	0.5590
19	27	广东	韶关	乐昌	0.5590
20	28	广东	湛江	霞山	0.5588
21	29	广东	广州	荔湾	0.5587
22	31	广东	深圳	宝安	0.5570
23	32	上海	—	虹口	0.5569
24	33	上海	—	长宁	0.5567
25	34	浙江	金华	义乌	0.5565
26	35	浙江	舟山	岱山	0.5564
27	36	广东	江门	开平	0.5564
28	37	上海	—	静安	0.5564
29	38	浙江	宁波	象山	0.5564
30	39	浙江	杭州	淳安	0.5562
31	40	广东	湛江	遂溪	0.5562

经济带排名	全国排名	省、直辖市	地级市	县级市、区、县	金融生态指数
32	41	浙江	绍兴	柯桥	0.5562
33	43	浙江	绍兴	上虞	0.5560
34	44	浙江	杭州	富阳	0.5560
35	45	浙江	绍兴	新昌	0.5560
36	46	浙江	湖州	德清	0.5560
37	47	浙江	宁波	慈溪	0.5560
38	48	浙江	金华	东阳	0.5559
39	49	浙江	衢州	开化	0.5558
40	50	广东	茂名	高州	0.5558
41	51	浙江	绍兴	诸暨	0.5558
42	52	浙江	金华	武义	0.5558
43	54	浙江	衢州	江山	0.5557
44	55	广东	湛江	徐闻	0.5557
45	58	浙江	金华	浦江	0.5556
46	60	广东	汕头	澄海	0.5555
47	61	广东	揭阳	揭东	0.5555
48	62	广东	湛江	雷州	0.5555
49	69	上海	—	普陀	0.5539
50	70	上海	—	浦东	0.5522
51	71	上海	—	奉贤	0.5510
52	72	上海	—	崇明	0.5507
53	73	上海	—	青浦	0.5505
54	80	广东	云浮	新兴	0.5483
55	81	广东	云浮	郁南	0.5483
56	82	广东	潮州	湘桥	0.5482
57	83	广东	河源	源城	0.5481
58	85	广东	湛江	坡头	0.5478
59	86	广东	湛江	赤坎	0.5478
60	87	广东	河源	龙川	0.5477
61	88	广东	梅州	梅江	0.5476
62	89	浙江	温州	洞头	0.5475
63	92	广东	阳江	江城	0.5473

经济带排名	全国排名	省、直辖市	地级市	县级市、区、县	金融生态指数
64	93	广东	河源	和平	0.5425
65	96	浙江	丽水	云和	0.5414
66	97	浙江	湖州	安吉	0.5410
67	99	广东	珠海	斗门	0.5406
68	101	广东	湛江	吴川	0.5400
69	102	广东	湛江	廉江	0.5399
70	103	福建	漳州	平和	0.5398
71	104	广东	惠州	惠阳	0.5398
72	105	广东	江门	江海	0.5389
73	106	广东	深圳	盐田	0.5389
74	107	广东	佛山	禅城	0.5382
75	111	广东	清远	连山	0.5378
76	114	广东	佛山	南海	0.5376
77	116	广东	珠海	金湾	0.5375
78	120	浙江	宁波	鄞州	0.5372
79	122	广东	肇庆	高要	0.5366
80	123	广东	汕尾	陆河	0.5365
81	124	广东	肇庆	四会	0.5364
82	125	广东	佛山	顺德	0.5363
83	126	广东	江门	蓬江	0.5362
84	127	广东	韶关	浈江	0.5361
85	128	浙江	丽水	遂昌	0.5360
86	129	广东	韶关	曲江	0.5360
87	130	广东	佛山	三水	0.5358
88	131	广东	湛江	麻章	0.5356
89	132	广东	惠州	惠城	0.5355
90	133	广东	云浮	云城	0.5355
91	135	广东	深圳	福田	0.5354
92	136	广东	惠州	惠东	0.5353
93	137	广东	汕尾	陆丰	0.5351
94	138	广东	肇庆	鼎湖	0.5349
95	139	广东	肇庆	端州	0.5349

续表

经济带排名	全国排名	省、直辖市	地级市	县级市、区、县	金融生态指数
96	141	福建	南平	光泽	0.5346
97	142	广东	云浮	云安	0.5345
98	143	福建	龙岩	武平	0.5341
99	144	广东	深圳	罗湖	0.5334
100	145	广东	广州	南沙	0.5331

海上丝绸之路经济带各省、直辖市金融生态指数率排序如图 16 - 5 所示。

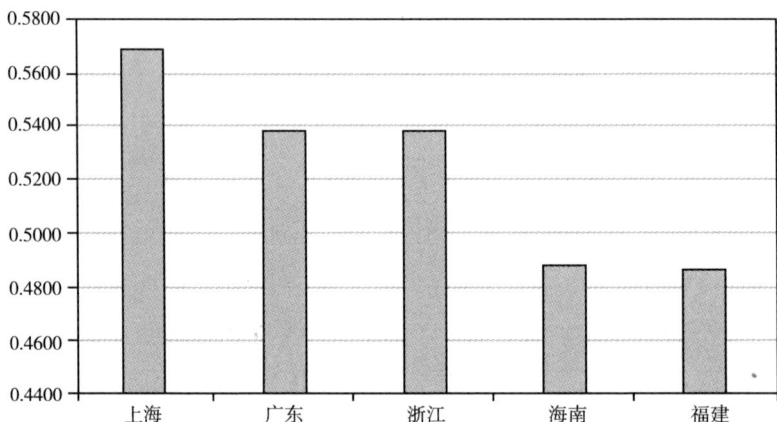

图 16 - 5　海上丝绸之路经济带各省、直辖市金融生态指数率排序

四、结论与策略选择

县域经济是我国经济摆脱"新常态"的攻坚主阵地，构建合理的、高效的金融生态环境体系以推动解决县域发展困境具有重要的全局意义。本章结合我国县域金融生态环境的现实特征，运用组合评价的思想构建了我国县域金融生态指标衡量体系，并测算了县域金融生态指数。研究结果发现，2016年，我国县域金融生态指数均值大于 0.5，属于中等水平的金融生态。从各省份县域金融生态指数平均排名情况来看，东部各省份排名靠前。长江经济带和海上丝路经济带的县域金融生态较好，丝绸之路经济带仍待提升。

通过县域金融生态环境指数的构造和分析，我们认为应该重点从以下三个方面打造良好的金融生态系统。

（一）树立科学的金融生态观，促进金融经济良性互动

科学的金融生态观以金融生态为本，是全面、协调、可持续的金融发展，它以金融与经济的和谐发展和良性互动为根本目标和落脚点。一要牢固树立金融生态资源"稀缺"观念。要视金融资源为"最稀缺、最宝贵"的资源，不仅要爱护金融资源，还要将有限的金融资源用在国民经济最需要的地方。二要牢固树立金融生态均衡发展观念。不仅要继续关注银行业的稳健发展，还要密切关注和支持股票市场、债券市场、保险市场等均衡稳健发展，使金融生态各子市场在一个协调的平台上和谐共存、共同发展。三要牢固树立金融生态集约增长观念。要彻底改变我国金融资产近年来快速增长但是质量不高的问题，尽快实现金融从粗放增长向集约增长，从"增长而不发展"向金融生态科学发展转变。

（二）组建完善的金融监管部门，推动县乡村金融体系建立

由金融办牵头，组织各类金融机构，在县里成立金融服务中心；在各乡，由乡长牵头，设立金融服务部；在各村由村长或书记主持设立金融服务室。通过三级金融全覆盖，实现信息有效传递，加快金融业务的审批，切实实现金融入农户的目标。一方面，方便有融资需求的企业和个人了解可选用的金融服务；另一方面，通过设立干部信用管理评价指标，借力村主任、镇长对融资方的深入了解，降低风险，提高金融类产品的审批速度，从而提高效率；另外，通过县乡村三级金融全覆盖，普及金融知识，最大化地利用金融资源支持经济发展。

（三）发挥地方政府的积极作用，推进社会诚信文化建设

社会诚信文化建设是一项系统工程，也是一项长期的任务。我们应从诚信文化的内涵来把握诚信文化的建设内容，围绕诚信文化的含义及导致诚信缺失的原因，我们认为诚信文化建设应从建立联合征信平台和失信惩罚机制着手，逐步向舆论环境、法律保障、信用管理行业、人才培养等多个方面展开，最终形成一个覆盖全社会的能保障并促进全社会经济安全运行、全面发展的信用环境。已有的经验表明，在社会诚信建设过程中，政府重视是前提，全民动员是基础，利益调节是关键，严肃法纪是保障。